U0592140

卢烈红 著

汉语词汇语法修辞历时变迁考论

传统中国研究丛书

教育部人文社会科学重点研究基地武汉大学中国传统文化研究中心创新工程系列成果

丛书主编　冯天瑜　杨华

武汉大学出版社

WUHAN UNIVERSITY PRESS

图书在版编目(CIP)数据

汉语词汇语法修辞历时变迁考论/卢烈红著.—武汉:武汉大学出版社,2019.12
传统中国研究丛书/冯天瑜,杨华主编
ISBN 978-7-307-20803-2

I.汉… Ⅱ.卢… Ⅲ.①汉语—词汇—研究 ②汉语—语法—研究 ③汉语—修辞—研究 Ⅳ.H1

中国版本图书馆 CIP 数据核字(2019)第 056255 号

责任编辑:李 程 黄河清   责任校对:李孟潇   版式设计:马 佳

出版发行:**武汉大学出版社**   (430072 武昌 珞珈山)
     (电子邮箱:cbs22@ whu.edu.cn 网址:www.wdp.com.cn)
印刷:武汉中科兴业印务有限公司
开本:720×1000   1/16   印张:19.75   字数:284 千字   插页:2
版次:2019 年 12 月第 1 版   2019 年 12 月第 1 次印刷
ISBN 978-7-307-20803-2   定价:76.00 元

版权所有,不得翻印;凡购我社的图书,如有质量问题,请与当地图书销售部门联系调换。

总　序

杨　华

统，原指从蚕茧中抽出的丝绪之结。缫丝时"抽其统纪"，抓住纲领，方能有序而高效。它引申为一脉相承的系统，这包括两个方面：一是空间上，如《公羊传》所谓"大一统"；二是时间上，如《孟子》所谓"君子创业垂统"。

"传统"，本是一个动宾结构的词汇。传什么统呢？《后汉书》谓，日本岛上有三十余国与汉朝通使，"国皆称王，世世传统"，显然是指嫡嗣血统。明代"大礼议"时，廷臣们援引"三代传统之礼"以解决政治危机。所谓三代传统，即"父死子继，兄终弟及"。这是基于血统的政统，正如《文史通义》所概括，"易姓为代，传统为朝"。

在血统、政统之外，还有学统和道统。三教九流，诸子百家，各个学派都有其学术传承，称之学统。而道统，则专指从尧、舜、禹、汤到文、武、周公，再到孔、孟的儒家脉络，其核心是儒门"心传"的仁义道德。经过韩愈、朱熹等人发挥，成为后儒"判教"的法门。

儒家是否存在一以贯之的道统？自其说提出伊始，便备受批评。有学者由此而对整个中国文化是否存在传统也产生怀疑。其说有四：其一，从华夏到汉族，再到近代才形成的中华民族，混同杂居，族群融合，根本没有一脉相传的血缘统绪。其二，几千年来，文化存在巨大的时代差异，前朝后代之间，文化大不相同。其三，即使在同一王朝内，文化也存在巨大的地区差异。其四，上层文化与下层文化之间互有隔阂，儒家文化表面上占统治地位，下层社会则更崇拜菩萨、神仙及各种迷信。所以，有论者认为，不仅儒家思想没有成为唯一的统治思想，甚至不存在一种整个历史时期全民族一致的、共同的文化传统。

诚然，儒家学说不是中国文化的全部，也不能代表中国的整体传统。和而不同，三教共弘，多元并进，或许更接近中国文化发生发展的历史真相。但是，对儒家正统的怀疑，不能引申出对整个中国文化传统的否定。

就空间差异而言，共时性的文化之间总有高低、主次之分。中国版图广大，地域辽阔，东西南北自然环境差异明显，人民生活方式和文化形态复杂多样，正所谓"百里不同风，千里不同俗"。历代统治者借以整齐风俗，统一文化的精神工具，当然是儒家文化。读历代正史的《良吏传》《循吏传》即知，经过经学训练和科举选拔的各级官吏，每到一地，必兴利除弊，移风易俗，将正统思想推广到社会的毛细血管。扬雄《法言》说："孰为中国？曰：五政之所加，七赋之所养，中于天地者为中国。"华夏衣冠的文化力量无远弗届，历史上少数民族和边疆政权大多认同华夏始祖，极力与之攀附亲戚。匈奴自称夏人遗民，拓跋鲜卑自称黄帝后裔(昌意少子)，慕容鲜卑也自称黄帝后裔(高辛氏帝喾之后)，北周宇文氏自称炎帝神农后裔。鲜卑以"华"自居而称柔然为"夷虏"，金人以"汉节""华风"自居而称蒙古为"夷狄"。诸如此类，都说明游牧文明对农耕文明的追慕向往，仅仅用华夏之辨、正闰之辨不能做出完满的解释。正如唐人皇甫湜所说："所以为中国者，礼义也；所谓夷狄者，无礼义也。"两千多年来，无论华夷胡汉，大多"尊经术，崇儒雅"，文化认同远大于种姓差别和地缘距离。这是一种传统。

就时代传承而言，历代文化风貌既有增损变易，也有沿袭继承，但总体而言，后者大于前者。且不说汉字经历至少三千五百年而今仍能为国人所识读，学术层面的继承性也相当明显。从先秦诸子到两汉经学，从魏晋玄学到隋唐佛学，从宋明理学到乾嘉朴学，每种形态既是对前代学术的批判，也是对前代学术的继承，没有前代的学术成就便没有后代的文化新变。再比如，从诗骚到汉赋，从唐诗到宋词，从元杂剧到明清小说，虽然状貌大有不同，有些文学样式呈现出"能事已竭"的高度而令后代无法超越，但是这些文学样式之间并非断裂关系，而是承递关系。形式是如此，内容也是如此，"诗言志"和"文载道"本身就构成连续的文学传统。在价值层面，作为其传承载体的经史文献，浩如烟海，但其核心文本则相对稳定，能够为不同时期士人共读共鸣。体现在这些文本中的核心价值观念也一以贯之，为不同时期士人所尊崇。以史学传统为例，后朝为前朝修史，虽然在政治上改朝换代，否定前朝，但在价值观上则绍承前朝。后朝所修的前朝历史，大多以前朝之是非为是非，而不是相反，如是代代相沿。这也是一种传统。

就阶层区隔而言，精英文化与民间文化确实存在差别，但这不足以否定传统的存在。文化的二元乃至多元并存，是世界各民族文化史的共同现象。在中国历史上，民间文化具有多样性和复杂性，但并未全然消解精英文化的正统地位。这二者的互动和流变，本身就是一种传统；换言之，雅俗之间、朝野之间，有时互相转换，但总体而言，小传统并未取代大传统。研究表明，在兵燹动乱时期，草根阶层对于中国文化的传承起到更大作用。这更是一种传统。

总之，如果否定中国文化的继承性和连续性，否定中国文化传统的存在，很容易陷入历史虚无主义，对于今天传承弘扬中国优秀传统文化，凝聚民族精神，实现民族复兴，有害无益。

武汉大学中国传统文化研究中心，是教育部百所人文社会科学重点研究基地之一，也是其中惟一以中国传统文化为研究主旨的学术机构。二十年来，我们致力于中国传统文化的理论研究和源流考察，致力于讲清楚中华传统文化的发展脉络、价值理念、社会结构、文化特质等问题，致力于挖掘传统文化中的有益资源，促进中华传统文化的创造性转化和创新性发展。尤其在中国传统文化的元典时期和近代转型时期，亦即一源一流研究上，取得重大进展。

为了深化相关研究，我们编纂这套丛书。本丛书的选编，遵从以下原则：一是跨时代，无论传统之久暂与新旧，只要在中国文化史上产生过影响，均在研究范围之内。二是跨学科，学科分类和畛域划分纯是为了研究方便，如果藩篱视野而阻碍创新，则果断摒弃。三是开放性，既欢迎我中心学者的专精著述，也吸纳中心之外的学术成果。

　　中国广大，代有盈缩；传统悠久，时有损益。我们既关注传统的中国，也关注中国的传统。

2019 年 5 月 4 日于珞珈山麓

前　言

本书是我 2013 年以来研究工作的一个总结。

这 7 年来，我在汉语史研究中特别注意以下三点：一是为推进汉语史研究的深化，重视对单个词语、具体句式的完整历史的考察，力求建立单个词语、具体句式的完整发展史；二是重视古今贯通，溯源讨流，力求探明语言成分、语言现象的历史来源，揭示其现代走向；三是重视现代方言材料的利用，将普、方、古有机结合起来。书中各个专题的研究，大多体现了这些努力。

在研究领域方面，禅宗语录语法仍然是我这 7 年来继续耕耘的园地。同时，因参加《辞源》修订版（第三版）的撰稿、《汉语大词典》修订稿的审阅以及湖北电视台教育频道"汉字解密"栏目的撰稿讲述等工作，这 7 年来我对词汇、语义问题有了较多的接触，发现这方面还有很多问题需要解决，发展的空间很大，于是在这方面倾注了较多的精力。另外，这几年有感于语法研究应考虑语体问题，因此涉足修辞领域，在修辞方面也做了一些探索。

书中各个专题或属于词汇、语义研究，或属于语法研究，性质有别，加上撰写时间有异，因此写法不尽相同。这次结集出版，做了一些统一工作，但在体例方面仍然未能做到完全整齐划一。

体例方面还有几个问题需要说明：

第一，书中的研究利用了众多的原始文献，列举有大量的例句。例句的出处在例句后的括号内标明，标注的方式大体是：早期的文献或者整部文献篇幅不大，或者标明卷次而各卷篇幅也较小，因此例句后括号内仅标注书名、卷次，不标页码；后期文献特别是明清小说往往整部书篇幅较大，而每卷（回）的篇幅也不小，因此例句后括号内不仅标注书名、卷（回）次，还标注页码。这样做的目的是便于读者核查原文，同时也旨在倡导一种严谨的学风。文献作者及其时代在例句后括号内是否标注，其处理方法则是：读者较熟悉的不标注，不熟悉的标注；特别需要强调例句时代性的则对作者及其时代予以标注。各原始文献的版本情况在全书后"主要引用书目"中列出，引用书目按音序排列。

第二，由于各节研究的是不同的专题，因此例句的编号基本上以节为单位，各节自为起止。表的编号亦以节为单位。

第三，书中参考了大量学者的研究著述，为避免频繁地出脚注，我们采用大多数语言学著述的做法，正文中凡引用某学者的观点，仅列出该学者的姓名，然后在姓名后出圆括号，括号内列出著述的出版或发表年份，如果是著作，则在年份后加冒号，冒号后标明观点出处的页码范围。至于著述的名称、出版或发表信息则在全书后"参考文献"中详细列出，"参考文献"按音序排列。

武汉大学中国传统文化研究中心热心资助本书的出版，武汉大学出版社的领导及编辑老师为本书的出版付出了大量心血，在此一并致以衷心的感谢！

书中疏误定然不少，请读者惠予指正！

卢烈红

二〇一九年十月

目　　录

第一章　汉语史研究的特殊语料

对汉语史研究来说，理论、方法、研究视角固然都重要，但最重要的还是语料。语言史是活的语言发展的历史，获取能反映口语的珍贵语料，是语言史研究的首要任务。汉语史研究有多种多样的语料，本章讨论帝王诏书和汉译佛经这两类特殊语料的价值。

第一节　帝王诏书的语料价值

语言研究离不开语料，理想的汉语史研究语料应该具备两个特点，一是口语化程度较高，二是确凿可靠。那么，帝王诏书能否用作汉语史研究的语料呢？

按常规理解，帝王的诏书语言一定很典雅，汉代以后的诏书一定是典型的仿古文言文，因此不能反映活的语言。但实际情况并不是这样，不少帝王诏书实际上使用了当时出现的新词、口语词，为我们研究活语言的发展提供了珍贵的语料。

帝王诏书还有一个与出土资料相同的优点，就是它不可能在流传过程中被修改，属于太田辰夫所说的"同时资料"，因此，它可靠性高，以它为依据得出的结论确凿可信。

例证一：

"将"字可用来表测度，意为"恐怕""该不是"，是语气副词。由"将"参与构成的双音词"将非""将无""将不"也能表"恐怕""该不是"义，也是语气副词。例如：

王闻婆罗门言，大用愁忧不乐，却入斋室，思念此事。王有夫人名曰摩利，就到王所，问王意故："何以愁忧不乐？妾

身将有过于王耶？"（东晋·僧伽提婆《增一阿含经》卷五十一）

　　佛命尼提，尼提闻已，周惶四顾：如佛所命，三界至尊，岂可唤我鄙贱之人？将无有人与我同字，唤于彼耶？（后秦·鸠摩罗什《大庄严论经》卷七）

　　前例是"将"的用例。此例说国王"愁忧不乐"，国王夫人摩利前来问候说："您为什么忧愁不高兴呢，该不是我对您犯了什么过错吧？"后例是"将无"的用例。此例述尼提因为自己是"鄙贱之人"，当佛叫他的名字时，他不敢相信，心想：该不是有人和我名字相同，佛在叫那个人吧？

　　魏晋南北朝时期，汉译佛经中大量使用"将""将非""将无""将不"等"将"系测度语气副词，中土文献使用"将"系测度语气副词也不少。就测度语气副词而言，魏晋南北朝是以"将"系为标志的时代。

　　研究魏晋南北朝时期的测度语气副词，"将"系是重点；要研究"将"系，必须先研究"将"。这里需要弄清楚的一个重要问题是："将"表测度语气的用法是什么时候产生的？这个问题很长一段时间没有得到很好的解决。

　　先秦时"将"可用为意愿义助动词、将来时体标记、选择连词，还没有测度语气副词用法。

　　两汉的《淮南子》《史记》《论衡》《汉书》中未见"将"的测度语气副词用法。

　　最终，我们从《后汉书》中的皇帝诏令中发现，"将"的测度语气副词用法至迟出现在东汉初。例如：

　　　　五月丙子，诏曰："久旱伤麦，秋种未下，朕甚忧之。将残吏未胜，狱多冤结，元元愁恨，感动天气乎？……"（《后汉书·光武帝纪第一上》）

　　　　灾异屡见，咎在朕躬，忧惧遑遑，未知其方。将有司陈事多所隐讳，使君上壅蔽，下有不畅乎？（《后汉书·明帝纪》）

　　　　汉安元年，顺帝特下诏告河南尹曰："故长陵令张楷行慕原宪，操拟夷、齐，轻贵乐贱，窜迹幽薮，高志确然，独拔群俗。前此征命，盘桓未至。将主者甄习于常，优贤不足，使其难进钦？郡时以礼发遣。"（《后汉书·张霸传附张楷传》）

以上3例都是东汉皇帝诏令中语。《后汉书》的作者是南朝宋范晔，因此该书的叙述语言不能代表东汉汉语，甚至连对话也未必是东汉时的原貌，但皇帝诏令不可能被改动，一定是可靠的。第一例"胜"谓遏制，"元元"指老百姓。光武帝就"久旱伤麦，秋种未下"推测原因：大概是因为酷吏的恶行未得到遏制，冤案甚多，老百姓愁闷怨恨，感动了上天之气吧？第二例汉明帝就日食等"灾异屡见"推测原因：大概是因为有关部门的官员陈报情况多有隐瞒，致使皇帝受到蒙蔽，下情不能顺畅地上达吧？第三例汉顺帝就张楷未应召来京城推测原因：大概是主事之人习惯于常规，优待贤士做得不够，使他难于应召赴京得到进用吧？这3例都是皇帝就已存在的事实推测原因，"将"都不可能表"将来"，"将"所在的句子都是测度问句，因此，"将"义为"大概"，是表测度的语气副词。第一例中的光武帝刘秀是东汉第一位皇帝，诏书是建武五年五月颁布的，由此例可见，至迟在东汉初年，"将"已发展出测度语气副词用法。

东汉皇帝诏书以确凿的用例，令人信服地帮助我们解决了测度语气副词"将"的产生时代问题。

例证二：

丁声树先生当年写作《"早晚"与"何当"》一文，也利用唐太宗诏书中的语料成功解决了"早晚"与"何当"这两个问时之词的区别问题。丁先生指出："何当"只能用于问将来什么时候，"早晚"既可用于问将来什么时候，也可用于问过去什么时候。他举的例子有：

近览来奏，请归旧山，已有别敕，不违高志，并许置观，用表宿心。未知先生早晚已届江外，所营栋宇何当就功？（《旧唐书》卷一九二《隐逸传·王远知》）

这是唐太宗降给道士王远知"玺书"(秦以后专指皇帝的诏书)中语。丁先生分析此例说:"此犹言未知先生何时已至江外,所营栋宇何时可就功也。'早晚'与'何当'并用,而'早晚'言已然,'何当'言未然,至显自可寻玩。"

这一例可注意的,一是唐太宗的诏书中使用了晋代出现的询问时间的口语词"早晚",二是"早晚"与"何当"同现,非常有说服力地证明了"早晚"与"何当"这两个问时之词的区别。

例证三:

《皇明诏令》是明代初年到嘉靖十八年皇帝诏令的汇编,所收明成祖朱棣永乐七年正月初一《谕天下武臣敕》中有这么一段:

> 屯种养蚕最是好勾当,军家得饱饭吃,得暖衣穿,不靠损百姓,又不懒惰军。只是要恁军官每好提督,每年布种耨锄都要依时候。恁军官每常常早晚点视,休生事科敛,害他军人。每一个月好着实出气力下屯,不许恁每隐占在家做生活,却交别个军每替他屯种。

"恁"相当于今天的"你","每"相当于今天的"们"。这一段非常口语化,通俗易懂。值得注意的有"勾当"和"别个"两个词。这里的"勾当"指事情,没有贬义,与今天"勾当"指坏事情不同。指事情的"勾当"是近代汉语时期出现的口语词,诏书中不避使用。"别个"是"别人"的意思。《辞源》(第三版)、《现代汉语》(第7版)皆未收"别个",《汉语大词典》"别个"条义项二:

> 别人。清李渔《奈何天·崖略》:"莫说别个,就是阙忠辈阿,一般也貌昂藏,识字知书。怎奈这命低微,执镫随鞭。"鲁迅《而已集·读书杂谈》:"譬如学理科的,偏看看文学书,学文学的,偏看看科学书,看看别个在那里研究的,究竟是怎么一回事。"

《汉语大词典》"别人"义的最早书证是清代文献,据明成祖《谕天下武臣敕》，"别个"至迟明代前期就已出现，《汉语大词典》"别人"义的书证应提前。

总之，历代帝王诏书不避使用口语词且确凿可靠，能帮助我们解决不少汉语史研究中的关键问题，是一类很珍贵的语料。我们应该消除对帝王诏书语料性质的误解，充分挖掘、利用这一类语料。

第二节　汉译佛经透露汉语发展变化信息

汉语的口语和书面语在西汉以前是一致的，东汉以后，二者开始分道扬镳，逐渐形成了言文分离、文言文在书面语中占统治地位的局面。东汉以迄南北朝，汉语较先秦有了明显的变化，但由于中土文献中文言文占统治地位，这些变化在中土文献中得不到充分反映。幸运的是，始于汉代末年的佛经翻译事业在魏晋南北朝时期蓬勃发展，译师们译出了大量的佛经。出于宣传大众、争取大众的需要，汉译佛经使用较通俗的语言，因而透露了较多的活语言发展变化的信息，恰好在很大程度上弥补了汉魏六朝时期中土文献的上述缺憾，为我们今天的汉语史研究提供了便利。

具体而言，汉译佛经在汉语语法史、词汇史、语音史还有汉字史等方面的研究中都能发挥积极作用。下面仅谈谈语法史和词汇史这两个主要方面。

一、汉译佛经在汉语语法史研究中的作用

(一) 显示新兴语法成分、语法现象的始见时间

汉语选择问句发展的大势，就关联词语而言，先秦主要用"抑""抑亦""抑为""将""意""意者""且"等，汉魏六朝进入以"为"系关联标记为特色的时代，此后逐渐向"是"字句归并。"为"系选择问句中，"为是"选择问句和"为当"选择问句均最早见于三国时期的汉译佛经，例如：

> 诸比丘等白言："世尊，昨夜光明，照于祇桓，为是梵释四天王乎？二十八部鬼神将也？为是他方诸大菩萨来听法

耶?"(吴·支谦《撰集百缘经·饿鬼品》)

满财自怨:"何以故,事不宜尔?为当门望不齐?为当居生不等?卿亦豪尊富贵,我亦豪尊富贵。何以故,事不宜尔?"(吴·支谦《须摩提女经》)

汉语的测度问句,句中表测度的语气副词先秦时期多用"其""得无""无乃",汉魏六朝时期进入以"将"系("将"、"将非"、"将无"、"将不")为标志的时代,唐宋时期则以"莫"系("莫""莫是""莫不")为标志。"将非""将无"意谓"大概""恐怕""该不是",均始见于东汉的汉译佛经,例如:

瓶沙问言:"将非悉达乎?"答言:"是也。"(东汉·康孟详等《修行本起经·出家品》)

佛语须菩提:"譬若男子欲见大海者,常未见大海。若见大陂池水,便言:是水将无是大海?于须菩提意云何?是男子为黠不?"须菩提言:"为不黠。"(东汉·支娄迦谶《道行般若经·觉品》)

(二)显示语法成分的成长、发展过程

"他"字的发展经历了三个阶段:旁指代词(别的)—旁称代词(别人)—第三人称代词。在这个发展过程中,旁称代词是其转变为第三人称代词很重要的一环。东汉译经中"他"字最早出现无疑义的旁称代词("别人")的用法:

佛告众人:"且自观身,观他何为?……"(东汉·昙果、康孟详《中本起经·现变品》)

此后,在汉译佛经中,"他"字以"别人"义与后续成分组成同位词组:

若比丘入聚落,见他男女行淫,见已欲心起,失不净者,

是应责心。(东晋·佛陀跋陀罗、法显《摩诃僧祇律》卷五)

此例中的"他"不能理解为"别的",只能理解为"别人",与"男女"之间是同位关系。这种同位词组对第三人称代词"他"的产生有重要意义,因为单用的表"别人"义的"他"是泛指性的,与表定指的第三人称代词"他"还有较大的距离,而进入"他(别人)+后续成分"同位词组中的"他"则有所不同,它虽然还是"别人"的意思,但由于与后续部分同指,因而具有了一定的定指性,这样就向第三人称代词前进了一大步。

汉译佛经显示语法成分的成长更多地体现在它们反映了语法成分使用频率逐步提高的过程。如关于上面提到的"将"系测度问句,我们调查了东汉至南北朝的70部汉译佛经,情况是:东汉译经28部47卷,"将"字句1例,"将非"句1例,"将无"句1例,"将不"句未见;三国译经10部36卷,"将"字句14例,"将非"句9例,"将无"句1例,"将不"句未见;两晋译经16部244卷,"将"字句4例,"将非"句14例,"将无"句27例,"将不"句5例;南北朝译经16部172卷,"将"字句2例,"将非"句4例,"将无"句36例,"将不"句12例。[①]显然,这四个时期"将"系测度问句的使用频率是逐步提高的。

二、汉译佛经在汉语词汇史研究中的作用

(一)显示新词新义的源头

由于佛经的翻译,产生了大量的音译词、梵汉合璧词(梵语音译成分加上汉语词素组合而成),这些都是新词,不少流传到后代,直至今天。汉译佛经中的意译词也是新词,其中也有不少成为全民的普通词汇而被广泛使用。通过考察佛经,我们可以考知这些词的源头。如"菩萨"是由梵语 bodhisattva(全译为"菩提萨埵")节译而来的音译词,它在东汉的汉译佛经中已大量出现;"忏悔"是

---

①　卢烈红:《汉魏六朝汉译佛经中带语气副词的测度问句》,《海南师范大学学报》2012年第3期。

由梵语音译成分"忏"（kṣama，全译为"忏摩"）加上汉语的"悔"组合成的梵汉合璧词，它始见于东汉的《中本起经》；"烦恼"是梵语kleśa的意译，它始见于三国时期的《菩萨本缘经》。以溯源为宗旨的《辞源》（2010年修订重排本）中这三个词的书证时代都偏晚，没有实现溯源的目标，原因就在于没有很好地利用汉译佛经。

　　佛经中沿用汉语原有的词指佛教新事物，使旧词发展出新义。通过考察佛经，我们可以考知新义产生的时间和产生的机制。如"寺"原为中国古代官署名，如"鸿胪寺""太常寺""大理寺"等。相传汉明帝时，天竺僧人摄摩腾、竺法兰自西域以白马驮经至洛阳，初期被安置在鸿胪寺；后来建庙宇安置，就取"寺"之名，名之曰"白马寺"。于是"寺"就发展出佛教庙宇之义。

（二）有助于考辨词义方面的一些疑难问题

　　如"骟"指阉割马等雄性牲畜。章炳麟《新方言·释动物》指出：阉割马《说文》叫"騬"，"或谓之骟，则后出语也"。这个后出的"骟"是怎么来的？它很容易被认为是一个汉语词，但真的是这样吗？徐时仪根据佛经材料，证明它来源于梵语音译①，很好地解决了问题。梵语saṇḍha-paṇḍaka，唐玄奘《大毗婆沙论》译作"扇搋半择迦"，唐义净《毗奈耶》译作"扇侘半择迦"，《大毗婆沙论》略称"扇搋"，唐义净《根本萨婆多部律摄》略称"扇侘"，其义为男根不具者，意译为"黄门"（太监）。再省称为"扇"，然后加"马"旁即造出"骟"。《新五代史·郭崇韬传》："当尽去宦官，至于扇马，亦不可骑。"《旧五代史·郭崇韬传》与"扇马"对应的是"骟马"，可资证明。

　　近几十年来，汉译佛经语言研究获得了长足的进步，深入挖掘，充分发挥汉译佛经在汉语史研究中的积极作用，还需要我们继续努力。

---

　　①　袁宾、徐时仪等：《二十世纪的近代汉语研究》（下册），书海出版社2001年版，第875页。

第二章 词语源流考

汉语历史悠久，在漫长的历史发展过程中，词语的语音、语义都有发展变化，不少词语都经历了语法化的过程。汉语史的研究，除了专书研究、专题研究、断代研究、通史研究之外，为了将研究引向深入，还必须就每一个词语、每一种句式的发展历史进行细致深入的考察。本章考察"也罢""何莫不""何莫非"以及黄梅方言中的"妈妈"和"老板"的历史发展过程，溯源讨流，建立单个词语的完整发展史。

第一节 "也罢"源流考

现代汉语中，"也罢"有下列两种用法：

一是单用，表示容忍或只得如此，有"也就算了""也行"的意思。例如：

（1）也罢，落得在这儿休息两天，养养神，免得下操！（叶紫《叶紫文集·行军散记》，第 52 页）

（2）杨过笑道："你是怕了我空手入白刃的功夫，也罢，我用一样兵刃便是。"（金庸《神雕侠侣》第十七回，第 798 页）

二是两个或多个隔开配对使用，表示无论在何种情况下都如此。例如：

（3）其实，馒头也罢，白薯也罢，都不是狗的粮食。所以小趋又瘦又弱，老也长不大。（杨绛《干校六记·"小趋"记

情》，第 38 页）

（4）不论金家大宅院里发生了什么为难的事儿，四分五裂也罢，断了香火也罢，金一趟和再造金丹的名声在外，威望不改。（陈建功、赵大年《皇城根》第 92 章，第 406 页）

对以上两种用法的"也罢"，不少学者都认定其为"助词"。本节考察"也罢"在历史上的发展演变情况，讨论相关问题。

下面先考察"也罢"在历史上的发展演变情况。①

一、元代

宋辽金以前，文献中未见任何形式的"也罢"组合，"也罢"组合始见于元代文献。不过，使用"也罢"的元代文献全为戏曲作品（杂剧和南戏），且"也罢"多出现在宾白中。元代戏曲的宾白经历过演出时的多次改动，到明代才逐渐写定。因此，"也罢"是否产生于元代，未可遽定。下面姑且对元代戏曲作品中的"也罢"做些分析。

元代戏曲作品中的"也罢"意为"也就算了""也行"，可分为单用、连续叠用、隔开配对使用三种情况。

（一）单用

单用的"也罢"或单独成句，或用于句首，或居于句中，或用于句末。用于句末的，又分三种具体情况：居单句句末；居复句前面分句之末；居复句全句之末。居句末的，有时后面还带有"了"。

1. 单独成句

（5）（白）刘健儿，怎么不买冻鱼酒来我每吃？（生）不曾支粮，支了粮请你每一醉。（净、丑）也罢。刘健儿，今晚巡更，该你巡夜，一更是我，二更是他，三更四更五更都是你。

---

① 我们利用陕西师范大学历史文化学院研制的"汉籍全文检索系统"进行调查。这个"系统"收录文献相当丰富、相当全，只是对少量文献的时代归属问题处理不当。

(无名氏《刘知远白兔记》第十七出,第九卷第399页)①

例(5)中"也罢"是对上文(生)承诺的回应,以下谈巡更,话题已换,所以"也罢"是单独成句。

2. 用于句首

(6)你看么,我见他是出家人,则这般与他个茶吃,他又这般饶舌。也罢,依着他,左右茶客未来哩。(马致远《吕洞宾三醉岳阳楼》第二折,第二卷第167页)

例(6)中的"也罢"是就下文而言的,因此属于居句首的单位。

3. 居于句中

(7)你既然替他还钱,也罢,我放了他。(高文秀《好酒赵元遇上皇》第二折,第一卷第688页)

4. 用于句末

(8)但得个大小官职也罢。(郑光祖《虎牢关三战吕布》第二折,第四卷第415页)

(9)哥哥不知,那杜家老鸨儿欺负兄弟也罢了,连蕊娘也欺负我。(关汉卿《杜蕊娘智赏金线池》第三折,第一卷第121页)

(10)若无桑椹子,马莲子也罢,吃下去倒消食。(刘唐卿《降桑椹蔡顺奉母》第二折,第二卷第582页)

(11)若没好酒,浑酒也罢。(宫天挺《死生交范张鸡黍》第一折,第四卷第347页)

---

① 本节引用元代杂剧和南戏作品皆据王季思主编《全元戏曲》(人民文学出版社1990—1999年版),括号内标注卷数和页码。

这 4 例中，例(8)"也罢"居单句句末，例(9)、例(10)居复句前面分句之末，例(11)居复句全句之末。

(二) 连续叠用

连续叠用的"也罢"或单独成句，或居句首，或居句中。

1. 单独成句

（12）（净）我是妇人家，不晓得杀狗。（贴）熟人杀不叫，故此要你杀。（净）也罢，也罢！智过禽，获过禽；智过兽，获过兽。一个狗儿直甚钞？买与院君合药料。又要王婆替他杀，该死畜生莫要叫。（徐畕《杨德贤妇杀狗劝夫》第二十五出，第十卷第 91 页）

2. 用于句首

（13）（晏婴云）将来。贤女，俺公子将此紫丝鞭为信定。（正旦云）要结夫妇之礼，岂为执鞭之事？不可。（搽旦云）也罢，也罢，将来赶牛。（郑光祖《钟离春智勇定齐》第二折，第四卷第 447 页）

3. 居于句中

（14）既是你两个不敢吃酒，也罢，也罢，我则饮三杯。（关汉卿《望江亭中秋切鲙》第三折，第一卷第 142 页）

（15）我敬德本无二心，元帅既然疑我，男子汉既到今日，也罢，也罢，要我这性命做甚么？我不如撞阶而死！（关汉卿《尉迟恭单鞭夺槊》第二折，第一卷第 396 页）

(三) 隔开配对使用

元代隔开配对使用的"也罢"偶见例(16)：

（16）（卒子云）哎哟！我儿也，你打了也罢，骂了也罢，

你又骂俺元帅，我见俺元帅去。（郑光祖《虎牢关三战吕布》第二折，第四卷第 414 页）

此例中，"也罢"配对使用，句意为：你打、骂卒子尚可，不能骂元帅。"也罢"表示的也还是容忍之义。

总之，元代戏曲作品中的"也罢"可分为单用、连续叠用、隔开配对使用三种情况。单用最为多见，连续叠用次之，隔开配对使用仅见 1 次。语义上，各种情况都表示容忍。

二、明代

明代文献中的"也罢"数量激增，但隔开配对使用的"也罢"仍然不多，仅 10 余例。

明代隔开配对使用的"也罢"有些仍表容忍。例如：

（17）这一家子，都……那个不借他银使？只有借出来，没有个还进去的。还也罢，不还也罢。（《金瓶梅词话》第六十四回，第 1801 页）

（18）想我读书一场，平生未曾得罪圣贤，今日何至到这地位？可见这书读也罢，不读也罢。（《梼杌闲评》第三十二回，第 1118~1119 页）

（19）炀帝因船上有了一个绛仙，日日只是穷淫极欲，贪欢爱笑，故不十分催促程途，一日行三十里也罢，二十里也罢，十里也罢。（《隋炀帝艳史》第二十八回，第 269 页）

（20）特到此间，借金蛟剪也罢，或混元金斗也罢，拿下山去，务要复回此二宝，吾心方安。（《封神演义》第四十七回，第 447 页）

这 4 例中，前 3 例或"也罢"构成一个独立的并列复句，或"也罢"所在的分句居多重复句的后部，"也罢"表容忍都是显而易见的。后 1 例"也罢"所在的分句居多重复句的前部，与现代表无论在何种情况下都如此的"也罢"句法位置相同，但根据语境，也不难体会出它们仍然是表容忍的。

但是，在明代，有些隔开配对使用的"也罢"似乎可以有两可的理解。例如：

(21)他因天下无事，也就蓄些歌儿舞女，日日在府中饮酒快乐。入朝也罢，不入朝也罢，谁敢管他闲事！(《隋炀帝艳史》第六回，第 54 页)

(22)炀帝此时渴想荔枝，恨不得一时到口，却又自料必无。忽听见两个道人有的卖，心下十分欢喜。又说道："既是道人有，卖也罢，送也罢，何不竟拿进来与朕吃?"(《隋炀帝艳史》第三十回，第 288 页)

例(21)"入朝也罢，不入朝也罢"既可理解为入朝也行，不入朝也行；也可理解为不管入不入朝。例(22)"卖也罢，送也罢"既可理解为卖也行，送也行；也可理解为无论是卖还是送。

值得重视的是，已有少量用例不宜理解为容忍，应该视作表示无论在何种情况下都如此。例如：

(23)萧后也将诗细细看了，说道："陛下好意赐她双果，她倒将这怨词来侮慢陛下，还只管思想这贱婢怎么?"炀帝道："不是侮慢，其中有个缘故。"就将黄门马急摇散双果的话对萧后说。萧后道："侮慢也罢，不侮慢也罢，只要陛下当得起，妾不管这些闲事。"(《隋炀帝艳史》第三十七回，第 353 页)

(24)炀帝道："此皆卿设谋不善，朕有何罪?"杨素道："谋虽是臣设，然皇帝是谁做? 主意是谁出? 陛下如何推得这等干净!"炀帝道："是卿也罢，是朕也罢，此乃往事，今日为何提起?"(《隋炀帝艳史》第三十九回，第 377 页)

例(23)句子中有表充足条件的"只要"，句意为：不管是侮慢还是不侮慢，只要皇帝不计较，我就不管这些闲事。这里的"侮慢也罢"不能理解为"侮慢也行"，因为萧后不可能认为"贱婢"可以侮慢皇上。例(24)是一个反诘句,句意为:无论责任在您还是在我,这都是往事,今日为什么要提起?"是朕也罢"不能理解为"是朕也行",因为下文隋炀帝梦中见到亡父隋文帝,就坚称:"篡逆之谋,皆杨素、张衡二人所设,与儿无干。"这两例,应该都是以"也罢"隔开配对使用的方式,表示无论在何种情况下都如此。

《隋炀帝艳史》成书于明末,可见,到明代末年,"也罢"已经萌生以隔开配对的方式表示无论在何种情况下都如此的用法。这一用法的语法条件为:其一,句法位置一定是居复句的前部,后有后续句。如果构成独立的一个重复句或居复句的后部,那就只是表容忍。其二,句法环境是:或有"只要"这种表条件的关联词,或出现于反诘句中。

明代嘉靖年间成书的《金瓶梅词话》,其中有两例极易被理解为表示无论在何种情况下都如此,例见下:

(25)西门庆分付:"你二位后日还来走走。再替我叫两个,不拘郑爱香儿也罢,韩金钏儿也罢,我请亲朋吃酒。"(《金瓶梅词话》第三十二回,第864页)

(26)我死了,就见出样儿来了。你伏侍别人,还相在我手里那等撒娇撒痴,好也罢,歹也罢了,谁人容的你?(《金瓶梅词话》第六十二回,第1737页)

这两例,有的学者都视作表示无论在何种情况下都如此的例子①。但实际上,两例都值得斟酌。例(25)虽有"不拘",但"不拘郑爱香儿也罢,韩金钏儿也罢"是紧承"再替我叫两个"而言的,是其后续句,而不是"我请亲朋友吃酒"的始发句。"两个"指的就是郑爱香儿和韩金钏儿,"也罢"是"也行"。"我请亲朋友吃酒"是另一层意思,前面实际上可以用句号。这一例显然只能算作表容忍。例(26)"好也罢,歹也罢了"可以理解为"谁人容的你"的始发句,

---

① 雷冬平、胡丽珍:《语气助词"也罢"的功能及语法化过程》,《北方论丛》2008年第4期。

如果是这样，在这个反诘复句里，"也罢"配对是表示：无论是好是坏，都无人能容你。但是"好也罢，歹也罢了"也可以视作"还相在我手里那等撒娇撒痴"的后续句，如果是这样，句意就是：你原来在我手下很娇惯，做得好也行，不好也行。"也罢"还是表容忍。因此，例(26)视作表无论在何种情况下都如此的例子不太可靠。这样看来，只有上述例(23)、例(24)是比较可靠的。

明代还出现了1例"也罢"与"也好"同现的情况。如下：

(27)西门庆问道："到那一家园上走走倒好?"应伯爵道："就是刘太监园上也好。"西门庆道："也罢，就是那笪也好。"(《金瓶梅词话》第五十四回，第1455页)

此例中，"也罢"和"也好"仅同现，还不是对等配对使用，与现代汉语"无论蛇也好，鳄鱼也罢，都不想吃只死青蛙"这样的句子还不一样，"也罢"明显还是"也行"的意思，表容忍。

明代"也罢"除了上述隔开配对使用的用法外，还与元代一样，仍然有单用、连续叠用的情形。下面略举数例：

(28)(妇人)只得答道："酒便没买处，饭便做些与客人吃了去。"李逵道："也罢，只多做些个，正肚中饥出鸟来。"(《水浒传》第四十三回，第594页)

(29)我一年老一年，八岁守你，你既舍我出家也罢，而今又要远去。(《焚书·读若无母寄书》，第140页)

(30)此道人未必是好人了。吃酒吃肉，又在此荒山居住，没个人影的所在，却家里放下这两件东西。狗也罢了，如何又有此死孩子?(《二刻拍案惊奇》卷十八，第295页)

(31)行者笑道："我猪弟食肠大，却不是以果子作膳的。——也罢，也罢，莫嫌菲薄，将就吃个儿当点心罢。"(《西游记》第三十回，第367页)

(32)罗罗笑道："妾就取朱贵儿的'朱'字，为'八牛'何如?"炀帝道："也罢，也罢，大家也吃一杯。"(《隋炀帝艳史》

第三十六回，第 346 页）

这 5 例，无论是单用还是连续叠用，都表容忍。

三、清代

清代文献中“也罢”用例较明代更为多见。单用、连续叠用的“也罢”都在继续使用，变化是：隔开配对使用的比例大幅上升；隔开配对使用的例子中表示无论在何种情况下都如此的所占比例亦上升，且不少用例已具备典型性。

清代表示无论在何种情况下都如此的配对型“也罢”主要可别为三种情况：

第一，句子前部有“别管他”“管他”“不管”“无论”等起排除条件作用的词语，有时后续句还有表总括的词语“总”“都”等作进一步配合。例如：

> （33）都判道：“放屁！俗语说的好，‘天下官管天下事’，自古人鬼之道却是一般，阴阳并无二理。别管他阴也罢，阳也罢，还是把他放回没有错了的。”（《红楼梦》第十六回，第 222 页）

> （34）那些丫头们心上都也愿意，口里只说：“他不是自家的宝玉，又是个和尚，怎么好去伺候他吗？”甄老太太笑道：“管他和尚也罢，姑子也罢，叫你们出去有什么避忌呢？”（《红楼梦补》第九回，第 80 页）

> （35）老爷是明白不过的，现在的人，无论他维新也罢，守旧也罢，这钱的一个字总逃不过去的。（《文明小史》第五十八回，第 369 页）

> （36）委员行过礼之后，抚台先开口道：“那甚么河的工程，是你老哥办着？”委员道：“是卑职办着徒阳河工程。”抚台道：“我不管‘徒羊’也罢，‘徒牛’也罢，河里挖出来的土，都给我送到南京去……”（《二十年目睹之怪现状》第九十三回，第 799 页）

（37）遇着为难时节，只要拿出个零头数目来，无论是甚么知府也罢，道台也罢，不怕不跟着他桌腿呼呼转。(《冷眼观》第二十八回，第 292 页)

第二，仅后续句有"总""横竖"等表示总括的词语。例如：

（38）大凡一个人，有也罢没也罢，总要受得富贵耐得贫贱才好。(《红楼梦》第一零八回，第 1489 页)

（39）当日老人家大也罢小也罢，总算做过官，你也算个宦裔，怎就甘心学那些下流行径，一味逞刁卖俏，不做一点有骨力、顾体面的事。(《歧路灯》第五十回，第 431 页)

（40）等他来了，我早已打算多则八十，少则七十块洋钱与他，依也罢，不依也罢，横竖要我情愿，早难道派我吃一世相饭不成？(《风月梦》第二十回，第 273~274 页)

第三，用在反诘句中。例如：

（41）就是打杀也罢，折堕杀也罢，主人家有偿命的理么？(《醒世姻缘传》第八十回，第 1142 页)

（42）拾香却想这夸嬷娘的话说错了？说："我不过就人论人，他好也罢，不好也罢，与我们什么相干？"(《风月鉴》第九回，第 316 页)

以上三种情况实际上都可算作表示无论在何种情况下都如此的形式标志，特别是第一种，可说是一种典型标志。有了这种典型标志，表明这种用法已经成熟。

不过，有两点需要指出。一是不属于上述三种情况的也可以是表示无论在何种情况下都如此的确凿用例。例如：

（43）又李道："你怎说这话？我还有个想头，要医好你哩！你且把梦说来。"素娥道："说来恐怕吓了相公。"又李道：

"梦好也罢,不好也罢,原是作不得准儿的。你只顾说来。" (《野叟曝言》第二十回,第214页)

例(43)不属上面三种情况的任何一种,但句子说的是:无论梦好还是不好,原本都算不得数的。这无疑是表示无论在何种情况下都如此。

另一点需要指出的,是清代配对使用的"也罢"还有未彻底虚化、仍表容忍的用例。例如:

(44)游混公也没法了,又不敢呵叱他,凭他读也罢,不读也罢。那宦实又是溺爱的人,以为儿子是现成的恩荫,现成的纱帽,何必苦难去读书。(《姑妄言》第五回,第364页)

(45)宝玉道:"我并不闹什么,偶然想起,有也罢,没也罢,我白问一声,你们就有这些话。"(《红楼梦》第八十六回,第1238页)

(46)但是兄弟一个人是省俭惯的,到了冬天,皮衣服穿也罢,不穿也罢;诸位衣服虽然不必过于奢靡,然而体制所关,也不可过于寒俭。(《官场现形记》第二十回,第324页)

例(44)说的是,户部侍郎宦实延请游混公做儿子宦尊的老师,但宦尊非常愚蠢,游混公无法教,"凭他读也罢,不读也罢"是说:宦尊读也行,不读也行,由他。此例"也罢"所在的两个分句居整个复句的后部,后面无后续句,"也罢"表容忍甚明。例(45)的语境是,宝玉向袭人问起蒋玉菡送的汗巾还在不在,袭人因薛蟠与蒋玉菡交往而惹上官司,因而趁机劝诫宝玉,于是宝玉说出一番辩解的话。"有也罢,没也罢"是说汗巾在也行,不在也行。此例"也罢"所在的两个分句虽然后面可以不加句号,就像现在通行本这样,以示语气的连贯,但实际上后续的句子,意思已转到另一层,"也罢"表容忍也不难判定。例(46)是提倡节俭的抚台告诫部下的话,"皮衣服穿也罢,不穿也罢"是说:皮衣服穿也行,不穿也行。此例"也罢"所在的两个分句居多重复句第一层并列复句前项的后部，"也罢"表容忍也比较明显。这3例，《姑妄言》成书于雍正朝，《官场现形记》成书于清末，这说明，直到清末，配对使用的"也罢"还能表容忍。

以上两点提醒我们，一方面，句子前部有"别管他""管他""不管""无论"等起排除条件作用的词语，或后续句有表总括的词语"总""都"等，或处于反诘句中，这三种情况都是判定"也罢"表无论在何种情况下都如此的重要依据，但三者都不是充足条件，也就是说，属于这三种情况的，并不必然是表无论在何种情况下都如此，如例（44）前部有"凭"，但"也罢"仍表容忍。另一方面，不属于这三种情况的，不一定就不是表无论在何种情况下都如此，如例（43）所显示的。我们在判定配对使用的"也罢"是否表无论在何种情况下都如此时，固然要重视以上三种形式标志，但又不可拘泥，要全面观察，尤其要注意上下文语境细心推敲。

清代，"也罢"与"也好"同现也还不多见，有不多的几例，如：

（47）没有零碎的，把收住的整封动十两也罢；再不，把当铺里赚的利钱动十两给我也可；一半银子一半钱也罢，就光是钱也好。你圆成出来，我重谢你。（《醒世姻缘传》第八十回，第1138页）

（48）柳乳母道："这样两头挑的亲事，我劝张妈妈得管也好，得不管也罢了，后来恐怕有是非。"（《玉支玑》第九回，第202页）

（49）一头说，一头把茶盏放在桌子上，再说道："这两盅茶喝也好，不喝也罢，难道周京堂的女儿便要受罚不成！"话罢，撇开陪嫁的，昂然拂袖竟回房子去。（《廿载繁华梦》第三十一回，第511页）

这3例，"也罢"和"也好"已可称为配对使用，但例（47）"一半银子一半钱也罢，就光是钱也好"中两者都是"也行"的意思，只要看上一句句末是"也可"就不难明白这一点。例（48）"也好"是"也行"之意，"也罢"则是"也就算了"的意思。只有例（49）处于反问的语境,"也罢"和"也好"至少已有所虚化,有表无论在何种情况下都如此的可能。

清代"也罢"仍然有单用、连续叠用的情形。下面略举数例:

(50)我口渴的狠,若无茶,凉水也罢。(《绿野仙踪》第二十七回,第240页)

(51)也罢!开门放他进来,等我也问他一番,问他为甚只管和我作对。(《九命奇冤》第十三回,第61页)

(52)钱鹏道:"说到与先父相与两个字,倒叫我羞了。也罢,也罢,我代劳就是。"(《歧路灯》第五回,第47页)

(53)也罢,也罢。就是我鼓瑟,你鼓琴罢。(《老残游记》第九回,第88页)

这4例,无论是单用还是连续叠用,都表容忍。

上面我们考察了"也罢"在元、明、清三代的使用情况,下面讨论几个问题:

第一,"也罢"虚化的过程与动因。

"也罢"组合始见于元代戏曲作品中。最初的"也罢","也"为语气副词,表委婉语气;"罢"为动词,是"罢休、算了"的意思。"也罢"是两个词的组合。从意义上说,"也罢"是"也就算了"的意思,最初的"也罢",应该都是这个意思。"也就算了"是一种无可奈何的容忍,当容忍的无可奈何程度减轻、略转向正面角度考虑问题时,"也罢"就是"也行"之义。也就是说,早期的"也罢"表示容忍,而所表容忍包括"也就算了""也行"这两种程度有别的具体意义。元代戏曲中的"也罢",无论单用,还是连续叠用,都表示"也就算了"或"也行"这种容忍之义。连续叠用与单用比,区别在于叠用表示语义的加强。

"也罢"由单用或连续叠用发展为隔开配对使用是一种重要的发展,因为单用或连续叠用都只是就一件事表明态度、做出评价,隔开配对使用则涉及至少两件事,这就向表示任何情况下都如此跨进了一大步,为其准备了句法框架。当然,早期隔开配对使用的

21

"也罢"也还是表达容忍，如上述元代戏曲用例的例(16)，甚至在后来相当长的时间内，它依旧能表达容忍，如上述清代末年用例的例(46)。

隔开配对型"也罢"在明代末年开始萌生表示任何情况下都如此的意义，至清代这一用法发展成熟，其演化动因来自语义和句法两个方面。

先说语义方面。对两件事情的容忍，认为甲事情"也行"、乙事情"也行"，如果甲、乙相加，就是这一问题的全部，那就是"什么都行"；尤其是甲、乙二事如果是互相否定、一正一反，那就更能表示囊括任何情况。如上述例(24)所谈论的"篡逆"之事，其涉事者包括作为"卿"的杨素等人和以"朕"自称的隋炀帝，"是卿也罢，是朕也罢"中的"卿"和"朕"包括了所有涉事者，因此，加上"此乃往事，今日为何提起"，全句就是说：无论篡逆是谁的责任，这都是过去的事了，不应该提起。例(23)"侮慢也罢，不侮慢也罢"，一正一反的"侮慢""不侮慢"囊括了所有情形，具有周遍性，所以加上"只要陛下当得起，妾不管这些闲事"，全句就是说：不管是侮慢还是不侮慢，只要陛下不计较，我就不管这些闲事。下面再看一例：

> (54)后来洋人摸着了他的脾气，凡百事情总要同他言语一声，他允也罢，不允也罢，洋人自己去干他自己的。(《官场现形记》第五十八回，第1009页)

此例中，对举的也是一正一反的"允"和"不允"，句意是：不管他答应不答应，洋人都照自己的意愿径直去干。如果说，例(23)句中有"只要"这种表条件的关联词，例(24)是反诘句，两例都还有句法方面的配合条件，那么，例(54)就纯粹只有语义的因素了。由此可见，语义在配对使用的"也罢"发展出表任何情况下都如此之义时是具有基础作用的。

再看句法方面。根据上面的分析，配对使用的"也罢"在表任何情况下都如此之义时所处的带有形式标志性质的句法环境为：

(1)居复句的前部,后有后续句;(2)句子前部有"别管他""管他""不管""无论"等起排除条件作用的词语,或后续句有表示充足条件的词语如"只要",有时后续句还有表总括的词语"总""都"等进一步配合;(3)仅后续句有"总""横竖"等表示总括的词语;(4)用在反诘句中。这四种,第一种是强制性的,即所有这种用法的"也罢"必须这样,后三种则是选择性的。从动态的角度看,配对使用的表容忍的"也罢"就是在这样一些句法环境中虚化,发展出任何情况下都如此之义。

总起来说,配对使用的"也罢"以容忍义为基础,以处于一些带有形式标志性质的句法环境为契机逐渐虚化,成为表任何情况下都如此之义的一种搭配形式。

第二,"也罢"与"也好"的关系。

"也罢"与"也好"的关系具体包括两个方面的问题。

第一个方面的问题是:配对使用的"也罢"和配对使用的"也好"都能表示任何情况下都如此之义,那么,它们谁最先演变出这种用法?它们是各自独立发展出这种用法还是谁对谁产生过影响?

根据笔者《配对型"也好"源流考》一文的考察,表任何情况下都如此的配对型"也好"其确切用例出现在清代中期的《后红楼梦》[①],而根据本节前面的分析,表任何情况下都如此的配对型"也罢"则在明代末年就已出现,因此,非常清楚,就这种用法而言,"也罢"早于"也好"。

那么,"也好"是不是受"也罢"的影响才产生配对使用表任何情况下都如此这种用法呢?笔者曾经指出:"表'同等好'意义的句末状谓结构'也好',经由语义磨损、语义弱化衍生出单用型表'也还可以''也行'的'也好';表'也还可以''也行'的'也好'隔开连用,以句法位置处于句子前部、语义环境为无条件语境为契机进一步虚化,就演化成表示无论在何种情况下结果都一样的配对型'也好'。"[②]由此可见,"也好"的虚化在语义基础和句法环境方面都与

---

① 卢烈红:《配对型"也好"源流考》,《中国语文》2012 年第 1 期。
② 卢烈红:《配对型"也好"源流考》,《中国语文》2012 年第 1 期。

"也罢"具有高度的相似性，"也好"本身具有虚化的语义和句法条件，它是独立演化出配对使用表示任何情况下都如此这种用法的。

当然，配对型"也罢"和配对型"也好"后来使用越来越频繁，应该是互相促进的，"也罢"还能跟"也好"配对使用表示任何情况下都如此，也很能说明这一点。

第二个方面的问题是："也罢"和"也好"二者配对使用这种格式是如何起源与发展的？

根据上面的考察，明代出现"也罢"与"也好"同现的用例，但还不属配对使用；清代出现配对使用的现象，但清初的如例(47)、例(48)所示，也是表容忍的，直到清末，如例(49)所示，才有可能是表任何情况下都如此。

近几十年来，"也罢"和"也好"配对使用表示任何情况下都如此的用法呈不断发展之势，用例越来越常见，如在王小波作品中，我们能见到不少例子。下面略举几例：

(55)还有人说，不管它是人物传记也好，哲理小说也罢，总之现在又有的看了。(王小波《未来世界》上篇《我的舅舅》第四章，第97页)

(56)对于颜色，王二有特别好的记忆力。但是不管你信也好，不信也罢，他居然是个色盲。(王小波《革命时期的爱情》第一章，第199页)

(57)初雪把广阔无垠的大地一律拉平，花园也好，荒村也罢，全都失去了各自的特色。(张贤亮《绿化树》十六，《十月》1984年第2期)

(58)一个作家若有了这样的体味垫底，丑恶也好，美好也罢，一切都可以在艺术天地里游刃自如了。(何玉茹《铁凝，用心灵体味日子》，《当代人》1993年第1期)

(59)好了，不管他是"新贵族"也好，还是"土皇帝"也罢，我们都要把他揪出来，不然，整个垭上村就要改变颜色了！(师东兵《风雨岁月——彭真亲属遭难纪实》，《长城》1993年第2期)

第三，"也罢"的语法性质。

对现代汉语中两种用法的"也罢"，《现代汉语八百词》、《现代汉语词典》（第5版）、《现代汉语虚词例释》、《汉语大词典》都定为"助词"；王启龙则认为"也罢""无论连用或是单用，都是谓语……不必算成助词"[1]。

我们认为，判定"也罢"的语法性质，横向应全面观察"也罢"的各种用法，纵向应自元代迄今通盘考虑。自元代以迄于今，"也罢"一直有单用、连续叠用、隔开配对使用三种具体形式。现代汉语中单用、隔开配对使用的例子本节开头部分已各举有两例，连续叠用的例子如：

（60）也罢，也罢。教修龄签个字在上面便了。但他此刻不在家，你去前面新收拾的客房里坐着等候罢。（不肖生《留东外史续集》第三十五章，第331页）

我们认为，现代汉语中单用、连续叠用、隔开配对使用这三种形式的"也罢"按语法性质可别为二，单用和连续叠用是一种情况，隔开配对使用则是另一种情况。单用和连续叠用的"也罢"从产生之日起直到现在，都是表容忍，意为"也就算了""也行"，其中的"罢"还有实在的词汇意义，因此，"也罢"还宜视为两个词的组合，不能认定为"助词"。隔开配对使用的"也罢"则不同，它前面的列举项或为体词性成分，如本节开头部分所举的例（3）；或为谓词性成分，如本节开头部分所举的例（4）。但无论哪种情况，"也罢"都没有"也就算了""也行"这样的词汇意义，只是表示在所列举的情况下都如此。下面再看两例：

（61）祁先生，甭伤心！好人也罢，歹人也罢，不久都得死！（《四世同堂》第三部《饥荒》第77章，第103页）

---

① 王启龙：《助词及其再分类》，胡明扬主编：《词类问题考察续集》，北京语言大学出版社2004年版，第240页。

（62）实际上，议论也罢，质疑也罢，所有的关注都深深寄托着人们对于科学、公平、和谐的人才选拔制度的期待。（姚晓丹、丰捷《高等教育，尚需越过"两座山"》，《光明日报》2011 年 3 月 13 日第 9 版）

这两例，例（61）列举项是体词性的，例（62）列举项是谓词性的，两例配对的"也罢"也都没有什么实义。因此，我们认为，现代汉语中配对使用的"也罢"可认定为助词。

但是，有一种情况不应回避，就是：现代仍有少量配对使用的"也罢"还在表容忍。请看下列例句：

（63）了空仍是合掌的说道："他却安安稳稳的供奉着，兔便是狮，狮便是兔。皇上说他搏也罢，皇上不说他搏也罢。"（《乾隆休妻》第二十一章，第 110 页）

（64）"知道也罢，不知道也罢。"他的声音硬梆梆，冷冰冰。走了几步，她忽然笑了起来。"有女朋友了吗?"瑞全不明白她是在逗他，还是在笑话她自个儿。（《四世同堂》第三部《饥荒》第 88 章，第 199 页）

《乾隆休妻》是民国陈莲痕所著小说。这两例"也罢"后无后续句，都是表容忍。怎样解释这种现象呢? 我们认为，配对使用的"也罢"早期本来就是表容忍的，后来才逐渐虚化为表任何情况下都如此的助词。虚化从内在的质到外在的覆盖面方面都是渐进的，覆盖面是逐渐扩大的。民国以来所见少量表容忍的，应是旧用法的残留。因此可以说，配对使用的"也罢"其虚化在之后较长时间内都没有最终完成，即使到现在，也还有继续发展的空间。

第二节　"何莫不"小考

古代文献中有一种"何莫不"组合，其可以确认的产生年代是南宋。这一组合的使用特点、内部构成、来源都值得探讨。

一、使用特点

"何莫不"的使用特点可总结为以下三点：

第一，全用于反诘句，是用强烈的语气表达肯定。

第二，可以表比较具体的"什么不……""谁不……"的意思，也可以表抽象一些的"哪里不……"的意思。例如：

（1）大抵人文，视乎山川。八闽峙西北，海汇东南，幽秀奇崛所诞毓，汪洋浩瀚所停蓄，自有不可偭视而涯量者。发为文章，何莫不然？（清·丁宗洛《陈清端公年谱》卷下）

（2）之二篇者，一乐一悲，其可谓虞舜知言，而五子为不足道乎？况昌黎之说，即词亦何莫不然？（清·谢章铤《赌棋山庄词话》卷十）

（3）虽以彭玉麟自将而自改之，亦无两全善策。推之陆营，何莫不然？（清·邵之棠辑《皇朝经世文统编》卷一百一《通论部》二）

（4）文者所以明理也，自六经以来，何莫不然？（元·赵孟頫《刘孟质文集序》，《松雪斋集》卷六）

（5）而诸凡成象者，何莫不在其中乎？（明·蔡清《易经蒙引》卷九上）

（6）苟身列儒林，徒沾沾于文字间卖弄笔墨，岂非学中之罪人乎？然今之为学者，何莫不然？（清·佚名《金钟传》第五十四回）

以上6例，前3例都是"哪里不……"的意思，例（4）、例（5）是"什么不……"的意思，例（6）是"谁不……"的意思。

第三，形成了比较固定的组合。在陕西师范大学历史文化学院研制的"汉籍全文检索系统"中，明代部分2例，清代部分去其重复可得41例。明清时期的43例中，高达35次是以"何莫不然"的形式出现，另有2次以"何莫不皆然"的形式出现。

二、发展历史

"何莫不"可在《四库全书》中检得最早的例句①：

（7）相公必命将取其封锡已荣者，则封锡已荣矣，彼复何求？以此战不克，攻不得，何莫不由斯人之徒与？（唐·林蕴《上安邑李相公安边书》，《唐文粹》卷八十）

此例句末有疑问语气词"与"，"何莫不"是"什么不……"的意思，表反诘。整段话是说：选用将领如果取已经功成名就者，则会造成"战不克，攻不得"的后果，这些后果有什么不是由这类将领造成的呢？林蕴是中唐人，《唐文粹》为北宋初姚铉所编，从文献学的角度看，此例应该比较可靠。不过，此例在唐代属于孤例，且历晚唐五代直至北宋，中间三百多年未再见一例，直到南宋才又见到"何莫不"的用例，这使我们不大敢断言唐代已产生"何莫不"组合。

南宋时"何莫不"的用法稍多见，在《四库全书》中可检到10例。这一组合在南宋确已出现，这是可以肯定的了。10例中，多数表"什么不……"少数表"哪里不……"例如：

（8）不唯此一事而已，它事亦何莫不然也？（南宋·朱熹《答蔡季通》，《晦庵集》卷四十四）

（9）故水用则火息，火用则水息，阴阳也，寒暑也，何莫不然？（南宋·赵彦肃《复斋易说》卷五）

（10）视听言动则有视听言动之则，喜怒哀乐则有喜怒哀乐之则，何莫不然？其则盖天所命也。（南宋·张栻《癸巳孟子说》卷六）

---

①　我们利用"汉籍全文检索系统"和《文渊阁四库全书》电子版穷尽检索语料。"汉籍全文检索系统"显示直到明代文献中才能见到"何莫不"用例，故明代以前用例皆据《四库全书》检得。

(11)夫物何莫不自无极太极中来?(南宋·欧阳守道《复刘士立书》,《巽斋文集》卷三)

例(11)的"无极"是古代中国哲学家心目中形成宇宙万物的最终本原,"太极"是最原始的混沌之气,由其派生阴阳二气,进而派生万物。这句话是说万物没有不是由无极太极派生而来的,"何莫不"是"什么不"。

元代,"何莫不"的使用情况与南宋差不多,在《四库全书》中可检到13例,多数表"什么不……"少数表"哪里不……"还有表"谁不……"的例子。例如:

(12)古人之言九数,何莫不出于《洛书》,又岂特九畴为然哉?(元·熊禾《易学启蒙通释·跋》)

(13)是其大也,何所不至?……是其小也,何莫不有?(元·王充耘《四书经疑贯通》卷八)

(14)人之于学也,何莫不然?(元·陈栎《程仲本字说》,《定宇集》卷五)

(15)德微而后书不可保,李氏晁氏何莫不然?(元·徐明善《岳德敏书目》,《芳谷集》卷下)

例(15)谈的是藏书问题,认为应蓄积德行和蓄积书籍并重,"何莫不然"的主语是李氏晁氏两位藏书家,"何莫不"是"谁不"之意。

明代,"何莫不"有较大的发展。"汉籍全文检索系统"中有2例,《四库全书》中有45例,互不重复,共47例。多数表"什么不……"少数表"哪里不……""谁不……"例如:

(16)何莫不嗜于斯?(明·宋濂《文宪集》卷二十八)

(17)武科之于将才,何莫不然?(明·邱濬《大学衍义补》卷一百三十)

(18)譬之种田然,粮莠既芟,嘉禾自植。德之种也,何

莫不然？（明·张元祯《种德堂记》，《江西通志》卷一百三十）

（19）心为天官，何莫不由之？是故致病在心，治病亦在心。（明·魏校《与林相》，《庄渠遗书》卷四）

（20）若金花税粮等银，何莫不由藩司，而州县敢于径解乎？（明·张燮《东西洋考》卷七《饷税考》）

例（16）"斯"指文学，"何莫不"是"谁不……"之意。

清代"何莫不"的使用频率大致与明代差不多。"汉籍全文检索系统"之"清代"部分电脑显示有"何莫不"64次，去其重复，剔除朱瘦菊（笔名为"海上说梦人"）写民初上海社会生活的《歇浦潮》中的1例，得40例，加上该系统标为"其他"的部分所收《滴天髓·通神论》清代任铁樵注释中的1例，共41例。《四库全书》中清代有8例不见于"汉籍全文检索系统"。两下合计，清代"何莫不"共49例。与清代以前均多数表"什么不……"不同，清代"何莫不"多数表"哪里不……"表"什么不……"和"谁不……"的都不多。例如：

（21）即如诸藩之陷，何莫不由乎此？（清·吴伟业《绥寇纪略》卷一）

（22）顾臣愚以为天道然也，君之道亦何莫不然？（清·蒋溥等奉敕编《御览经史讲义》卷二）

（23）故至远之恒星，有毁已千万年，而光始达于地者。推光行之速率，至于密迩，亦何莫不然？（清·谭嗣同《仁学·仁学一·十七》，《谭嗣同全集》下册）

（24）观以上数事可知，实有圣德，当时未必取信于人；彼假托神灵者，或转可以幸获也。抑不特论人为然，即由人而论世，亦何莫不然？（清·邵之棠辑《皇朝经世文统编》卷一百五《杂著部》一）

（25）且德人岂独在上文所云各地与英争利，即在南非洲亦何莫不然？（清·甘韩辑《皇朝经世文新编续集》卷十六《外史》下）

"哪里不……"是"何莫不"三种用法中较抽象的一种，因此，主要表"哪里不……"是"何莫不"进入成熟阶段的一种表现。

"何莫不"到现代基本消亡了。在朱瘦菊《歇浦潮》（先在《新申报》上连载，1921年出版）中有1例：

> （26）交情两字原是欺人之谈。莫说他们做大官的，就是我们略得些官气的人儿，也何莫不然？（朱瘦菊《歇浦潮》第二十九回）

除此例之外，我们查阅《骆驼祥子》《四世同堂》《围城》《子夜》《林家铺子》《家》《呐喊》《人生》《皇城根》《一百个人的十年》《热狗》《神雕侠侣》《邓友梅选集》等，均未见"何莫不"。

三、相关问题讨论

（一）"何莫不"与"何莫非"的关系

古代文献中，除"何莫不"组合外，还有"何莫非"组合，两个组合的语法特点和语义功能基本相同①。

"何莫非"始见于北宋，有3例，如下：

> （27）自舍人之贬所，论者皆以叹，处比承居之安然，殊不少动，何莫非君子所造之深而有以自得也？（北宋·蒋颖叔《与钱舍人帖》，南宋·魏齐贤、叶棻合编《五百家播芳大全文粹》卷六十七）
>
> （28）域中有物，天以之高，地以之厚，日月星辰以之明，人神上下以之宁，云风露雨，雪霜霆震，下至于山川草木，鸟兽鱼鳖，何莫非其为之？而莫之或知，虽古之圣哲，亦不知其为谁何也，从而命之曰道。（北宋·郑侠《连州灵禧真君记》，《西塘集》卷三）

---

① 关于"何莫非"，我们另有《"何莫非"考》一文专门讨论，参见卢烈红：《"何莫非"考》，《语言研究》2015年第3期。

（29）是故乾得之以成道，天得之以成岁，人得之以成性，何莫非斯道也？（北宋·郭忠孝《易说》，南宋·方闻一编《大易粹言》卷一采录）

例（27），蒋颖叔是北宋人，与王安石、苏轼同时。为安慰鼓励被贬的友人钱舍人君倚，他写了《与钱舍人帖》，"何莫非君子所造之深而有以自得也"大意是说：钱舍人对贬谪安然处之，哪里不是因为君子有很深厚的修养而能够正确对待呢？例（28），郑侠（1041—1119）是北宋福州福清人，《连州灵禧真君记》里的这一段话是强调"道"的重要性，"何莫非其为之"是说："什么不是道造就的呢？"例（29），郭忠孝是北宋末年人，采录其释《易》之言的是南宋的《大易粹言》，故此例当比较可靠；"何莫非斯道也"是说：什么不是由于这个道呢？

到南宋，"何莫非"的用例就比较多了。综合"汉籍全文检索系统"和《四库全书》，去其重复，共检得南宋"何莫非"81例，另加《朱子语类》1例，总计82例。下面略举几例：

（30）以致于动容周旋、应酬语默之际，毫厘眇忽，何莫非天则之在乎？（南宋·张栻《癸巳孟子说》卷四）

（31）通古今，贯三才，何莫非道？道者，无所不通之名也。（南宋·钱时《融堂四书管见》卷四）

（32）推其极致，盖将齐七政，平泰阶，跻至治，何莫非魁斗之功用，则亦何莫非儒道之利泽哉？（南宋·何梦桂《淳安县学魁星楼记》，《潜斋集》卷九）

例（30）"天则"指天的法则，"何莫非天则之在乎"是说：什么没有体现天的法则的存在呢？

除"何莫非"外，古代文献中还有"何莫而非"和"何莫而不"。"何莫而非"和"何莫而不"均始见于南宋张栻（1133—1180）的著述中。

总起来看，"何莫非"可确认产生于北宋，且至南宋已使用较普遍，它比"何莫而非"和"何莫而不"产生早是没有疑问的。那么，它与"何莫不"哪一个先产生呢？上面列有"何莫不"在中唐的用例，即例（7），似乎"何莫不"早于"何莫非"。但上文已指出中唐这 1 例在唐代属于孤例，中间历晚唐五代直至北宋三百多年再未见 1 例，直到南宋才又见到"何莫不"。而且在南宋，在我们调查的文献范围内，"何莫不"也只有 10 例，数量与"何莫非"的 82 例也不能相比。因此，中唐的这 1 例"何莫不"是大可怀疑的。汉语史上，否定判断句先有"非是"，后来才出现"不是"，"非是"的最早用例见于东汉前期王充（27—约 97）《论衡》，"不是"的最早用例见于东汉后期（约当公元 2 世纪中后叶）的汉译佛经①，现代仅用"不是"，是"不"替代了"非"，否定判断句中发生了词汇兴替。又，表测度、意为"莫非""该不是"的语气副词有"将非"与"将无"，书面文献显示这两个语气副词皆始见于东汉的汉译佛经，不过，就汉译佛经而言，我们曾做过调查，三国时的 10 部译经中，"将非"9 例，"将无"1 例；两晋 16 部译经中，"将非"14 例，"将无"27 例；南北朝 16 部译经中，"将非"4 例，"将无"36 例②。两个词从三国到南北朝使用频率的此消彼长应该体现了"将无"对"将非"的历时替换过程，口语中，应该还是先有"将非"后有"将无"，这里发生的应该也是"无"对"非"的替换。综合这些情况来看，我们认为，"何莫非"应该早于"何莫不"，由"何莫非"到"何莫不"，发生的变化是汉语史上带规律性的"不"对"非"的替换，属于词汇兴替。

（二）"何莫不"的内部构成

"何莫不"的内部构成有三种可能：第一种是"何+莫+不"，即"何""莫""不"是三个词，整个组合是同一层次的线性组合；第二种是"何+莫不"，即首先是"莫不"结合，然后才与"何"组合；第

① 刘世儒：《现代汉语否定式判断句的起源》，《中国语文》1960 年第 10 期。汪维辉：《系词"是"发展成熟的时代》，《中国语文》1998 年第 2 期。董守志：《东汉—元明否定判断句演变之研究》，《古汉语研究》2011 年第 1 期。

② 卢烈红：《汉魏六朝汉译佛经中带语气副词的测度问句》，《海南师范大学学报》2012 年第 3 期。

三种是"何莫+不"，即首先是"何莫"结合，然后才与"不"组合。

先看第一种可能。"何莫不"反诘句是以"哪里不……""什么不……""谁不……"这种否定的形式来表示肯定。可是，如果"何""莫""不"是三个词，三者以对等地位组合，那么，无论"莫"是用作否定性无定代词还是用作否定副词，"莫"和"不"都构成双重否定；双重否定是肯定，疑问代词"何"加上肯定构成反诘句就是表否定，这与"何莫不"反诘句表肯定明显不符。这样看来，第一种可能可以排除。

再看第二种可能。"莫不"凝固成词，大约始自唐代①，其意为"该不是"，表测度。很明显，表测度的"该不是"与"何莫不"反诘句表强烈肯定在语义上是不兼容的。这样看来，第二种可能也可以排除。

最后看第三种可能。南宋在"何莫不"使用的同时，还出现了"何莫而不"；"何莫而不"在明清也有用例。例如：

（33）盖均是人也，原其降衷，何莫而不善？故圣人有教焉，所以反之于善也。（南宋·张栻《癸巳论语解》卷八）

（34）夫然后可以绝天下之私，可以息天下之邪，可以化天下之恶，可以兴礼乐，修教化，而为天地民物之主矣。而此何莫而不在于其所养邪？何莫而不在于养之以善邪？（明·王阳明《王阳明全集》卷二十二《山东乡试录序·附山东乡试录·论》）

（35）贫贱患难，不以其道得者，又何莫而不有其理也？人不察耳。（清·王夫之《读四书大全说》卷十《孟子》）

"何莫"与"不"之间可以插入"而"，可见，"何莫不"组合的内部构成是"何莫+不"，第三种可能成立。

（三）"何莫"的内部构成

现在，需要进一步考察的是，"何莫"的内部构成又是怎样的

---

① 盛唐《神会和尚禅话录》中已见测度语气副词"莫不"。参见卢烈红：《禅宗语录中带语气副词的测度问句》，《长江学术》2011年第3期。

呢？这里的关键是"何莫"之"莫"是什么词性？起什么作用？

"何莫"之"莫"也有三种可能：第一种可能是仍为否定词，但在"何莫不"中与"不"属同义叠合，作用是强化语义表达，不构成双重否定；第二种可能是"莫"作为否定词，语义磨损，变成了一个衬音成分；第三种可能是"莫"具有其他的特殊用法。

"何莫不"同"何莫非"，对这三种可能，我们在考察"何莫非"时已逐一进行了讨论，兹不赘述。总的说来，三种可能没有一种能完全成立，"何莫非""何莫不"的语义是怎样生成的，尚有待于进一步研究。

第三节 "何莫非"考

自北宋开始，文献中可见一种奇特的组合——"何莫非"。本节对这一组合进行讨论，就其语义功能和句法特点、发展历程、内部构成和生成机制略陈管见。

一、语义功能和句法特点

北宋时，文献中出现了"何莫非"组合，至五四以后，书面仍偶见使用。请看下面的6例：

(1)"率性之谓道"，《或问》只言"马首之可络，牛鼻之可穿"，都是说以人看物底。若论飞潜动植，各正其性，与人不相干涉者，何莫非道？恐如此看方是。（南宋·朱熹《朱子语类》卷六十二，第1494页）

(2)青神开百丈，江岸转荒凉。薜荔缘松起，蒹葭并竹长。深披豺虎径，毒犯虺蛇乡。何莫非王事？牵夫可愧伤。（元·姚燧《发舟青神县》，《元诗选二集·乙集》，第188页）

(3)凡自古为君子儒者，何莫非此道？道统之源，集大成于夫子，续于儒者。（元·郑思肖《早年游学泮宫记》，《郑所南先生文集》，第29页）

(4)喻工部玉泉先生、尤文简遂初先生、李肃简小山先生、蒋忠文实斋先生,何莫非吾锡之人而起家于邑者?相望百有余岁。(元·尤栋《重建五先生祠堂记》,佚名《无锡县志》卷四下,第775页)

(5)自舍人之贬所,论者皆以叹,处比承居之安然,殊不少动,何莫非君子所造之深而有以自得也?(北宋·蒋颖叔《与钱舍人帖》,南宋·魏齐贤、叶棻合编《五百家播芳大全文粹》卷六十七,第242页)

(6)统榜曰"文石书院"。文石者,澎产也。其石五色缤纷,文章炳蔚。石之文何莫非人之文也?因取而名焉。(清·胡建伟《澎湖纪略》卷之四,第80页)

例(1)是李方子记录的杨至向朱熹请教所提出的问题,而杨至自己的记录是:"'天命之谓性,率性之谓道',皆是人物之所同得。天命之性,人受其全,则其心具乎仁义礼智之全体;物受其偏,则随其品类各有得焉,而不能通贯乎全体。'率性之谓道',若自人而言之,则循其仁义礼智之性而言之,固莫非道;自物而言之,飞潜动植之类各正其性,则亦各循其性于天地之间,莫非道也。如《中庸或问》所说'马首之可络,牛鼻之可穿'等数句,恐说未尽。盖物之自循其性,多有与人初无干涉。多有人所不识之物,无不各循其性于天地之间,此莫非道也。如《或问》中所说,恐包未尽。"(《朱子语类》卷六十二,第1493~1494页)两人所记详略不同,但很明显,杨至自己所记是用"莫非"双重否定强调"都是道",李方子所记用"何莫非道"是以反诘的方式强调飞潜动植各正其性"都是道"。两人的表述意思一样,只是方式不同。例(2)姚燧的诗作慨叹纤夫的艰辛,"何莫非王事"表反诘,是说:什么不是天子之事呢?例(3),《早年游学泮宫记》的作者郑思肖由宋入元,不过,据这篇作品开头"我自三十六岁科举既断之后,绝不至于学校。又三十一年,终不能忘其为儒也"云云,比照作者生年(1241),可知作品写于元代。例中的"道"指的是儒家的忠孝之道,"何莫非此道"表反诘,是说:谁不是奉行此道?例(4)是说:喻玉泉、尤遂初、李小山、蒋实斋四位贤者,谁不是我们无锡之人而成长于这里呢？例(5)，蒋颖叔是北宋人，与王安石、苏轼同时，为安慰鼓励被贬的友人钱舍人君倚，他写了《与钱舍人帖》，"何莫非君子所造之深而有以自得也"大意是说：钱舍人对贬谪安然处之，哪里不是因为君子有很深厚的修养而能够正确对待呢？例(6)，胡建伟是乾隆时人，曾创"文石书院"，这段话是解释书院命名之由，"石之文何莫非人之文也"表反诘，是说：石头的文采哪里不是人的文采呢？

根据以上6例，我们可以对"何莫非"的语义功能和句法特点作出以下概括：

首先，"何莫非"是一个表反诘的组合，具体用法可别为三种：

第一，当述说对象是复数的事物时，是"什么不……"的意思，如例(1)、例(2)。例(1)述说的对象是"飞潜动植，各正其性，与人不相干涉者"，参照杨至自己记录的肯定表述方式，可以确定其为复数。例(2)述说的对象是"王事"，明显也是复数。

第二，当述说对象是复数的人时，是"谁不……"的意思，如例(3)、例(4)。例(3)的"自古为君子儒者"是复数，例(4)的主语是喻玉泉等四人。

第三，当述说对象是单数的事物或不能区分单复数的抽象事物时，是"哪里不……"的意思，如例(5)、例(6)。例(5)述说的对象是钱舍人的态度，例(6)述说的对象是石头的文采，皆属抽象事物。

其次，"何莫非"仅用于反诘句。

二、发展历程

"何莫非"始见于北宋，有3例①。这3例中有1例表"哪里

---

① 我们利用陕西师范大学历史文化学院研制的"汉籍全文检索系统"和上海人民出版社《文渊阁四库全书》电子版进行调查。"汉籍全文检索系统"收录文献相当丰富，只是对少量文献的时代归属问题处理不当，我们对这些文献的时代归属进行了调整。本节各个时代的统计数据皆以这两种语料库所收文献为范围，二者有重复则去其重复，如有超出范围者则加以说明。

不……"有 2 例表"什么不……"表"哪里不……"的即上面的例
(5)，表"什么不……"的 2 例如下：

> (7)域中有物，天以之高，地以之厚，日月星辰以之明，
> 人神上下以之宁，云风露雨，雪霜霆震，下至于山川草木，鸟
> 兽鱼鳖，何莫非其为之？而莫之或知，虽古之圣哲，亦不知其
> 为谁何也，从而命之曰道。（郑侠《连州灵禧真君记》，《西塘
> 集》卷三，第 395 页）
> (8)是故乾得之以成道，天得之以成岁，人得之以成性，
> 何莫非斯道也？（郭忠孝《易说》，方闻一编《大易粹言》卷一，
> 第 24 页）

例(7)，郑侠(1041—1119)是北宋福州福清人，《连州灵禧真
君记》里的这一段话是强调"道"的重要性，"何莫非其为之"是说：
什么不是道造就的呢？例(8)，郭忠孝是北宋末年人，采录其释
《易》之言的是南宋的《大易粹言》，"何莫非斯道也"是说：什么不
是由于这个道呢？

到南宋，"何莫非"的用例就比较多了。综合"汉籍全文检索系
统"和《四库全书》，去其重复，共检得南宋"何莫非"81 例，另加
《朱子语类》1 例，总计 82 例。这些用例，表"什么不……"的占绝
大多数，有 72 例，表"谁不……"的 3 例，表"哪里不……"的 7
例。下面略举几例：

> (9)国之大事，何莫非政？独戎政谓之政，何也？（时澜
> 《增修东莱书说》卷三十《周官》，第 417 页）
> (10)举天地之内之人，何莫非同胞之众子？（包恢《跋林
> 次麟〈东宫事鉴〉》，《敝帚稿略》卷五，第 754 页）
> (11)故林林总总，充塞乎天地之间，何莫非造化自然之
> 文乎？（黄震《广德军重建藏书阁记》，《黄氏日抄》卷八十七，
> 第 913 页）
> (12)天之生贤才，初意岂无为？民胞物同与，何莫非己

累?(文天祥《题莆阳卓大著顺宁精舍三十韵》,《文山集》卷一,第363页)

(13)道家者流,清净自命,其高至于拔宅腾霄汉,绝粒餐朝霞,岂必以口腹累人者?然日用饮食,何莫非道?(黄梦炎《报忠观置田记》,徐硕《嘉禾志》卷第十七,第6页)①

(14)夫子之时,既无近世读书作文之俗,学何莫非学乎此者?(汪梦斗《北游集》卷下,第468页)

例(9),《增修东莱书说》乃吕祖谦撰、其弟子时澜增修。据《四库全书总目提要》,吕祖谦原书"始《洛诰》终《秦誓》",《周官》在《洛诰》之后《秦誓》之前,故此例是吕祖谦之语。这6例,例(9)、例(11)、例(12)、例(13)表"什么不……"例(10)表"谁不……"例(14)表"哪里不……"

元代"何莫非"共72例②。表"什么不……"的仍占大多数,有57例,表"谁不……"的有6例,表"哪里不……"的有9例。例如:

(15)人之一身,内有父母兄弟夫妇,外有宗族姻亲朋友,近而乡党,远而四方,推吾爱亲敬长之良知良能以达乎彼,何莫非吾之所当厚善者?(吴澄《送李教谕赴石城任序》,《吴文正集》卷二十八,第294页)

(16)至于周而律之繁极矣,五刑之属,至于三千。若一按之律,尽从而刑之,则何莫非投机触罟者?天下之人无完肤矣!(马端临《文献通考》卷一百六十二《刑考一》,第615~616页)

(17)虽明公今日得致身清峻,为帝者师,震动一时,光

———————

① 黄梦炎《报忠观置田记》例出元初刊行的《嘉禾志》,"汉籍全文检索系统"原置于元代,实际上,据这篇"记"文末所言,其写作时间为南宋"咸淳五年"。

② "汉籍全文检索系统"置于"宋辽金"部分的郑思肖2例,实际上出于郑氏入元后的作品,故这里计入元代的统计数据。

耀四方，亦何莫非文正之余光绪业？（刘岳申《与吴草庐书》，《申斋集》卷四，第 213 页）

(18) 此其仁爱忠厚之志，何莫非帝德罔愆而好生之本心哉？（王充耘《书义矜式》卷一，第 454 页）

例(15)、例(16)表"谁不……"例(16)是说周朝的律法极繁，如严格执行，那么谁不是触犯法律的人呢？例(17)、例(18)表"哪里不……"

明代"何莫非"用例共 132 例。表"什么不……"101 例，表"哪里不……"26 例，表"谁不……"5 例。值得注意的有两点：一是有 1 例见于小说；二是表"哪里不……"的比例近 20%，比南宋的 8.5%、元代的 12.5% 都有提高。例如：

(19) 子牙答曰："陛下居天子之尊，诸侯守拒四方，万姓供其力役，锦衣玉食，贡山航海，何莫非陛下之所有也？……"（《封神演义》第九十五回，第 953 页）

(20) 天顺二年，临川吴征士与弼，入京择日而后廷见。……驾起因惨然，出至左顺门，脱帽视两蝎存焉，顶领螯已肿，人始知其不能承旨，以忍痛故。噫！此何莫非数也哉？（何孟春《余冬序录摘抄内外篇》卷一，第 16 页）

(21) 夫礼者，敬而已矣。惟其所在而致敬焉，礼也。故天子巡狩，诸侯各朝于方岳，何莫非礼乎？（湛若水《春秋正传》卷十五，第 243 页）

(22) 使得罪之臣伏而思曰：皇恩之浩荡如此！则受辜之日，何莫非愧悔之年？（《明实录·明熹宗实录》卷之五十九，第 19 页）

例(19)出自小说《封神演义》，表"什么不……"例(20)至例(22)皆表"哪里不……"例(20)"此何莫非数也哉"的主语"此"指的是吴与弼因蝎螯头顶而未能在英宗面前显露才华这件事，是单数，句意为：这哪里不是天数呢？例(21)是针对上文诸侯朝见天子"朝于庙"才合乎"礼"的说法进行反驳，句意为：天子外出巡狩，"诸侯各朝于方岳"，哪里不符合礼呢？例(22)"受辜"即受惩罚，句意为：那么受惩罚之日，哪里不是愧悔之时？

清代"何莫非"发展到鼎盛，有三点值得注意：(1)用例增多，共有236例①；(2)表"哪里不……"的用例多见，就《四库全书》中的115例而言，表"什么不……"79例，表"谁不……"5例，表"哪里不……"的有31例，表"哪里不……"的比例近27%；(3)文献分布面广，诏书奏疏，史料笔记，政治哲学论著，方志碑铭，游记小说，均可见用例，尤其值得注意的是，小说中有16例。例如：

(23)今日之会，良非偶尔。天后得印而有遭逢，何莫非太阴主提携之力？(吕熊《女仙外史》第十四回，第328页)

(24)毕吏部道："你说李青莲饮酒无益，那《清平调》三章，何莫非酒中来者乎？足下不饮酒，请问诗稿如青莲否？"(刘璋《斩鬼传》第九回，第178页)②

(25)本参赞先知号哲，见远为明。念尔辈蛙虽井底，何莫非孝子顺孙；雀且朝飞，宁不知宸居帝室？爰请命于督抚，将待尔以生全。(庚岭劳人《蜃楼志》第二十一回，第220页)

(26)吾女求凤数年，一无所就，孰意令郎到舍，二人暗里交质，何莫非天假良缘？(魏文中《绣云阁》第二十五回，第402页)

(27)不料赤鲤负义忘恩，突于一朝将吾二人责打而去，夫妇在洞，几为荸死，何莫非赤鲤所害乎？(魏文中《绣云阁》第一百一十四回，第1622页)

---

① "汉籍全文检索系统"清代"何莫非"电脑检索显示135例，剔除15次重复出现者，将清吕留良等人编《宋诗钞》中文天祥诗1例归入南宋，将置于明代的《南天痕》(明清之际凌雪所撰)中的1例、置于"民国"的梁启超文中的1例归入清代，得121例；《四库全书》中与"汉籍全文检索系统"不重复者有115例。

② 例中"说"字原无，据长江文艺出版社1980年版《斩鬼传》第95页补。

这5例均出自小说。除例(25)表"谁不……"外，其他4例均表"哪里不……"

五四以后，"何莫非"衰落。"汉籍全文检索系统"之"民国"部分收录文献70种，仅见2例，1例出自梁启超1901年10月发表在《清议报》上的《国家思想变迁异同论》，1例出自1935年成书的韦千里《千里命稿》。另外，刘武1948年撰成的《庄子集解内篇补正》"汉籍全文检索系统"放在"先秦"部分，其中有2例。梁启超例应归清代，"汉籍全文检索系统"中五四后用例仅3例，例如：

> (28)老子之"塞其兑"，文子之"闭四关，止五遁"，其义均同。即释氏之"空六尘，净六根，戒贪嗔痴"，亦何莫非此义也？(刘武《庄子集解内篇补正·德充符第五》，第108页)

总起来看，"何莫非"始见于北宋，到南宋就已经流行开来，历元明至清而发展到鼎盛。在发展过程中，表"哪里不……"的用法比例逐渐上升。这一用法比"什么不……""谁不……"两种用法的抽象程度高，其比例上升，体现"何莫非"组合发育程度的提高，符合词汇发展的一般规律。五四以后，这一组合就走向衰亡了。

三、内部构成和生成机制

表反诘的"何莫非"内部构成如何？它是怎样生成的呢？

先秦时期，"何"是疑问代词；"莫"主要用作否定性无定代词，有时用作否定副词；"非"主要用作否定副词，有时用作动词。

根据上面对"何莫非"意义的分析可知，这一组合三个构成成分就其来源说，"何"是疑问代词，"非"肯定不是动词而是否定副词。这一组合的意义实际上是疑问代词所表达的"什么""谁""哪里"加上否定形成的，那么，问题的关键就是，组合中的"莫"是什么词性？起什么作用？与此相关的问题是，这一组合的内部构成有三种可能："何+莫+非"，"何+莫非"，"何莫+非"，三种可能当中正确答案到底是哪一种呢？

下面先考察"何莫非"的内部构成。

上述三种可能中第一种可能可以排除。"何莫非"反诘句是以"什么不……""谁不……""哪里不……"这种否定的形式表示肯定。可是，如果"何""莫""非"是三个词，三者以对等地位组合，那么，无论"莫"是用作否定性无定代词还是用作否定副词，"莫"和"非"都构成双重否定；双重否定是肯定，疑问代词"何"加上肯定构成反诘句就是表否定，这与"何莫非"反诘句表肯定明显不符。

第二种可能性也可以排除。因为大约从唐代起，"莫非"成为语气副词，表测度，意为"该不是"；至明代，"莫非"又产生表反诘的用法，意为"难道"。无论是"该不是"义的"莫非"，还是"难道"义的"莫非"，位于"何"后都难以构成"什么不……""谁不……""哪里不……"的反诘表达。

剩下的可能只有第三种了。南宋之后文献中的"何莫而非""何莫而不"组合为第三种可能提供了有力的证明。

南宋前期，文献中就出现了"何莫而非""何莫而不"的组合：

（29）此乃人道正理，以行于世，而人自乐亲之，四海之内，何莫而非兄弟？是则何孤立之忧乎？（张栻《癸巳论语解》卷六，第265页）

（30）论性之本则一而已矣，而其流行发见人物之所禀，有万之不同焉。盖何莫而不由于太极？何莫而不具于太极？是其本之一也。（张栻《癸巳孟子说》卷六，第477页）

张栻（1133—1180）与朱熹同时，他的《癸巳论语解》《癸巳孟子说》均成书于1173年。在朱熹与弟子的问答中出现"何莫非"，在张栻的著述中出现"何莫而非""何莫而不"，三种组合同时代出现，这是很值得关注的。这1例"何莫而非"、2处"何莫而不"均表反诘，与"何莫非"用法相同。

下面再举几例张栻之后"何莫而非""何莫而不"的用例：

（31）阴阳之忒其节，雨旸之失其宜，何莫而非我也？（欧阳汉老《禹汤水旱何由》，魏天应编选《论学绳尺》卷四，第

245 页)

（32）清浊高下，抑扬徐疾，何莫而非自然之音哉？（李祁《周德清乐府韵序》，《云阳集》卷四，第 671 页）

（33）凡所以为民祛患除弊兴利而致福者，何莫而非先事之祷，而何俟于今日？（王阳明《答佟太守求雨》，《王阳明全集》卷二十一，第 881 页）

（34）《图》《书》出矣，圣人若何而则之？……是其变化无穷之妙，何莫而不本于《图》乎？……是其先后不易之序，何莫而不本于《书》乎？（王阳明《山东乡试录序》附《山东乡试录·易》，《王阳明全集》卷二十二，第 931 页）

（35）此外王朝乡国、冠婚丧祭、贡献燕享，凡礼乐之所有事，何莫而非教也？（何孟春《余冬序录摘抄内外篇》卷六，第 71 页）

例（31）是南宋晚期的用例，例（32）是元代的用例，后 3 例都是明代的用例。这些"何莫而非"和"何莫而不"，意义也都与"何莫非"同。

总之，"何莫而非""何莫而不"与"何莫非"同时并用，意义均与"何莫非"同，这有力地证明，"何莫非"的内部构成是"何莫＋非"。

接下来需要回答的问题就是："何莫非"组合中的"莫"是什么词性？起什么作用？

针对这个问题，可以有两种思路：一是从"莫"与"非"的关系着眼，一是从"何"与"莫"的关系着眼。

从"莫"与"非"的关系着眼，可以设想："莫"为否定副词，但与"非"不构成双重否定，而构成同义叠合，起强化语义表达的作用。

"莫"作为否定副词，在先秦即与"何"组合成"何莫"。"何莫"在先秦可见 2 例：

（36）小子何莫学夫《诗》？（《论语·阳货》）

（37）子曰："谁能出不由户？何莫由斯道也？"（《论语·雍也》）

例（36）意为：学生们为什么不学习《诗经》呢？"何莫"是"为什么不"，是反诘，句子要表达的意思是学生们应该学习《诗经》。例（37）朱熹《四书集注》曰："言人不能出不由户，何故乃不由此道邪？怪而叹之之辞。"根据朱熹的解释，此例"何莫"同例（36），也是"为什么不"之意，表反诘。秦汉以后，"何莫"历代都见使用，意义均同先秦，用于反诘，表肯定。

如此说来，"何莫"即"何不"，"何莫非"中"莫"与"非"同义叠合，整个组合还是"何不"，因此可以表达"什么不……""谁不……""哪里不……"等义。但是，显而易见，这一设想面临两大障碍。一是就结构言，"何莫非"是"何莫+非"，表达同一意义的还有"何莫而非""何莫而不"，"莫"与"非"不是直接组合，换句话说，"莫"与"非"是跨层的，这种情况，叠合的可能性极小；一是就意义言，两个否定词组合一般是构成双重否定，叠合为一重否定的可能性极小。

从"何"与"莫"的关系着眼，可以设想："莫"为代词，与"何"发生了语义方面的某种相互作用。这种作用按裴学海的说法，应属同义叠合；而我们则倾向于认为是词义吸纳融合。

裴学海在《古书虚字集释》卷十中说："'莫'犹'何'也。古谓'何'曰'莫'，即今之谓'何'曰'蟆'也（通书蟆作么）。'莫'为'蟆'之古音。《韩非子·难一篇》：'晋平公与群臣饮，饮酣，乃喟然叹曰：莫乐为人君？惟其言而莫之违也。'上'莫'字训'何'。"如果裴氏的说法可以成立的话，那么，"何莫非"的生成机制就有可能是"何""莫"同义叠合，然后加上"非"。可惜，裴氏释《韩非子》此处"莫"为"何"即使可以成立，也只是孤例。

我们认为，"何莫非"语义的生成很可能是"何""莫"二词词义吸纳融合的结果。"莫"在先秦是常用的否定性无定代词，意为"没有谁""没有什么"。从先秦开始，文献中可见"莫非"组合，最早出现于《诗经》：

（38）溥天之下，莫非王土。率土之滨，莫非王臣。（《诗经·小雅·北山》）

　　"莫非"是"没有什么不""没有谁不"，用于陈述句，以双重否定表肯定。语言表达中需要特别强烈的肯定时，往往用反诘句。在"莫非"基础上要增加肯定强度，就会前加"何"构成"何莫非"反诘表达。上文例（1）杨至自己所记是"莫非道也"，李方子所记则用"何莫非道"，两人的表述基本意思一样，但后者用反诘方式表达了强度更高的肯定，不容置疑。类似的还有下面几例：

　　（39）自此而下至于文王，其眉寿无有害者，莫非此理也。（南宋·时澜《增修东莱书说》卷二十五《无逸》，第370页）
　　（40）其所以迎刃破竹者，何莫非此理？（南宋·吕祖谦《与陈同父》，《东莱外集》卷六，第423页）
　　（41）皇天无私赞经纶，率土何莫非王臣？（明·江敬弘《东屯吏》，明·陈敏政《新安文献志》卷五十，第652页）
　　（42）何莫非王土？而困此两郡民乎？（清·傅泽洪《行水金鉴》卷八十五，第360页）

　　例（39）实际上也是吕祖谦语，可与例（40）比对；例（41）、例（42）可与例（38）比对。"莫非此理"对"何莫非此理"，"莫非王土"对"何莫非王土"，"莫非王臣"对"何莫非王臣"，都是加"何"后表达的基本意思相同而表肯定的强度大大提高。
　　"莫非"加上"何"后基本意思不变，应该是"何""莫"之间发生了以"何"为主体的词义吸纳融合。"莫"为否定性无定代词，意为"没有谁""没有什么"，这与疑问代词"何"表"什么""谁"意义上有相同点，因此，在"何莫非"组合中，"何"吸纳融合了"莫"的相关元素，使"何莫"成为表"什么""谁"的合成体，"非"表否定，这样就形成了"何莫非"以"什么不……""谁不……""哪里不……"的反诘形式表强式肯定的特点；也正因为"何莫"成了表"什么""谁"的合成体,于是才有"何莫而非""何莫而不"等组合。

综上所述,"何莫非"产生于北宋,在清代发展到鼎盛。它仅用于反诘句,表达"什么不……""谁不……""哪里不……"等义;它的内部构成是"何莫+非";它的语义生成机制很可能是:"何""莫"之间发生了以"何"为主体的词义吸纳融合,"何莫"成为表"什么""谁"的合成体,与"非"组合,以反诘形式表强式肯定。

第四节 黄梅方言中的"妈妈"和"老板"

黄梅话中的"妈妈"和"老板"有很特殊、很有趣的用法,其来源演变很值得探讨。

一、妈妈

黄梅口语称母亲为"姆[m^{32}]妈",书面语中母亲写作"妈妈",读[ma^{32}ma^0]。口语中另有一词读[ma^{23}ma^0],前一音节同黄梅话的"马",此词应写作"妈妈",但意义指的是妻子或女朋友。例如:

(1)你说妈妈[ma^{23}ma^0]么你谈了女朋友没有?

(2)渠到渠妈妈[ma^{23}ma^0]屋地送节去掉他到他女朋友家送节日礼物去了。

(3)渠还冒接妈妈[ma^{23}ma^0]他还没有娶老婆。

(4)渠妈妈[ma^{23}ma^0]回娘屋去掉他老婆回娘家去了。

(5)我妈妈[ma^{23}ma^0]又□□[kuan^{44}tou^{44}]掉我老婆又怀孕了。

这里,前2例"妈妈[ma^{23}ma^0]"指的是"女朋友",后3例"妈妈[ma^{23}ma^0]"指的是"妻子"。

《汉语方言大词典》"妈妈"条义项(11)为:

〈名〉妻子;老婆。(一)江淮官话。江苏扬州[ma^{42}ma^0]娶~。江苏如皋。孙锦标《南通方言疏证》:"今语谓人娶妻……如皋以为娶~。"湖北广济[ma^{33}ma$^{33-0}$]、黄梅。(二)吴语。江苏溧水[ma^{244}ma^{343}]。①

　　这里提到"黄梅"。不过,如果就黄梅话而言,这里"妻子;老婆"的解释是不全面、不准确的。黄梅话"妈妈[ma^{23}ma^{0}]"既可指婚后的妻子,也可指婚前的女朋友。

　　汉语古代典籍中,"妈妈"这一形式至南宋才出现。"汉籍全文检索系统"所收南宋时期文献共出现"妈妈"13 例:洪迈(1123—1202)《夷坚志》4 例,辛弃疾(1140—1207)词 1 例,普济(1179—1253)《五灯会元》1 例,叶绍翁(宁宗、理宗时人)《四朝闻见录》3例,周密(1232—1298)《武林旧事》1 例,《大宋宣和遗事》3 例②。《四库全书》所收使用过"妈妈"的南宋时期文献除"汉籍全文检索系统"已收外,尚有:郑刚中(1088—1154)《北山集》3 例,史浩(1106—1194)《鄮峰真隐漫录》3 例,汪应辰(1118—1176)《文定集》1 例,释晓莹《罗湖野录》(1155 年自序)1 例,周辉(1126—1198)《清波别志》1 例,黄干(1152—1221)《勉斋集》3 例,李昂英(1200—1257)《文溪集》1 例,俞琰(宋末元初人)《席上腐谈》1 例,吴自牧《梦粱录》(宋亡后作)3 例。需要特别说明的是,《夷坚志》(包括《夷坚支志》)一书在"汉籍全文检索系统"、《四库全书》、"中国基本古籍库"中所显示的"妈妈"用例数量不同,分别是 4 例、2 例、9 例,《四库全书》的 2 例与"汉籍全文检索系统"的 4 例没有重复的,"中国基本古籍库"的 9 例则含前两种语料库的 6 例。

　　综合"汉籍全文检索系统"和《四库全书》,并依"中国基本古籍库"将《夷坚志》用例算作 9 例,那么,南宋"妈妈"用例共 35 例。对这 35 例,我们最关心的问题有两个,一是"妈妈"最早的意义是什么,二是其中是否有指"妻子"的用例。

---

　　① 许宝华、宫田一郎主编:《汉语方言大词典》第二卷,中华书局 1999年版,第 2313~2314 页。
　　② 《大宋宣和遗事》历来被认为是宋朝人的作品,刘坚指出:"因此我们有理由把这部书看作元代的作品,有可能是宋遗民入元以后所作。"(《近代汉语读本》,上海教育出版社 1985 年版,第 218 页)

依作者生年或文献成书年代,《北山集》《鄮峰真隐漫录》《文定集》《罗湖野录》应是最早的几部使用"妈妈"的文献(《罗湖野录》自序写于 1155 年,成书早于《夷坚志》,《夷坚志》甲志约成书于 1159 年)。四部文献共有"妈妈"8 例,全部指"母亲"。例如:

（6）到不二十日,杜方来,得妈妈安信并汝开福寺所发书,慰喜非常。(《封州寄良嗣书》,郑刚中《北山集》卷三十,《四库全书》1138 册,第 289 页)

（7）臣昨以国家多事,爹爹陛下焦劳,臣以一时忠愤所激,遂具劄子请先效命,乞妈妈圣人为达此意。(《又上皇后劄子》,史浩《鄮峰真隐漫录》卷二十一,《四库全书》1141 册,第 696 页)

（8）维年月日,爹爹妈妈以清酌、时果、庶羞之奠,祭于四小娘子之灵。(《祭女四娘子文》,汪应辰《文定集》卷二十,《四库全书》1138 册,第 783 页)

（9）时有僧过其门,婆遽呼曰:"儿,儿!"僧曰:"妈妈爹爹在甚么处?"(释晓莹《罗湖野录》卷二,《四库全书》1052 册,第 897 页)

例（6）中"杜方"为人名,"安信"是"平安的信息"之意。《封州寄良嗣书》中"妈妈"共出现 3 次,这里列出的是其中 1 例。郑刚中早年得秦桧之力升迁,后来触忤秦桧,被发往封州安置,他的儿子郑良嗣也被发往柳州安置,这封信就是他从封州写给儿子的。信中 3 例"妈妈"都是郑刚中站在儿子的立场称自己的妻子,相当于今语"你妈妈",认为信中"妈妈"是"母亲"之义,除了整个语境外,信中还有一处可说明问题:"人子之心,逾年不见母,自囹圄中免死得命,虽甚流落,亦愿便得团聚。曾不知汝非他人比。"这说的是,郑良嗣想马上搬家以求与母团聚,郑刚中以为不妥。这里的"母"就是其他三处的"妈妈"。《又上皇后劄子》中"妈妈"共用 3 次,这里列出的是其中 1 例。史浩曾为建王(后来即位为孝宗)府教授兼直讲,这篇劄子是他代建王而作。劄子中,建王称高宗为"爹爹陛

49

下"，相应地，称皇后为"妈妈圣人"，"妈妈"指母亲，且为面称。《祭女四娘子文》是汪应辰祭亡女四娘子之文，以自己及妻子的口气写，"妈妈"指母亲甚明。例（9）中，婆子呼僧为"儿"，故僧问"妈妈爹爹在甚么处"，"妈妈"指母亲亦甚明。在南宋总共 35 例"妈妈"中，指"母亲"的占比重最大，共 20 例。

南宋"妈妈"用例中，有 1 例指"妻子"。如下：

（10）医者索酬劳，那得许多钱物。只有一个整整，也盒盘盛得。下官歌舞转凄惶，剩得几枝笛。觑着这般火色，告妈妈将息。（辛弃疾〔好事近〕，《全宋词》第三册，第 1976 页）

稍后于辛弃疾的周煇在他的《清波别志》卷三里有这么一段记载："（辛弃疾）在上饶，属其室病，呼医对脉次，笛婢名整整者侍侧，乃指以谓医曰：'老妻平安，以此人为赠。'不数日，果勿药，乃践前约。整整既去，因口占《好事近》云：'医者索酬劳，那得许多物。只有一个整整，也盘合盛得。下官歌舞转凄惶，赠得几枝笛。觑着这般火色，告妈妈将息。'"（《四库全书》1039 册，第 118 页）据这段记载，辛弃疾词中的"妈妈"就是"其室""老妻"，乃辛弃疾称其妻无疑。

南宋"妈妈"，除指"母亲""妻子"外，其他用例主要指年长的已婚妇女。

上面的分析可归结为两点，一是"妈妈"一词最早的用法是指"母亲"，二是南宋时"妈妈"已有指"妻子"的用法。

"妈妈"指妻子在元代仍少见，到明代增多，清代也还有不少。例如：

（11）（净白）李成，收了筵席罢。（外白）妈妈，妹子（钱员外之妹）在此，酒还不曾吃，怎么收了？你好悭吝！（柯丹邱《王十朋荆钗记》第四出，《全元戏曲》第九卷，第 214 页）

（12）我肯了，我妈妈有甚么不肯？我如今就将红定先交与亲家母去来。（石君宝《鲁大夫秋胡戏妻》第二折，《全元戏

曲》第三卷，第531页）

（13）老者才叫："妈妈，看茶来。"……老者道："止得一个，适才妈妈携的是小孙。"（《西游记》第五十六回，第686~687页）

（14）却说景泰年间，苏州府吴江县有个商民，复姓欧阳，妈妈是本府崇明县曾氏，生下一女一儿。（《拍案惊奇》卷八，第316页）

（15）阎君道："张善友，你如何在东岳告我？"张善友道："只为我妈妈和两个孩儿，不曾犯下什么罪过，一时都勾了去。有此苦痛，故此哀告大帝做主。"（《拍案惊奇》卷三十五，第1521页）

（16）（净）老的，我走了几程，今日脚疼，委实走不动。不是算命，倒在这里挣命了。（小生）妈妈，那边有人说话，待我问他。（《长生殿》第十五出，第70页）

（17）三个厮赶着，走到钞关西门，见是掩的。渔翁便叫声："兄弟开了。我有我妈妈的侄儿，新做了亲，打发两个妇人进城买些东西。"（《女仙外史》第六十一回，第1477页）

（18）那老头儿一时不知问的是谁，小子又说明原故，他才带了大家到店房门外，叫了声："妈妈儿，安家有客看你娘儿们来了。"说完，他依然去喂驴去了。那小子再不晓得这位就是亲家老爷。（《儿女英雄传》第十二回，第169~170页）

以上8例，前两例是元代的，之后明、清各3例。例（11）"净"是女主人，"外"是男主人钱员外，"妹子"即钱员外之妹，是来给哥哥祝寿的。例（16）"净"是女瞎子，"小生"是男瞎子，两人是夫妻。这8例"妈妈"指妻子，有面称，有背称，还有例（14）是作者的叙述语言，更值得注意的是，例（12）、例（15）、例（17）出现了"我妈妈"的组合，指妻子之义更显豁。

寻究"妈妈"指妻子之义的来源，应与"妈妈"最早的意义"母亲"直接相关。应该原本是男子站在儿女的立场、以儿女的身份指称妻子，还是立足于"母亲"义；使用既久，"母亲""妻子"界限模糊，人们不再留意它的来源，就直接理解为妻子了。黄梅方言则进一步忽略婚前、婚后之别，兼指妻子与女朋友。

二、老板

黄梅话有"老板"一词，最常用的意义是丈夫或男朋友。例如：

(1)渠今年十八岁，还冒说老板<u>她今年十八岁，还没有定男朋友</u>。

(2)(问一已订婚还未结婚的女孩)你老板是做么事的哩<u>你男朋友是干什么的呢</u>?

(3)渠老板脾气几丑，不是短渠就是打伢<u>她丈夫脾气很坏，不是骂她就是打小孩</u>。

(4)我老板今年还只五十岁，头毛哈白掉<u>我丈夫今年还只有五十岁，头发都白了</u>。

(5)俏姐□[næk⁴³]，打洋伞，妖来妖去妖老板<u>漂亮女人，打着洋伞，妖里妖气，招摇过市，勾引人做丈夫</u>。(一首儿歌的头几句)

《汉语方言大词典》"老板"条义项(1)为：

〈名〉尊称别人或自己的丈夫。(一)江淮官话。湖北广济[lau³³ pan³³]。江苏东台[nɔ²¹³ pæ²¹³]你家~上工啦?安徽含山、庐江、桐城、宣城、青阳、宁国。(二)西南官话。湖北武汉[nau⁴² pan⁴²]。贵州清镇。(三)吴语。安徽铜陵。(四)赣语。安徽潜山。①

这里没有提到黄梅。值得注意的是，黄梅话"老板"的用法与这里的说法有两点不同：①不是尊称；②不仅指丈夫，还可指男朋友。

---

① 许宝华、宫田一郎主编:《汉语方言大词典》第二卷，中华书局1999年版，第1651页。

"老板"一词始见于清代文献①，书面上又可写作"老版""老闆"。杨琳先生认为"老板"应该来源于"老办""老班"。清代以前"老办"的用例我们在"汉籍全文检索系统"中未见，杨琳文中列有1例，出自明代徐渭《女状元》第四出，是对"办事官"的尊称。"老班"清代以前的用例杨琳文谈到1例，出自明代刘基《题杂画卷子》，意指"朝中老资历的一班官员"，我们在"汉籍全文检索系统"中检得3处，如下：

> 上曰："御药院皆老班，惧涧扰卿，特选命四方馆使童敏。此朕亲信，俾赍诏。"（赵宋·蔡绦《铁围山丛谈》卷二，第37页）
> 三月十七日，贼薄城。次日将晡，呼一老班，属以六岁儿并橐中金曰："城破，我当死，以血胤累汝……"老班泣诺，挈儿去。（明·高宇泰《雪交亭正义录》卷一，第11页）

《铁围山丛谈》例中的"老班"显然也是指老资历的官员。《雪交亭正义录》这一段记载的是翰林简讨汪伟宁死不屈的壮烈事迹，有2例"老班"似指老部下或老仆人。不过，《雪交亭正义录》作者年代虽题曰"明"，实际上却成书于清代初年。因为这段话的后文提到汪伟死于崇祯十七年（1644），南明弘光朝被赠少詹，而作者高宇泰的自序署"乙未春日"，乃顺治十二年（1655）。这样看来，"老班"清代以前的用例也只有宋、明各1例。

总的说来，就我们所见，清代以前的"老办""老班"总共不过3例，或为办事官的尊称，或指老资历的官员。清代出现"老板"，且大量使用。"汉籍全文检索系统"电脑检索显示清代"老板"用例有518次，经逐一查阅，只有少数几例属于短语和跨层组合，作为

---

① 杨琳先生曾列出清代以前"老板"的1例，出自《春透海棠》第十回，不过他自己也说这本书"旧题明人所作，实不可信"，"此书应出清人之手"。参见杨琳：《"棒"与"老板"考源》，《南开语言学刊》2012年第2期，第34～36页。以下所引述杨琳意见，皆出此文。

词有 500 余次。这些"老板",用法有四:工商业的业主及其代理人;船主;对演员的尊称;对一般人的尊称。例如:

(6)先时薛夫人也还壮健,又有薛教授这个老板,他也还有些怕惧;如今薛夫人老憨的话也说不明白,又没了薛教授,那龙氏亦因没了薛教授的禁持,信口的把个女儿教道,教得个女儿如虎添翼一般,那里听薛夫人的解劝?(《醒世姻缘传》第六十三回,第 903 页)

(7)那时娇梨举目无亲,只得向饭店主人道:"情愿卖身殓主。"扬州清音堂极多,就有一五福堂老板,拿出八十金来,交他使用。(《红楼圆梦》第二十三回,第 143 页)

(8)还有启后的丈人家高有礼,也是一位开药店的老板。(《活地狱》第二十九回,第 142 页)

(9)宏乃借此话转口曰:"我看老板果然忠厚,只是我哥哥顷刻如此,必然总有冤枉,我若不报明,如何见我嫂嫂。"(《白圭志》第一回,第 4 页)

(10)二位搭跳板上船,老者问:"二位贵姓?"蒋爷说:"我姓蒋,这是盟弟,姓柳。船老板贵姓?"(《小五义》第一百七回,第 480 页)

(11)住在韩家潭,同小叫天谭老板斜对过。(《官场现形记》第二十四回,第 394 页)

(12)退下去便嚷着叫家人们去催谭老板。家人们说:"催过了,谭老板还睡在被窝里呢!"(《负曝闲谈》第二十五回,第 133 页)

(13)那个老接客的道:"几位老板尽管坐了车上岸,把东西交代与我,那是一丝一毫不会少的。"姚老夫子也嘱咐他们不要过问,主仆六人,随即一同上岸,叫了六部东洋车,一路往三马路春申福栈房而来。(《文明小史》第十五回,第 99 页)

(14)希仙不该向他们看了一眼,却被一个妖妖娆娆三十多岁的女人,上来一把拉住。叫声:"老板进来坐坐。"不由分说,死拖活捉的,把他拉到屋里。(《痴人说梦记》第五回,第

32 页）

例(6)~例(8)，"老板"义为"工商业的业主及其代理人"。例(6)的《醒世姻缘传》，上海古籍出版社1981年版黄肃秋校注本题明代西周生撰，但据石昌渝考证，该书应成于清顺治十八年(1661)①。例中薛夫人是薛教授之妻，龙氏是薛教授之妾，"老板"似可理解为"丈夫"，但薛教授从几任学官退休后开了布店，是店主；且清代有500余例"老板"，此例之外无一是"丈夫"义；还有，从时间上看，此例是很早的用例，就义项出现的先后次序而言，也不会这么早就已指"丈夫"。故此例应该是指店主，是"老板"第一种用法的最早用例。例(7)，《红楼圆梦》有嘉庆十九年(1814)刻本，例中"老板"指戏班子的所有者，大的方面说也属于工商业的业主。例(9)、例(10)"老板"指"船主"。《白圭志》成书在嘉庆三年(1798)或稍前，例中"老板"是"船主"义的最早用例。例(11)、例(12)"老板"是"对演员的尊称"。《官场现形记》和《负曝闲谈》皆作于光绪末年。例(13)、例(14)"老板"是"对一般人的尊称"。《文明小史》原发表于1903年5月至1905年7月的《绣像小说》，例中，姚老夫子一行人有三个学生和仆人，可知"老板"表示尊称一般人。《痴人说梦记》原发表于1904年1月至1905年6月的《绣像小说》，例中"老板"是妓女拉客时所用，也属于对一般人的尊称。由以上9例可知，"老板"四种用法，第一种出现时间最早，第二种次之，第三种、第四种差不多同时出现。

据"汉籍全文检索系统"，清代文献未见"老板"指"丈夫"的用例。《汉语大词典》"老闆"条列有"旧时对丈夫的俗称"一义，所列的两条书证都出自现代文献，如下：

欧阳予倩《同住的三家人》："你们老板回来没有？"
《人民日报》1950年8月15日载："我和老板两个人，三

① 石昌渝主编：《中国古代小说总目·白话卷》，山西教育出版社2004年版，第452页。

十年来勤勤苦苦替地主开垦过二次荒洲，自己却一年到头不够吃，没得穿。"①

　　检索"汉籍全文检索系统"的"民国"部分，"老板"共出现204次，无"丈夫"义用例。检索北京大学语料库的"现代"部分，也未见"老板"用于指"丈夫"。这样看来，"老板"的这一用法即使是在"五四"以后的现代书面文献中也很少见，它主要存在于现代某些方言中。根据上面《汉语方言大词典》所述，"老板"用于指"丈夫"有安徽8处，湖北2处（武汉、广济），江苏、贵州各1处。实际上，湖北除武汉方言、广济方言以及本节讨论的黄梅方言外，咸宁市咸安区方言也称丈夫为"老板"："'老板'是外人对妇女尊称其丈夫。"②关于武汉方言称丈夫为"老板"的情况，朱建颂《武汉方言词典》介绍得稍微详细一些，他在"老板"义项（2）下释义并举例说："旧时尊称别人或自己的丈夫（前边加人称代词）：伲里_{你的}~｜俄里_{我的}~。"③

　　根据以上分析，尽管"老板"常用义"业主"可能来源于"老办""老班"，因为"办事官""老资历的官员"可能就是主事者，但写作"老板"后最早的意义是"工商业的业主及其代理人"，其"丈夫"一义就书面文献看是在这一意义出现较长时间后的现代才产生的。口语方面，现代一些方言中存在以"老板"指丈夫这一用法，由于在语言现象的产生和存留时间方面方言与书面文献往往不同步，因而方言中"丈夫"一义何时出现不好确定。但是，方言中的这一意义应该不会早于清代初年出现的"工商业的业主及其代理人"这一义项。"丈夫"一义应该是从"工商业的业主及其代理人"这一义项引申出来的：丈夫为一家之主，就如同"老板"是一店之主一样；如

---

①　《汉语大词典》中卷，汉语大词典出版社1997年版，第4992页。
②　吴培根：《咸宁市咸安区方言词典》，鄂咸图内字43号（内部图书）2004年版，第88页。
③　朱建颂：《武汉方言词典》，李荣主编：《现代汉语方言大词典》之一，江苏教育出版社1995年版，第185页。

果一家办了店，店主往往和丈夫是重合的。因此，当"老板"称店主流行开来，很自然就会发展出"丈夫"一义。

黄梅话在"丈夫"的意义上进一步拓展，模糊婚前婚后的界限，"老板"就能兼指丈夫和男朋友了。

三、结语

上面分别考察了黄梅方言中的"妈妈"和"老板"，根据以上的讨论，我们可以做如下总结：

第一，黄梅话中的"妈妈"和"老板"是现时日常生活中广泛使用的对妻子、丈夫的普通称呼，既非"旧时"的用法，也不带"尊称"性质，更没有年龄限制，特别是平行地具有兼指女朋友、男朋友的用法，这些都是颇有特色、值得注意的。就"妈妈"而言，与黄梅话最接近的有安徽宿松话（黄梅与宿松两县相邻），宿松话"马马"指"年轻的妻子（包括未婚妻）"。但很明显，宿松话"马马"虽也兼指女朋友，但指妻子却限定为"年轻的"，而且，宿松话用"男子汉、男人、外头人"称呼丈夫，没有兼指丈夫和男朋友的称谓，这些都与黄梅话有差别①。

第二，"妈妈"指妻子始于南宋，"老板"指丈夫书面上始见于"五四"以后的现代文献。

第三，"妈妈"的"妻子"义来源于"母亲"义，"老板"的"丈夫"义来源于"工商业的业主及其代理人"义。"母亲"义之所以可以引申出"妻子"义，是汉族"从他称谓"习惯使然。所谓"从他称谓"是指在称呼亲属时，不是按照本人与被称呼人的关系而是按照他人与被称呼人的关系来称呼，具体类型有从父称谓、从母称谓、从夫称谓、从妻称谓、从儿称谓等。从他称谓在汉族社会生活中是普遍现

---

① 宿松话情况参看唐爱华：《宿松方言研究》，文化艺术出版社、中国社会科学出版社2005年版，第142页。

象，伍铁平、孙玉卿等学者曾做过深入研究①，我们在日常生活中也能亲身体会到。"妈妈"指"妻子"是从儿称谓的产物：丈夫站在儿女的立场、以儿女的身份称妻子为"妈妈"，久而久之，"妈妈"就具有了"妻子"义。"老板"的"工商业的业主及其代理人"义之所以可以引申出"丈夫"义，源于男权社会丈夫在家庭中的主导地位、顶梁柱作用。赣榆方言把丈夫称为"当家的""家主"，徽州绩歙片方言称丈夫为"官客""官家"，山西朔县方言称丈夫为"当家人"②。丈夫既为"当家的"，是一家之主，就如同"老板"是一店之主一样。因此，"老板"由店主义引申出"丈夫"义，是很自然的事情。

第四，黄梅话的"妈妈""老板"在这两个词发展出"妻子""丈夫"义之后做了进一步拓展，忽略婚前婚后之别，就能兼指妻子和女朋友、丈夫和男朋友。

---

① 伍铁平：《论汉语中的从儿称谓和有关现象》，《中国语言学报》1984年第2期。孙玉卿：《山西方言亲属称谓研究》第七章"山西方言亲属称谓系统'从他称谓'的特点"，山西人民出版社2005年版，第152~188页。

② 苏晓青、万连增：《赣榆方言研究》，中华书局2011年版，第224页。孟庆惠：《徽州方言》，安徽人民出版社2005年版，第91页。孙玉卿：《山西方言亲属称谓研究》，山西人民出版社2005年版，第117页。

第三章 词典词形、词义、
读音处理辨正

1986 年,《汉语大词典》第一卷、《汉语大字典》第一卷出版,标志着我国的辞书编撰事业进入繁荣时期。此前的 1968 年,中国台湾编纂出版了《中文大辞典》。这样,加上早年出版、后来不断修订的《辞源》(1915 年初版)、《辞海》(1936 年初版),我国的大型通用辞书共有五部。中型辞书方面,中国社会科学院语言研究所词典编辑室编撰的《现代汉语词典》是典型代表,这部词典跟踪语言发展,不断修订增补,贡献很大。不过,上述辞书在字形处理、词形处理、释义、注音、列举书证方面也还存在一些问题。本章就上述几本重要词典存在的一些问题做些分析。

第一节 《现代汉语词典》(第 7 版)
词形处理献疑

“词形”这一术语,中国语言学界有两种用法。王维贤主编的《语法学词典》说:“词形,词的外形。一个词的形式常常显示出词的形态或它与其他词的句法关系。……参见‘变形’。”这种用法的“词形”概念着眼于形态变化,与语法意义的表达相关涉。中华人民共和国教育部、国家语言文字工作委员会发布的《第一批异形词整理表》(2002 年 3 月 31 日试行)“前言”中指出:“词形,本规范中指词语的书写形式。”①这种用法的“词形”概念着眼于词语的书

①　中华人民共和国教育部、国家语言文字工作委员会:《第一批异形词整理表》,教育部语言文字信息管理司:《语言文字规范标准手册》,商务印书馆 2015 年版,第 235 页。

写形式，关注用哪些汉字标写，与语法意义无关。本节的"词形"
采用的是第二种用法。

《现代汉语词典》(第7版)在词形的处理上存在一些问题，下
面结合具体词条略加讨论。

一、异形词的处理

异形词(含固定语)又叫异体词。对这一概念，学术界有不同
的理解，按周荐的归纳，大体上有三种意见："第一，认为异形词
是读音相同或相近，意义相同，但词形不同的词；第二，认为异形
词是词形不同而含义相同并在同一语言环境中可以互换使用的一组
词；第三，认为异形词是意义、读音完全相同，但书写形式不同的
词。"①《第一批异形词整理表》"前言"关于异形词的界定同于第三
种意见而表述得更加细致明确："普通话书面语中并存并用的同音
(本规范中指声、韵、调完全相同)、同义(本规范中指理性意义、
色彩意义和语法意义完全相同)而书写形式不同的词语。"②各种不
同意见有一个重要的分歧点，就是读音相近算不算异形词？有的学
者认为判定异形词必须坚持读音相同的标准，有的学者则认为异形
词包括少数读音相近的情况。而对少数读音相近的情况，各家把握
的宽严也不一致。我们认为《第一批异形词整理表》"前言"中的界
定是可取的，只是要补充少量音近词，这类音近词主要来自两类现
象：一是音译词中的异形同词现象，二是连绵词中的异形同词
现象。

异形词需要整理规范。符淮青提出了异形词选用的四个原则：
一是从俗，即选用大众多用的；二是从简，即选用笔形简易的；三

---

① 周荐：《现代汉语词汇学教程》，北京大学出版社2016年版，第234
页。

② 中华人民共和国教育部、国家语言文字工作委员会：《第一批异形词
整理表》，教育部语言文字信息管理司：《语言文字规范标准手册》，商务印
书馆2015年版，第235页。

是义明，即语素表义清楚；四是音准，即字的读音跟词的读音一致。① 《第一批异形词整理表》"前言"介绍了整理异形词的三个主要原则：通用性原则，理据性原则，系统性原则。② 根据这些原则，我们发现《现代汉语词典》(第 7 版)有些异形词的处理是值得商榷的。

(一)是"惹是生非"还是"惹事生非"？

1. 问题的提出

《现代汉语词典》(第 7 版)第 1093 页：

【惹是生非】惹是非。

【惹是非】引起麻烦或争端。

【惹事】【动】引起麻烦或祸害：你别给我～｜他在外惹了不少事。

《现代汉语词典》(第 7 版)未收"惹事生非"，该词典因其编撰队伍、组编单位、出版机构的权威性，被奉为依据，于是我国的图书报刊出版系统在质检过程中以"惹事生非"为误。

2. 以往的使用状况

查"汉籍全文检索系统"，"经、史、集"三部未见"惹是生非"和"惹事生非"，"子"部两种形式都有，"惹是生非"7 例，"惹事生非"6 例。

"惹是生非"之例：

(1)毛狮子这个人专于醉酒骂世，惹是生非，倒是死了清净。(《热血痕》第二回，第 12 页)

---

① 符淮青：《现代汉语词汇》(增订本)，北京大学出版社 2004 年版，第 94 页。

② 中华人民共和国教育部、国家语言文字工作委员会：《第一批异形词整理表》，教育部语言文字信息管理司：《语言文字规范标准手册》，商务印书馆 2015 年版，第 236~237 页。

（2）后来又和那些流氓在一起，常常地在外边惹是生非，我早知他要闯大祸，却不料因为今日这桩事，竟被兵士们捉到旅部。（《广陵潮》第八十八回，第833页）

"惹事生非"之例：

（3）不比我家红雯那蹄子，虽然做事乖觉，这一张嘴比刀子还快，半点儿不肯饶人，到处惹事生非，我就是厌她。（《绘芳录》第四十九回，第638页）

（4）想众姊妹并未惹事生非，都因我遭此恶劫，叫我又无法将他们相救。（《狐狸缘全传》第二十回，第390页）

北京语言大学BCC语料库现代汉语语料中"惹是生非"和"惹事生非"均可见到，情况见表3-1：

表 3-1　　**BCC 语料库"惹是生非""惹事生非"使用频率表**

语料类别 ＼ 词项	惹是生非（次）	惹事生非（次）
多领域	429	290
文学	1866	1588
报刊	101	105
微博	85	89
科技	89	105

3. 今天的科学选择

应按《现代汉语词典》"简练"与"简炼"、"精彩"与"精采"并存同用的方式处理，认定"惹是生非"和"惹事生非"同用，皆可。理由是：

①就从俗从众原则而言，由表3-1可知，"惹是生非"和"惹事生非"在现代汉语中使用频率没有显著性差异，应承认其并存

状态。

②就系统性原则而言，相关的词语既有"惹是非"，也有"惹事"，因此"惹事生非"的并存同用地位毋庸置疑。

③就理据性原则或义明(语素表义清楚)原则而言，词语前半的"惹是"与"惹事"相较，"惹事"表义更明晰，更准确，因此没有理由排斥"惹事生非"。

(二)是"遮阴"还是"遮荫"?

1. 问题的提出

《现代汉语词典》(第7版)第1658页：

【遮阴】【动】遮蔽阳光，使阴凉：院子里有几棵~的树。

《现代汉语词典》(第7版)未收"遮荫"，如写成"遮荫"，图书报刊出版系统在质检过程中则以为误。

2. 以往的使用状况

"汉籍全文检索系统"之"经部""集部"未见"遮阴"和"遮荫"，"史部"中"遮阴"和"遮荫"各有1例，"子部"中"遮阴"14例，"遮荫"10例。

"遮阴"之例：

(5)头带单纱抹眉头巾，身穿葛布直身，撑着一把遮阴凉伞。(《水浒全传》第一百二回，第1221页)

(6)四面更无树木遮阴，左右倒有芝兰相衬。(《西游记》第一回，第3页)

"遮荫"之例：

(7)看时，庭前是一株大桂树，扶疏遮荫，不知覆着多少里数。(《拍案惊奇》卷七，第284页)

(8)六古榕树东西遮荫，北望旷如，荷万顷摇风送香。(清·袁枚《游端州宝月台记》，《小仓山房集》文集卷二十九)

北京语言大学 BCC 语料库"遮阴"和"遮荫"均可见到，情况见表 3-2：

表 3-2　　　　　　　　**BCC 语料库"遮阴""遮荫"使用频率表**

词项 语料类别	遮阴 （次）	遮荫 （次）
多领域	167	570
文学	120	293
报刊	65	174

"遮阴"之例：

（9）盛夏，大家一块上山砍树叉、割茅草，搭起凉棚，为树苗遮阴。（福建生产建设兵团第十四团报道组《女育苗班》，《福建日报》1972 年 5 月 29 日）

（10）它们蜂拥而上，你夺我抢，抓上一块便跑到遮阴处，独自美美地慢慢享用，既解渴又解馋。（赵维光《百兽消夏各有高招》，《文汇报》2004 年 7 月 15 日）

"遮荫"之例：

（11）由于经常除草、施肥，叶子又能起遮荫作用，因而大大促进了幼林、幼果的生长。（郭则荣《林粮互相促进》，《福建日报》1960 年 8 月 26 日）

（12）人行道上树冠匀称、遮荫度高的大叶榕、高山榕，急速后退。（《绿了广州》，《人民日报》2001 年 2 月 26 日，第 8 版）

（13）平坝里到处是高大的仙人掌、碧绿的麻桑蒲、浓绿的柚子树、遮荫的大青树、婀娜多姿的凤尾竹、成片的芭蕉林。（周其俊《边境"宝石"德宏》，《文汇报》2004 年 4 月 17 日）

从 BCC 语料库的情况来看,现代汉语中"遮荫"的使用频率是"遮阴"的两倍多。

3. 今天的科学选择

"遮阴"或"遮荫"应该是动补结构的合成词,语义构成为"遮而获得阴"。

《说文解字》:"荫,草阴地(草木覆荫土地)。""阴,闇(幽暗);水之南、山之北也。"

"阴"的本义是"阴暗",亦指山北水南,因为山北背对太阳,较暗①。由"阴暗"引申为"暗中""阴影"。"荫"本义为"树阴",指树枝叶遮盖而形成的阴影,是"阴"的分别字。

今天对"遮阴"和"遮荫"的处理,应两者并存而以"遮荫"为首选,理由是:

①从"阴"和"荫"的本义和引申义看,用在"遮"后表示"遮而获得阴"两字均可,故"遮阴""遮荫"可同用并存。

②从 BCC 语料库中"遮荫"使用频率远远高于"遮阴"着眼,使用中应以"遮荫"为首选。

③"遮而获得阴"多与树木相关,而"荫"就是对应树木遮盖形成阴影而造的分别字,因此写作"遮荫"更能体现相关联的事物,从这个角度看,也应首选"遮荫"。

《汉语大词典》:"【遮荫】亦作'遮阴'。遮蔽阳光,使阴凉。"这种处理是妥当的。

如果"遮阴""遮荫"只能保留一个的话,那就应该保留"遮荫"。

(三)是"打勾"还是"打钩"?

1. 问题的提出

《现代汉语词典》(第7版)第234页:

【打钩】(~儿)【动】在公文、试题等上面画"√",表示认

---

① 孙云鹤取《说文》说,认为"阴"的本义是"阴暗",见《常用汉字详解字典》,福建人民出版社1986年版,第171页;左民安则认为"阴"本义为"阴天",引申为"阴暗",见《细说汉字》,九州出版社2005年版,第540页。

可、肯定或正确。

《现代汉语词典》(第7版)未收"打勾",第459页"勾¹"前7个义项皆为动词;第8个义项是"姓",标为名词。由于"勾"字下除姓氏义项外未列名词用法,因此图书报刊出版系统在质检过程中将"打勾"视为错误。

2. 以往的使用状况

在"汉籍全文检索系统"中检索"打勾""打句""打钩",只在"子部"见到1个疑似用例:

(14)又有打睡,打嚏喷,打话,打闹,打斗,打和,打合,打过,打勾,打了,至于打糊,打面,打饼,打线,打百索,打绦,打帘,打荐,打蓆,打篱巴。街市戏谑有打砌、打调之类,因并记之。(南宋·刘昌诗《芦浦笔记》卷三,第24页)

据《汉语大词典》,"打勾"有"购买"义,元杂剧无名氏《朱太守风雪渔樵记》第三折"三日五日去那会稽城中打勾些物件"之"打勾"即"购买"。《芦浦笔记》这一例因缺乏上下文,其义是"购买"还是"在公文等上面画符号表示认可、肯定或正确"无法确定,义为"购买"的可能性很大。

"中国基本古籍库"中不见与现代用法相关的"打钩",与现代用法相关的"打勾"只在清代可见到用于书法的少数几例,例如:

(15)↘打勾势 要诀云:打勾之势,右打反趯抱腹,"以比"等字用之。(清·戈守智《汉溪书法通解》卷四"运笔",第21页)

"趯"是书法笔画之一,指笔锋向上挑。"打勾"指书法中"↘"的运笔书写,这与"打勾"的现代用法相关。

北京语言大学BCC语料库现代汉语语料中用法为"在公文等上面画符号表示认可、肯定或正确"的"打勾"和"打钩"均可见到,情况见表3-3。需要说明的是,BCC语料库中还可见"打勾勾"和"打钩钩"。"打勾勾"和"打钩钩"大部分是"拉钩，表示守信用，不反悔"的意思，少数表"在公文、试题等上面画'√'"。表 3-3 中的数据不包括"打勾勾"和"打钩钩"。

表 3-3　　　　　**BCC 语料库"打勾""打钩"使用频率表**

语料类别 \ 词项	打勾（次）	打钩（次）
多领域	103	74
文学	37	22
报刊	31	37
微博	68	49
科技	106	50

"打勾"之例：

（16）凡上面发表格来了解自主权落实情况，我们在每个权项上都打勾。(《落实〈条例〉需要全社会配合》,《人民日报》1993 年 8 月 10 日，第 5 版)

（17）为了客观、公正地评议党员，党支部设计了《党员评议表》，由职工对每位在职党员进行无记名"打勾"，"打勾"的内容包括政治素质、奉献精神、党群关系、工作态度、技术水平、工作业绩等 6 个方面。(陆炎，马美菱《我是党员，向我看齐》,《文汇报》2002 年 6 月 27 日)

（18）一些单位在民主测评中，一般是打印一张表格，让大家按"优秀、称职、基本称职"；或"优秀、良好、一般、差"等分类，在上面"打勾"。(朱登峻，魏恒《民主测评工作中的偏误及对策》,《学习论坛》2000 年第 1 期)

"打钩"之例：

（19）列入测评表，让群众对号打钩。（《坚持干部标准把好选人用人关》，《人民日报》2003年8月5日，第16版）

（20）他只是依照理财专员在文件的打钩处签名，其他的他都不是很清楚。（《吴景茂称十余人提供吴淑珍人头户》，《福建日报》2008年10月23日）

（21）秉德老汉又安静下来，继而眼里又泛出活光来，这回他可没说给阎王生死簿上打钩画圈的笑话。（陈忠实《白鹿原》第一章，第6页）

由表3-3和文献用例可见，现代汉语中无论哪个年代，无论哪一类文献，"打勾"和"打钩"均并用，而以"打勾"占优势。

3. 今天的科学选择

"勾"原作"句"。《说文解字》云："句，曲也。"段注云："古音总如钩。后人句曲音钩，章句音屡，又改句曲字为勾。此浅俗分别，不可与道古也。""勾"是"句"的俗字。"钩"，《说文解字》云："钩，曲钩也。"段注云："曲物曰钩，因之以钩取物亦曰钩。""钩"是"勾"的同源派生词。

"句（勾）"古代即可表钩形或打钩形符号。作名词表钩形的有上引清戈守智《汉溪书法通解》卷四"打勾"之例，作动词表打钩形符号的用例有：

（22）有一卷文书皆是人名，或有勾者，有未勾者，己名在焉。（"柳井"，《太平广记》卷四三三，第3511~3512页）

（23）状检瀛王亲笔，甚有改窜勾抹处。（北宋·沈括《梦溪笔谈》卷一，第93页）

（24）文度遽取其小册观之，尽记人细故，有已行者，即朱勾之，未行者尚众也。（南宋·王铚《默记》卷中，第27页）

现代汉语中"勾"可作名词，表钩形符号即其作名词之一义。BCC语料库中"一个勾"与"一个钩"（"勾""钩"均表钩形符号）数据对比见表3-4：

表 3-4　　　　BCC 语料库"一个勾""一个钩"使用频率表

语料类别 ＼ 词项	一个勾 (次)	一个钩 (次)
多领域	11	4
文学	19	7
报刊	6	1

由表 3-4 中的数据可知，现代汉语中表钩形符号的名词，"勾"比"钩"用得多。

这样看来，今天对"打勾""打钩"的处理，应二者并存并以"打勾"为首选。理由是：

①表 3-3 表明，指称"在公文、试题等上面画'√'"，"打勾"比"打钩"占优势；表 3-4 表明，作为表钩形符号的名词，"勾"比"钩"占优势。依据从俗从众原则，我们没有理由让"打勾"出局，反而应该让它作为首选词形。

②就从简(选用笔形简易的)原则而言，"勾"比"钩"笔画简单，"打勾"比"打钩"更有资格作为首选。

二、义同音近词的处理

有一些词，意义完全相同，读音相近，词形有异，到底是让二者并存还是选取一个作规范词形？如果要选取一个作规范词形，应该选取哪一个？这里也存在处理是否科学得当的问题。《现代汉语词典》(第 7 版)对这类词的词形处理也有一些是值得商榷的。以下将探讨是"奋斗终身"还是"奋斗终生"的问题。

1. 问题的提出

《现代汉语词典》(第 7 版)第 1699 页：

【终身】【名】1. 一生；一辈子(多就切身的事而言)：~之计 | ~受益。2. 特指婚姻：私订~。

【终生】【名】一生：奋斗~ | ~难忘。

"身"读 shēn，"生"读 shēng，"奋斗终身""奋斗终生"属于义同音近的情况。按《现代汉语词典》(第 7 版)，得用"奋斗终生"，如写成"奋斗终身"，图书报刊出版系统在质检过程中则以为误。

2. 以往的使用状况

"汉籍全文检索系统"未见"奋斗终身"和"奋斗终生"。

北京语言大学 BCC 语料库"奋斗终身"和"奋斗终生"均可见到，情况见表 3-5：

表 3-5　　BCC 语料库"奋斗终身""奋斗终生"使用频率表

语料类别　　　　　　　词项	奋斗终身 （次）	奋斗终生 （次）
多领域	482	251
文学	70	92
报刊	348	220

"奋斗终身"之例：

(25)向白求恩学习，作一个毫不利己专门利人的人，为共产主义奋斗终身。(《"雷锋同志模范事迹展览"明天在京展出》，《厦门日报》1963 年 3 月 18 日)

(26)5 月 9 日，她在鲜红的党旗下庄严宣誓：为共产主义事业奋斗终身，为党旗增辉添彩。(《一位老军人的儿女情怀》，《人民日报》2003 年 6 月 20 日，第 10 版)

(27)中国共产党党员必须全心全意为人民服务，不惜牺牲个人的一切，为实现共产主义奋斗终身。(《中国共产党章程》第一章"党员"，《中国共产党章程汇编》，第 219 页)

(28)才能滚一身泥巴，炼一颗红心，改造自己的世界观，为解放全人类而奋斗终身！(池莉《怀念声名狼藉的日子》，《池莉近作精选》，第 84 页)

"奋斗终生"之例：

(29)为解放全人类，为在全世界实现共产主义，为把毛泽东思想普及全球而奋斗终生。(《毛泽东思想是力量之源胜利之本》，《厦门日报》1966 年 11 月 20 日)

(30)我觉得《讲话》的精神将永远指导京剧事业的发展，也将指导着我为京剧事业奋斗终生！(《遵循"古为今用"的方针》，《人民日报》1997 年 5 月 29 日，第 12 版)

(31)他只好在十六岁就把脑袋别在裤腰上，为军阀混战卖命，而不是为三民主义或共产主义奋斗终生。(张洁《无字》第一部，第 164 页)

由表 3-5 和文献用例可见，现代汉语中无论哪个年代，无论哪一类文献，"奋斗终身"和"奋斗终生"均并用，而"奋斗终身"占以优势。

3. 今天的科学选择

今天对"奋斗终身"和"奋斗终生"的处理，应两者并存而以"奋斗终身"为首选，理由是：

①"终身"和"终生"如《现代汉语词典》(第 7 版)所释，都有"一生"之义，故从语义的角度看，"奋斗终身"和"奋斗终生"二者均可表示奋斗一辈子。

②从 BCC 语料库所显示的现代汉语使用状况看，"奋斗终身"使用频率明显占优势，而且《中国共产党章程》这样严肃、最高级别的政治文件都用"奋斗终身"，因此，应以"奋斗终身"为首选。

③"汉籍全文检索系统"之"先秦"部分未见先秦有表"一生"义的"终生"①，但却有不少表"一生"义的"终身"。例如：

(32)终身不仕。(《左传·襄公二十七年》)

---

① 该部分《楚辞》例出西汉王褒《九怀》；《荀子·子道》一例即下文所引之例，"终生"是电子版打印错误，电子版下文的"有终身之忧"不误，"有终生之乐"诸子集成本《荀子》作"有终身之乐"。

（33）以舜之德为未至也，于是夫负妻戴，携子以入于海，终身不反也。（《庄子·让王》）

（34）君子其未得也，则乐其意，既已得之，又乐其治。是以有终身之乐，无一日之忧。小人者其未得也，则忧不得；既已得之，又恐失之。是以有终身之忧，无一日之乐也。（《荀子·子道》）

（35）余将董道而不豫兮，固将重昏而终身！（《楚辞·涉江》）

由上可见，"终身"表"一生"义早于"终生"，从这一角度来说，也应以"奋斗终身"为首选。如果"奋斗终身"和"奋斗终生"只允许保留一个的话，那也应该保留"奋斗终身"。

三、具有包孕关系的词的词形处理

书面语中，甲乙两词有共同的义项，但另一词还有其他义项，则可以说甲乙两词具有包孕关系。李行健认为这种情况的词也是异形词，他称其为"包孕异形词"。① 我们采用《第一批异形词整理表》"前言"关于异形词的严式界定，认为这种情况的词不是异形词，这里姑且称之为具有包孕关系的词。《现代汉语词典》（第7版）在对具有包孕关系的词的词形处理方面也存在一些不完善的地方。以下将探讨是"一份"还是"一分"的问题。

1. 问题的提出

"分"有 fēn、fèn 两读，"份"只 fèn 一读，"一分""一份"具有包孕关系。《现代汉语词典》（第7版）对这一对用法纠缠不清的词没有收录，没有给出词形上的规定，那么，什么时候该用"一份"，什么时候该用"一分"，令人颇费踌躇。

请看下面三组用例：

A组：

---

① 李行健：《异形词研究和异形词规范词典编纂》，《辞书研究》2003年第2期。

(36)艺术家也要发挥专长,为贫困地区减一分贫困,添一分温暖,作一分贡献。(《翰墨丹青寄深情》,《人民日报》1998 年 3 月 29 日,第 2 版)

(37)努力为社会主义精神文明建设作出自己的一份贡献。(《大学生士兵的追求》,《人民日报》1996 年 4 月 28 日,第 1 版)

B 组:

(38)曾琦先生说,创办鹭江大学是家乡人民的心愿,我愿为办好鹭大尽一分力量。(《曾琦先生遵母嘱捐资办学》,《厦门日报》1985 年 4 月 15 日)

(39)为了和平统一,我更愿意做一名促进两岸和平的使者,为祖国的统一大业尽一份力量。(《何佳汝:小英雄的歌》,《厦门日报》2004 年 9 月 25 日)

C 组:

(40)我虽已过耄耋之年,但有一分热就要发一分光,继续为中医事业作贡献。(《医术精湛医德高尚享誉海内外》,《厦门日报》1994 年 5 月 30 日)

(41)在这历史性时期,更应为厦门这第二故乡的跨世纪建设"有一份热发一份光"。(《九届市政协特邀港澳委员抵厦》,《厦门日报》1997 年 11 月 30 日)

这三组用例,每组是同样的组合,每组用例均见于时间相差不远的同一报纸,可是,一用"一份",一用"一分",是都可以,还是有一个用错了?如果有一个用错了,那错的是哪一个?

看来,"一份"与"一分"的问题不可不辨。

2. 以往的使用状况

"一分"表示"一部分"，先秦就有用例，历代用例多见。例如：

（42）三分所生，益之一分以上生；三分所生，去其一分以下生。（《吕氏春秋·音律》）

（43）以为儒者所谓中国者，于天下乃八十一分居其一分耳。（《史记·孟子荀卿列传》）

（44）扬、南徐二州今年户租，三分二取见布，一分取钱。（《南齐书·武帝本纪》）

（45）家内所有钱财，今拟分为三分：一分儿今将去，一分侍奉尊亲，一分留在家中，将施贫乏之者。（《敦煌变文集·目连缘起》，第 701 页）

"分"由"部分"义很容易引申出量词用法，这两种用法有时很难区分。只有当脱离了"划分"语境时，量词用法才较容易认定。古代"一分"为"数词+量词"结构的用例如：

（46）其余的也不敢轻送人一分礼，轻收人一文钱，轻收发一封书子，整日的只有在家静坐。（《梼杌闲评》第三十七回，第 1250 页）

（47）自明日为始，我教当直的每日另买一分肉菜供给他两口。（《醒世恒言》第一卷，第 8 页）

（48）话说刘绛仙丈夫，名唤刘文卿，也在班中做戏。自从得了绛仙，遂挣起一分大家私。（《比目鱼》第一回，第 8 页）

检索"汉籍全文检索系统""一份"则迟至明代才开始出现①，用例不多，清代才使用渐广。其用法，可以是"一部分"之义，也

---

① "汉籍全文检索系统"元代有 3 例"一份"，均出自元杂剧。查王季思主编《全元戏曲》（人民文学出版社 1990 年版），这 3 例均作"一分"。

可以是"数词+量词"结构。下面各举 2 例：

(49) 劫来银子，你拿二份，我受一份。(明·安遇时《包龙图判百家公案》第三卷，第 82 页)

(50) 再分爨各房有五，均系亲生，并无螟蛉，应作六份匀分者，因长房长孙多分一份故也。(清·佚名《安平县杂记》，第 17 页)

(51) 哪知每日早起，他那石洞中，必设有一份干粮水果之类，刚够他一天伙食。(《八仙全传》第六十四回，第 509 页)

(52) 不然，兄弟送一份帖子过来，我们换了帖就是兄弟，何必客气！(《二十年目睹之怪现状》第八回，第 59 页)

到现代汉语中，"一分""一份"基本上在同一组合中都用，不过在大部分组合中使用频率差别大。表 3-6 是 BCC 语料库"报刊"类中几种组合数据对照表：

表 3-6　BCC 语料库"报刊"类中几种组合数据对照表　　(单位：次)

组合	出现次数	组合	出现次数
一份贡献	110	一分贡献	21
一份力量	800	一分力量	704
一份家业	14	一分家业	0
一份热	9	一分热	81
一份光	17	一分光	82
一份心意	93	一分心意	5

表 3-6 显示，"一份力量"与"一分力量"使用频率接近，其他组合使用频率差别都较大。

3. 今天的科学选择

分，《说文解字》："分，别也。从八，从刀。刀以分别物也。"

"分"的本义是"分开"。分开就形成各个部分，故引申为"一部分"。清徐灏《说文解字注笺·八部》："分，分物谓之分，平声；言其所分曰分，去声。此方言轻重之分。"

份，《说文解字》："份，文质备也。"这与"文质彬彬"之"彬"同，今读 bīn。表"一部分"的"份"与"文质备"的"份"是同形字，二者没有关系。表"一部分"的"份"是"分"的后起字。

《汉语大字典》"分"列四个音项。第一个音项 fēn 下有："①分开；分割。……③分支，从主体分出的部分。如：分会；分局；分队；第三分册等。……⑬量词。长度，尺的百分之一；重量，两的百分之一……"第二个音项 fèn 下有："①所分之物，整体中的一部分。也作'份'。……⑫量词。今也作'份'。《儿女英雄传》第十回：'便叫安公子去里屋找分笔砚来用。'鲁迅《南腔北调集·为了忘却的记念》：'我便将我和北新书局所订的合同，抄了一分给他。'"

《汉语大字典》"份"列 bīn、fèn 两个音项，fèn 下有三个义项："①整体里的一部。如：部份；股份。②量词。用于搭配成组的东西。如：一份礼物；一份材料。③用在'省、县、年、月'后面，表示划分的单位。"

《汉语大词典》"一份"下云："一部分。参见'一分③'。""一分"下列两种读音四个义项。"分"读 fēn 所对应的义项是："①整体分为若干分的一部分。②一点儿；少量。""分"读 fèn 所对应的义项是："③犹言(所得的)一部分。④一户(人家)。"

《辞源》未收"一份""一分"。

总起来看，现代汉语中"一份""一分"可作如下处理：

①强调将整体分成几个部分占其中一个部分时用"一分"。如：三山六水一分田。

②强调《汉语大词典》第二个义项"一点儿；少量"时用"一分"。如：有一分热发一分光。这样处理基于两点：首先，"一点儿；少量"这个意义应该是从"量词。长度，尺的百分之一；重量，两的百分之一……"这一用法引申出来的，因此宜与这一量词用法同字。其次，从 BCC 语料库"一分热"与"一份热"、"一分光"与

"一份光"使用频率对比情况看，依据从众原则，应如此处理。

③用作一般量词(非度量量词)时，如用于搭配成组的东西、用于报刊文件等，用"一份"。如：一份礼物；一份《光明日报》。

第二节 《汉语大词典》释义献疑

一、"桂林一枝"是自谦之词吗？

科举时代，科举考试中出类拔萃的人被誉为"桂林一枝"，参加科举考试考中了称"折桂"，这两个词语都来源于晋武帝和大臣郤诜的一段对话。

《晋书·郤诜传》曰：

> (诜)累迁雍州刺史。武帝于东堂会送，问诜曰："卿自以为何如？"诜对曰："臣举贤良对策，为天下第一，犹桂林之一枝，昆山之片玉。"

郤诜博学多才，正直不拘小节，被地方官以"贤良"的名目推荐到朝廷，回答皇帝的考题，名列第一，开始步入仕途。他升任雍州刺史时，晋武帝在皇宫正殿东堂送行，君臣之间有了上面所引的这段对话。那么，郤诜说自己"犹桂林之一枝，昆山之片玉"，这是自谦之词呢，还是自誉、自负之词呢？

《汉语大词典》"桂林一枝"条先引述上面《晋书·郤诜传》的这段对话以明词语来源，然后说：

> 原为自谦之词，谓己只是群才之一。后用以喻科举考试中出类拔萃的人。①

把郤诜所言说成是"自谦之词"，这种理解正确吗？

---

① 《汉语大词典》，汉语大词典出版社1997年版，第2551页。

其实，要弄清郄诜所言是"自谦之词"还是自誉、自负之词，只要看看《晋书·郄诜传》这段对话的下文就会一目了然：

> 帝笑。侍中奏免诜官，帝曰："吾与之戏耳，不足怪也。"

《太平御览》卷四六六亦云：

> 帝笑。侍中奏免诜，诏曰："与戏耳，不足罪。"

郄诜的回答竟引起侍中的愤怒，以至向武帝奏请免除郄诜的官职，幸亏武帝开明，以开玩笑为解，认为不足以治罪，才使郄诜逃过一劫。由此可见，郄诜所言决非自谦之词，而是语涉狂傲，自誉、自负，被侍中认为冒犯了皇上天威。《汉语大词典》"桂林一枝"条的撰稿人大概参阅《晋书》时只看完郄诜与晋武帝的对话，没有往下细看"帝笑"后的文字，致有误解。

郄诜所言为自誉、自负之词，我们还可以从古代一些学者对这个故事的理解中获得旁证，换句话说，古代一些学者对这个故事的理解是正确的。请看下面两段文字：

> 自以桂林一枝，昆山片玉，学岁不群，冠年独立，容豫乡国，逍散间闺，卷书辞亲，弹冠问世。时禁仕华要，贤良罕授，以公才贯天人，风度详雅，永平元年拜殿中内监，任以帏禁。（《魏故岐州刺史张君铭》，《汉魏南北朝墓志汇编·北魏》）
>
> 晋郄诜对武帝曰：臣射策为天下第一，犹桂林一枝。则又高自标榜，而志于不隐者也。（元·杨维桢《聚桂轩记》，《东维子集》卷十七）

第一段是北魏岐州刺史张宁墓志铭文中的一段，铭文作者说张宁"自以桂林一枝，昆山片玉，学岁不群，冠年独立……卷书辞亲，弹冠问世"，这里的"自以桂林一枝，昆山片玉"显然说的是张宁的自信、自许。这间接说明郄诜所言不是用于表达自谦。第二段则是直接谈对郄诜所言的理解。元代大文学家、书法家杨维桢称郄诜所言是"高自标榜""志于不隐",可见,在他看来,郄诜所言是典型的自誉、自负之词。这种理解符合《晋书》对这个故事完整过程的记载。

《辞源》第二版(修订重排本,商务印书馆2010年版)"桂林一枝"条曰:"喻出类拔萃。"这未就郄诜所言的姿态高低做出说明。到第三版(商务印书馆2015年版),这一条调整为:"原喻群才之一……后喻指科举考试中出类拔萃者。"这显然是参考了《汉语大词典》的说法,虽然未使用"自谦之词"的说法,但"群才之一"的表述还是有理解为自谦之词的痕迹。台湾地区的《中文大辞典》"桂林一枝"条曰:"喻秀出众美之中也。"引《晋书·郄诜传》征引完整,反映了整个事件的过程。该辞典虽然未就"自谦""自负"做出评判,但"秀出众美之中"的表述和事件完整过程的呈现足以使人避免产生"自谦之词"的误解。

二、"淡定"("澹定")只有一个义项吗?

"淡定"一词,《辞源》第三版(商务印书馆2015年版)、《辞海》(含增补本,1979年版)、台湾地区的《中文大辞典》均未收,《汉语大词典》收入,但只列一个义项:

> 【淡定】冷静,镇定。许地山《空山灵雨·银翎底使命》:"惟有几朵山花在我们眼前淡定地看那在溪涧里逆行的鱼儿喋着它们底残瓣。"欧阳山《苦斗》五二:"最后一位大姑娘,看上去正在二十左右,也轻盈淡定地站了起来。"①

《汉语大词典》的问题有二:一是只列一个义项,义项收录不全;二是最早书证出自现代作家许地山作品,与汉语史上"淡定"一词最早出现的时间有差距。

---

① 《汉语大词典》,汉语大词典出版社1997年版,第3334页。

　　"淡定"一词最早可见于唐初文献①。唐初垂拱年间美原县尉韦元旦《游神泉诗序》曰：

　　　　(1)跻颢气而莹襟情，疏元流而屏喧浊。忘归淡定，盍赋诗云。(《全唐文》卷二〇八)

　　不过，遍检《四库全书》电子版、"汉籍全文检索系统"、"中国基本古籍库"，唐代仅此 1 例，直到明代后期才又见到"淡定"用例，这中间有近九百年的空当，因此唐代的这 1 例颇为可疑。

　　明代后期，文献中才又见到"淡定"，不过，也仅 1 例，如下：

　　　　(2)且知足下世味甚淡定，当不按剑吾言也。(明·冯梦祯《出世·荅万和》，明·徐渭辑《古今振雅云笺》卷四)

　　冯梦祯是明代后期万历年间诗人，生于明代万历而入清的王鑨、魏象枢、王夫之等人作品中皆有"淡定"用例，此后的清代文献中"淡定"用例甚多。下面是王鑨等人作品中的用例：

　　　　(3)丛薄无俗累，淡定寡萦纡。……对此远世情，终日一事无。(清·王鑨《闲居咏楼前花木荷池》，《大愚集》卷七)
　　　　(4)前者两读翰教，未敢裁答，以存古人淡定之意。(清·魏象枢《寄李毅可藩司书》，《寒松堂全集》卷九)
　　　　(5)则清虚之体不伤，而与世相忘于淡定，可以必其为仁乎？(清·王夫之《四书训义》卷十六《论语》十四)②

　　据此可以认定，明代冯梦祯作品中的用例是可靠的，换句话说，明代后期，"淡定"一词无疑已经产生。

----

　　①　张恒君：《"淡定"考释》，《辞书研究》2013 年第 2 期。
　　②　《四书训义》写作年代参考邓辉：《王船山四书学著作与〈船山经义〉年考》，《湘潭大学学报》(哲学社会科学版)2008 年第 2 期。

"淡定"一词的用法可区分为三，也就是说，辞书中应列三个义项。

第一个义项是"淡泊平静"，用于人。以上 5 例皆为此义。再举 1 例：

(6)其襟怀之淡定可知矣。(清·袁枚《随园诗话》卷十一)

第二个义项是"恬淡宁静"，用于物。清代这一意义的用例并不少见，例如：

(7)昭融空是色，淡定寂无声。(清·李继圣《赋得月照冰池》，《寻古斋诗文集·诗集》卷一)

(8)水过险夷仍淡定，月凭圆缺总清新。(清·张问陶《小游仙馆排闷杂诗》其三，《船山诗草》卷十五)

(9)万籁销沉宜独立，晚花淡定有孤妍。(清·谢章铤《题赞轩非半室诗集》，《赌棋山庄集·诗》七)

例(7)用于形容月光，例(8)用于形容水流，例(9)用于形容花朵，都不是用于人而是用于物。

第三个义项就是《汉语大词典》已列出的"冷静，镇定"，用于人。此义自清代前期开始使用，例如：

(10)夫牛衣之伤，展齿之折，丈夫犹不能免，太孺人乃能以淡定出之，此岂可以寻常巾帼目之哉？(清·张贞《安母李太孺人七旬寿序》，《杞田集》卷二)

(11)无事常如有事时提防，故有事能如无事时淡定。(清·冯经《周易略解》卷五)

(12)至其临大敌，决大计，从容淡定。(清·郭嵩涛《陕西巡抚刘公墓志铭》，《养知书屋集·文集》卷十九)

又有"澹定"一词,《辞源》第三版(商务印书馆 2015 年版)、《辞海》(含增补本,1979 年版)、《汉语大词典》、台湾地区的《中文大辞典》均未收,《现代汉语词典》(第 7 版)也还是没有收录这个词。

其实,"澹定"在清代是一个使用很频繁的词,其始见时间略晚于明代出现的"淡定",大致上在明清之际①,因为在由明入清的熊文举、马之骕、方以智、王夫之、陈廷敬等人的作品中可见到用例。此后,在清代文献中,"澹定"甚至比"淡定"更多见一些。例如:

> (13)及释褐,澹定守职,闭户谢交游,清流时局,两无所附,以是栖迟郎署,六载不得迁。(清·王夫之《永历实录》卷二《严起恒传》)

> (14)世事无闻心澹定,笑他扣角尚歌贫。(清·陈僖《次韵訓大司农梁公寄怀》其四,《燕山草堂集》卷五)

> (15)而止澜神明澹定,历寒暑晦冥而不渝也。(清·陈廷敬《孙止澜学士寿序》,《午亭文编》卷三六)

> (16)清冷草木气,澹定空水嫩。(清·黎简《雨中有诗》,《五百四峰堂诗钞》卷二二)

> (17)云胡此花色,澹定发潭光。(清·杜浚《题霜菊卷》,《变雅堂遗集·诗集》卷一)

> (18)视恶风骇浪如履平地,方且寄情吟咏,兼与同事讲论经史、商确古今,何其从容澹定若此也!(清·黄中坚《乘槎偶记序》,《蓄斋二集》卷五)

---

① 清文渊阁四库全书本宋代佚名所撰《群书会元截江网》卷三四《异端》有这样一例:"动合无形,澹定万物,与时迁徙,应时变化。"此例乃引司马迁之父司马谈《论六家之要指》中语。《论六家之要指》载于《史记·太史公自序》,然《史记》相应的句子作"赡足万物";《汉书·司马迁传》亦载《论六家之要指》,相应的句子作"澹足万物",颜师古注曰:"澹,古赡字。"由此可见,宋代佚名《群书会元截江网》中的这一例其"定"字乃误字。

"澹定"与"淡定"一样，也可提炼出三个义项。第一个义项用于人，指"淡泊平静"，例(13)～例(15)是这种用法；第二个义项用于物，指"恬淡宁静"，例(16)、例(17)是这种用法；第三个义项用于人，指"冷静，镇定"，例(18)是这种用法。我们还可以分别比较例(14)与例(6)、例(16)与例(8)、例(17)与例(9)，尤其是例(18)与例(12)，通过比较不难看出，"澹定"与"淡定"同。由这些情况看来，"澹定""淡定"可视为同一个词。

三、"榴子"何所指？

与石榴有关的词语有"榴子"一词。《汉语大词典》"榴子"条曰：

> 石榴的子实。唐李商隐《石榴》诗："榴枝婀娜榴实繁，榴膜轻明榴子鲜。"明李时珍《本草纲目·果二·安石榴》〔集解〕引陶弘景曰："有甜、酢二种，医家惟用酢者之根、壳。榴子乃服食者所忌。"①

从这一条目的释义和书证的对应上，我们不难发现问题。李商隐《石榴》诗中以并列的方式提到"榴枝""榴实""榴膜""榴子"，可见"榴实"和"榴子"所指不同；诗中以"繁(繁多)"描述"榴实"，以"鲜(鲜亮)"描述"榴子"，可见"榴实"指整个石榴果，"榴子"指石榴果里面榴膜中的籽粒。而释义所谓"石榴的子实"这"子实"到底指什么呢？是指石榴果里面榴膜中的籽粒，还是指整个石榴果，抑或兼指二者？显然，这种表述含糊其辞，使人不得"榴子"之确解，不知"榴子""榴实"二词之义如何区分。

实际上，除"榴子""榴实"之外，还有"榴颗"一词。下面我们对这三个词略加考察。

《辞源》第三版(商务印书馆 2015 年版)、《中文大辞典》未收"榴子""榴实""榴颗"。

---

① 《汉语大词典》，汉语大词典出版社 1997 年版，第 2662 页。

《汉语大词典》对"榴实""榴颗"的解释是：

> 【榴实】石榴的果实。唐李商隐《石榴》诗："榴枝婀娜榴实
> 繁，榴膜轻明榴子鲜。"①
> 【榴颗】石榴子。宋周密《乾淳岁时记》："重九都人以菊糕
> 为馈，缀以榴颗，标以彩旗。"②

"榴实"李商隐诗指整个石榴果。"四库全书"电子版去其重复，
共有 17 例"榴实"，除李商隐《石榴》诗之外，其余 16 例亦全指整
个石榴果。例如：

> (19) 榴实有二种，其子一红如玛瑙，一白如水晶。(元·
> 王祯《王氏农书》卷九《石榴》)
> (20) 榴花犹满枝，榴实已累垂。(乾隆皇帝《榴》，《御制
> 诗集》四集卷十)
> (21)《群芳谱》：富阳榴实大者如碗。(清·嵇曾筠《浙江
> 通志》卷一〇一)

例(19)先说"榴实"，接着称"其子"，可见"榴实"就果实整体
言。例(20)言"累垂"，例(21)言"大者如碗"，"榴实"指果实整体
显而易见。

"榴颗"，"颗"指粒状物，"榴颗"指石榴果里面的籽粒。《汉
语大词典》所引书证周密《乾淳岁时记》称"榴颗"是点缀在菊花糕上
面的，可见其指石榴果里面的籽粒无疑。再看两例：

> (22) 结子作穗如半柿大，类小盘堆石榴颗状，下有蒂承，
> 如柿蒂形……【救饥】以泼盘颗粒红熟时采食之。(明·朱橚
> 《救荒本草》卷四《泼盘》)

---

① 《汉语大词典》，汉语大词典出版社 1997 年版，第 2662 页。
② 《汉语大词典》，汉语大词典出版社 1997 年版，第 2662 页。

(23)和粳麦粉面，染茜五色，笼蒸为糕，敷以蜜糖、芝麻屑、鸡鸭肉丝或枣穰、杏仁、松子、榴颗。(清·孔尚任《节序同风录·九月》)

例(22)谈的一种叫"泼盘"的植物，这种植物的果实可食，可"救饥"。据"类小盘堆石榴颗状"和"以泼盘颗粒红熟时采食之"可知，所谓"石榴颗"就是石榴果的籽粒。例(23)与周密例同，说的是糕上面放的东西，"榴颗"显然指石榴籽粒。

"榴子"一词，大多数情况下指石榴果的籽粒。李商隐《石榴》最典型，这里再举几例：

(24)祝厘朱邸，更符榴子之多；垂裕皇基，用卜椒条之远。(宋·孙应时《贺皇后笺》，《烛湖集》卷一)

(25)榴房比他果最为多子。……北人以榴子作汁，加蜜为饮浆，以代杯茗。(元·王祯《王氏农书》卷九《石榴》)

(26)次年二月初，取家用火盆，以所制土铺盆内，厚三寸许。数寸按一浅潭，取榴子去肉，每潭种三四粒，用土盖半寸许，洒水令微湿。(清·汪灏等编《御制佩文斋广群芳谱》卷二十八《石榴花》)

例(24)，"祝厘"，意为祈求福佑，祝福；"垂裕"，谓为后人留下业绩或名声。石榴籽粒多，可用来祝愿人子孙众多。孙应时所说的"榴子之多"正是取石榴籽粒的象征意义，用来为皇后祝福。例(25)，"榴房"指石榴果内由薄膜隔开的众多小空间，籽粒即居其中。例中先言"榴房"多子，再说"以榴子作汁"，"榴子"指石榴果籽粒甚明。例(26)谈石榴苗的培育，据"去肉"之言，据每个小坑("潭")种"三四粒"，可知"榴子"指石榴果籽粒。

"榴子"少数时候也可指石榴果的整个果实。请看下面的例子：

(27)石虎苑中有安石榴，子大如椀盏，其味不酸。(晋·陆翙《邺中记》)

（28）乌桲大如酒盏　榴子大如椀盏（明·陈禹谟《骈志》卷十七）

（29）庭前榴子已成枚，院外山禽日日来。（明·赵时春《秋日杂兴》六首其一，《浚谷集·诗集》卷四）

（30）豆花纷涌翠，榴子迥垂丹。（明·郑二阳《雨中同薛更生过夏镇僧院》，《郑中丞公益楼集》卷三）

（31）榴子结成崖石畔，桂香飘入渚烟中。（清·雍正皇帝《仲秋月夜感怀》，《世宗宪皇帝御制文集》卷二十九）

例（27）中虽没有"榴子"一词，但称"子大如椀盏"，表明"子"可指整个石榴果。例（28）中"榴子"无疑指整个石榴果。例（29）说庭前的榴子"已成枚"，例（30）说榴子"垂丹"，例（31）说榴子在崖石畔已"结成"，"榴子"指整个石榴果都比较明显。

总之，"榴实"指石榴果的整个果实，"榴颗"指石榴果里面的籽粒。而"榴子"兼有"榴颗""榴实"之用，大多数情况下指石榴果的籽粒，少数时候指石榴果的整个果实。《汉语大词典》关于"榴子"的释义含混不清，应予以调整完善。

第三节　"枉状""月朵"词义考

一、枉状

"枉状"一词，《辞海》未收，《汉语大词典》《辞源》和台湾地区的《中文大辞典》收录，但释义有可商榷之处。

《汉语大词典》释曰：

①具诬告的状文。《后汉书·孔融传》："曹操既积嫌忌，而郗虑复构成其罪，遂令丞相军谋祭酒路粹枉状奏融……书奏，下狱弃世。"②枉死之状。唐牛僧孺《玄怪录·齐推女》："李亦粗知其死，不得其终；悼恨既深，思为冥雪……李生即顿首流涕，具云妻枉状。"

《辞源》释曰：

> 诬告别人的书状。《后汉书》十二《彭宠传》："又与吴汉盖延等书，盛言(朱)浮枉状，固求同征。"又七十《孔融传》："(曹操)遂令丞相军谋祭酒路粹枉状奏融。"

《中文大辞典》释曰：

> 谓枉谮之状也。《后汉书·彭宠传》：又与吴汉盖延等书，盛言(朱)浮枉状，固求同征。

三部辞书释义存在的最大问题是，漏释了"枉状"最主要的用法。

"枉状"最主要的用法应是"冤屈的情状"。查"汉籍全文检索系统"，经史子集四部文献剔除属于引用的例子，"枉状"共有 22 例，其中至少有 15 例应作"冤屈的情状"理解。例如：

> (1)举茂才，除郿令。到官，至鬴亭。亭长曰："亭有鬼，数杀过客，不可宿也。"忳曰："仁胜凶邪，德除不祥，何鬼之避！"即入亭止宿。夜中闻有女子称冤之声，忳咒曰："有何枉状，可前求理乎？"……女子乃前诉曰："妾夫为涪令，之官过宿此亭，亭长无状，贼杀妾家十余口，埋在楼下，悉取财货。"(《后汉书·王忳传》)
>
> (2)帝问诸尚书，尚书贾朗素与防(张防)善，证诩(虞诩)之罪。帝疑焉，谓程(孙程)曰："且出，吾方思之。"于是诩子顗与门生百余人，举幡候中常侍高梵车，叩头流血，诉言枉状。梵乃入言之，防坐徙边，贾朗等六人或死或黜，即日赦出诩。(《后汉书·虞诩传》)
>
> (3)尝少修操行，仕郡为户曹史。上虞有寡妇至孝养姑。姑年老寿终，夫女弟先怀嫌忌，乃诬妇厌苦供养，加鸩其母，列讼县庭。郡不加寻察，遂结竟其罪。尝先知枉状，备言之于

太守，太守不为理。(《后汉书·孟尝传》)

(4)及君㚟为河西节度使，回纥等怏怏，耻在其麾下。君㚟以法绳之，回纥等积怨，密使人诣东都自陈枉状。君㚟遽发驿奏"回纥部落难制，潜有叛谋"。(《旧唐书·王君㚟传》)

(5)元吉历陈所受略主名，又令妻张击登闻鼓诉之。上召张临轩顾问，尽得其枉状，立遣中使捕元推官吏，付御史鞫治。(《宋史·张雍传》)

(6)一德将辞归，会阿思兰以冤被诛，诏簿录其家。群奴各亡去，一德独奋曰："主家有祸，吾忍同路人耶！"即留不去，与张锦童诣中书，诉枉状，得昭雪，还其所籍。(《元史·赵一德传》)

(7)仁庙监国，江宁令王凯、上元令魏鉴造战车不如法，系御史狱，仲渊怜凯、鉴廉，倡两县父老白其枉状。(《涌幢小品》卷九"罗汤侠气")

例(1)中女鬼本为含冤之人，而王忱明明听到的是女子称"冤"之声，因此，王忱问"有何枉状"，这里的"枉"显然不可能是指"诬告"。例(2)中陷害方并无状文呈递之事，"诉言枉状"之"状"不会是指陷害方的状文，而虞诩之子虞顗与门生百余人拦下高梵的车子后是"诉言"，也没有呈递状文，因此，此例"状"不可能指状文。这样看来，"枉状"一词中，"枉"不一定指"诬告"，"状"不一定指"状文"或"书状"。例(1)结合下文的"女子乃前诉曰"，可知女子也没有递状文，"有何枉状"应该说的是"有什么冤屈的情状"。例(2)根据语境，"诉言枉状"应该是指"诉说冤屈的情形"。例(3)称孟尝"知"枉状，又说孟尝"备言之太守"，可知此例"状"不是指一纸状文，因为如果是状文，太守自己会审读，何需孟尝来"备言"？此例下文有"以谢冤魂，庶幽枉获申"等语，可知这里的"枉"是"幽枉""冤枉"。因此此例"先知枉状"是说"预先知道冤屈的情状"。例(4)说回纥等部落因为君㚟"以法绳之"，心怀怨恨，因此派人到东都"自陈枉状"。由"自"可知"枉"不会指"诬告"，由"陈"可知"状"不应指状文，"自陈枉状"应指自陈冤屈的情状。例(5)是说京城百姓王元吉被母亲刘氏诬告，皇上召其妻问，"尽得其枉状"。言"尽得"可知"状"不是指一纸状文，"尽得其枉状"是指详尽地掌握了王元吉冤屈的情状。例(6)说赵一德忠诚于主人，当主人阿思兰蒙冤被诛时，他坚持留下来"诉枉状"，最终使主人之冤"得昭雪"，由上下文可知此处"枉状"应指冤屈的情状。例(7)《涌幢小品》是明代朱国桢所撰笔记，例中是说罗仲渊深感江宁县令王凯、上元县令魏鉴贤明廉洁，倡议两县父老联合起来"白其枉状"，这里的"枉状"也只应指冤屈的情状。

三部辞书还漏释了"枉状"的另外一个用法。

"枉状"还可指徇私枉法之状。例如：

(8)有功尝上疏论天官、秋官及朝堂三司理匦使愆失，其略曰："……今推鞫者犹行酷法，妄劾断，臣即按验，奏而劾之，获其枉状，请即付法断罪，亦夺禄贬考，以惭其德。"(《旧唐书·徐有功传》)

(9)时酷吏来俊臣构陷狄仁杰、李嗣真、裴宣礼等三家，奏请诛之，则天使峤与大理少卿张德裕、侍御史刘宪覆其狱，德裕等虽知其枉，惧罪，并从俊臣所奏。峤曰："岂有知其枉滥而不为申明哉！孔子曰：'见义不为，无勇也。'"乃与德裕等列其枉状，由是忤旨，出为润州司马。(《旧唐书·李峤传》)

例(8)是徐有功奏疏中语，他说当今执法者胡乱断案，"行酷法"，自己经过"按验"，"得其枉状"，请求皇上加以惩处。此"枉状"依据语境，应指徇私枉法之情状。例(9)中出现了三个"枉"："知其枉""知其枉滥""列其枉状"。"枉滥"《汉语大词典》列有"枉法恣肆""谓枉错淫滥，使无辜受害"两个义项。此例中三个"枉"所指应相同，因此，"列其枉状"应指罗列其徇私枉法之状。

《汉语大词典》还有一个问题，即第二个义项"枉死之状"难以成立，应予删除。

《汉语大词典》"枉死之状"义项下所列书证是牛僧儒《玄怪录·

齐推女》,《太平广记》卷三五八"齐推女"收录《玄怪录》这一故事。故事说的是:饶州刺史齐推之女嫁陇西李某为妻,李某赴京城参加进士考试时,妻留在母家待产,产后被恶鬼乱殴而死。李下第归家,得亡妻之魂指引,找到仙官田先生,终使恶鬼受到惩处,妻子复生。查《太平广记》"齐推女",有几处文字值得注意:女死后,"父母伤痛女冤横";李回到饶州,对妻"悼恨既深,思为冥雪";田先生召唤来各路神仙后问曰:"比者此州刺史女,因产为暴鬼所杀。事甚冤滥,尔等知否?"这几处文字都把李妻之死视为"冤",要昭雪。"汉籍全文检索系统"总共出现的22例"枉状",在"枉状"一词出现前就有人"死"的只有3例,其中两例是上文已列举的例(1)和例(6),这两例不宜理解为"枉死之状",剩下的一例就是《太平广记》的这一例。因此,我们认为,《太平广记》(《玄怪录》)的这一例在《汉语大词典》中被理解为"枉死之状"是孤例,就《太平广记》几处文字都把李妻之死视为"冤"、要昭雪来看,把这一例理解为"冤屈的情状"应该更合理。

另外,"枉"指诬告,"状"指"状文",这种情况下的"枉状",其释义宜在三部辞书原有表述的基础上进一步完善、明确。实际上,这种情况下的"枉状"有时是名词,有时是动词。作名词时指"诬告的状文",作动词时是"具诬告的状文"的意思。后者的典型用例有《汉语大词典》和《辞源》中都举出的《后汉书·孔融传》之例,前者的典型用例有:

(10)润州刺史窦孝谌妻庞氏,为其奴所告夜醮,敕御史薛季旭推之。季旭言其咒诅,草状以闻,先于玉阶涕泣不自胜,曰:"庞氏事状,臣子所不忍言。"则天纳之,迁季旭给事中。庞弃市,将就刑,庞男希瑊诉冤于侍御史徐有功,有功览状曰:"正当枉状。"停决以闻。三司对按,季旭益周密其状。秋官及司刑两曹既宣覆而自惧,众迫有功。有功不获申,遂处绞死。(《大唐新语》卷之四)

此例前面说薛季旭"草状以闻",后面又说"季旭益周密其状",

因此徐有功所览之"状"应该就是薛季旭呈给武则天的状文，"正当枉状"是说：正可算是诬告的状文。综合起来，"枉状"这一义项可表述为："诬告的状文或具诬告的状文"。

总起来说，"枉状"的义项系列可整理为：①冤屈的情状。②诬告的状文或具诬告的状文。③徇私枉法之状。

二、月朵

"月朵"一词，《辞海》未收，《汉语大词典》《辞源》和台湾地区的《中文大辞典》都有收录，释义亦有可商榷之处。

《汉语大词典》释曰：

> 白菊花的别称。亦泛称菊花。唐陆龟蒙《重忆白菊》诗："月朵暮开无绝艳，风茎时动有奇香。"一本作"霜朵"。元吕诚《菊田》诗："摇落西风已怆然，金葵月朵为谁妍。"

《辞源》释曰：

> 菊花的别称。唐陆龟蒙《甫里集》八《重忆白菊》诗："月朵暮开无绝艳，风茎时动有奇香。"

《中文大辞典》释曰：

> 菊之别称。亦称女茎、帝女花、冷香。陆龟蒙《白菊》诗：月朵暮开无绝艳，风茎时动有奇香。吕诚《菊田》诗：摇落西风已怆然，金葵月朵为谁妍。

其实，"月朵"并不限于指菊花。请看下列用例：

（11）月朵千痕雪半梢，便无雪月更飘萧。不应腊尾春头里，两岁风光一并饶。（宋·杨万里《郡斋梅花》，《诚斋集》卷八）

（12）露茎月朵玉河干，莫作仙人掌上看。三十三天秋似洗，通明前殿薄生寒。（元·王逢《陈生尚秋容轩中醉题芙蓉便面》，《梧溪集》卷四）

（13）红紫纷敷照影鲜，胆瓶分插倍增妍。风枝乍軃蛮腰细，月朵初开佛面圆。功待调知金鼎后，情深投赠玉阑边。合欢为祝簪花瑞，更谱猗兰奏绮筵。（清·张鹏翀《芍药》三首之三，《南华山房诗钞》卷九）

例（11）"月朵"指的是梅花。例（12）中，"便面"指的是古代用以遮面的扇状物，上面可作画，如《元诗选》三集卷五有柯九思《题从子伦画雪景便面》；《御定历代题画诗类》卷七十三有明代李日华《题便面画新柳》，卷一百十一有明代钱洪《题海棠白头翁便面次韵》。此诗标题中的"芙蓉便面"指的是画有芙蓉的扇子，诗中的"月朵"是就芙蓉而言。例（13）"月朵"指的是芍药。

考"月朵"一词，"朵"义为"花朵"，"月"作为"朵"的修饰语，取义有两种可能：一种是"月下"，另一种是"如月"。

"月朵"有可能是"月下之朵"义，请看：

（14）陶诗只采黄金实，郢曲新传白雪英。素色不同篱下发，繁花疑自月中生。（李商隐《和马郎中移白菊见示》，《全唐诗》卷五四一）

李商隐这首诗，同陆龟蒙《重忆白菊》一样，写的都是白菊，"繁花疑自月中生"或许透露了唐人名菊为"月朵"的缘由：菊似乎是生于"月中""月下"。同时，陆龟蒙《重忆白菊》诗"月朵"与"风茎"对举，"风茎"显然是"风中之茎"，那么"月朵"也就可能是"月下之朵"了。

"月朵"更有可能是"如月之朵"义，请看：

（15）烟轻琉璃叶，风亚珊瑚朵。（元稹《红芍药》，《全唐诗》卷四〇一）

（16）金线丛飘繁蕊乱，珊瑚朵重纤茎折。（元稹《山枇杷》，《全唐诗》卷四二一）

（17）还是延年一种材，即将瑶朵冒霜开。不如红艳临歌扇，欲伴黄英入酒杯。（陆龟蒙《幽居有白菊一丛因而成咏呈知己》，《全唐诗》卷六二六）

（18）蜡葩月朵争辉洁，渔隐诗篇久播扬。（元·陶宗仪《黄白二色菊》，《南村诗集》卷三）

（19）一种冰雕玉镂姿，凌霜皎皎上英枝。云擎月朵参差出，露沁雪团照耀奇。（清·乔于洞《白菊》，《思居堂集》卷八）

这5例，例（15）、例（16）用"珊瑚朵"分别形容红芍药、山枇杷；例（17）~例（19）都写菊花，例（17）用"瑶朵"形容白菊，例（18）与"月朵"对举的是"蜡葩"，例（19）与"月朵"对举的是"雪团"。这些名称都是表比喻的偏正结构，由此类推，"月朵"也应是表比喻的。

至于"如月"是就色彩而言呢，还是就神韵意态而言呢？如果就色彩而言，是强调月光的洁白呢，还是着眼于它的金色呢？说月的洁白，庾信《舟中望月》曰："山明疑有雪，岸白不关沙。"（《庾子山集》卷四），韩偓《洞庭玩月》曰："洞庭湖上清秋月，月皎湖宽万顷霜。"（《全唐诗》卷六八一）上述诸作以"月朵"称花，以陆龟蒙《重忆白菊》"月朵"一本作"霜朵"看，似言其白。而据陶宗仪《黄白二色菊》"蜡葩月朵争辉洁"，"蜡葩"应指白菊，"月朵"则应指黄菊；又，张鹏翀《芍药》言"红紫纷敷照影鲜"，其中"月朵"显然也不属于白色。是着眼于金色吗？就用"月朵"的诗多写白菊而论，应该也不是强调金色。这样看来，"月朵"之"如月"之喻应从神韵意态着眼，是以月的清冷高洁喻指菊、梅等花的高洁脱俗，是一种美称。

回到"月朵"一词的义项提炼，我们认为，它不专指白菊，也不专指菊花，义为"如月之朵"，是对菊、梅等花的颂美之称，词典应如此表述：菊、梅等花的美称。

第四节　"曝光""爆光"考辨

　　"曝光"是与感光材料、摄影技术伴生的一个词。中国社会科学院语言研究所词典编辑室编《现代汉语词典》(第6版)于"曝光"列出两个义项：①使照相底片或感光纸感光；②比喻隐秘的事(多指不光彩的)显露出来，被众人知道。近年来，"曝光"一词使用频繁，其第二个义项使用尤多。同时，与"曝光"用法相同的"爆光"也常见诸媒介。根据北京语言大学BCC汉语语料库检索而得的数据如表3-7所示：

表3-7　　　　　　**BCC中"曝光""爆光"使用情况表**　　　（单位：次）

词项 次数 文献类别	综合	文学	微博	报刊	科技	古汉语
曝光	2652	5159	29297	17866	34060	21
爆光	10	250	394	67	211	0

　　表3-7中的数据不是百分之百准确，因为BCC语料库偶有重复，且"爆光"也偶有与"曝光"用法不同之例(如BCC语料库"报刊"类"爆光"第49条："从云顶岩上望过去，围头、莲河方向我方阵地上，爆光闪烁，硝烟滚滚。")。但总体上说，表中数据还是反映了用法相同的"曝光""爆光"的使用情况。

　　媒介上出现的"爆光"绝大多数与"曝光"用法相同，例如：

　　（1）新研制成功的凤凰JG301型电子自动爆光照相机，属于我国首创。(《科技之花竞相怒放》，《江西日报》1983年8月16日)

　　（2）对不起，底片爆光了，我想该到这来和你们说一声。(红柳《风景之途》，《贵州日报》1995年4月16日)

(3)龙海县召开千人干部大会,组织爆光 300 场。(林品通《查假治劣:为何步履维艰?》,《福建日报》1992 年 3 月 21 日)

(4)卢泰愚还承认,在秘密政治资金案被爆光后,他同前总统警护室长李贤雨共同销毁了记录资金收取过程的帐目清单。(《卢泰愚出庭受审》,《贵州日报》1995 年 12 月 19 日)

(5)9 月,法国、荷兰等国用动物下水和腐烂物做动物饲料的丑闻相继爆光。(新华社记者王敬诚《综述:法国坚持对英国牛肉说"不"》,人民网 2000 年 7 月 24 日)

(6)戴妃提出让休伊特教她骑术,二人从此共堕爱河,直至 1991 年恋情爆光,当时休伊特以英军坦克部队指挥官身份参加海湾战争。(《"他比我帅"戴妃前情人否认自己是哈里王子生父》,南方网 2002 年 9 月 23 日)

例(1)、例(2)"爆光"之义同于"曝光"的第一个义项,例(3)~例(6)"爆光"之义同于"曝光"的第二个义项。"爆光"人们都读"bàoguāng"。

问题是,中国社会科学院语言研究所词典编辑室编《现代汉语词典》(第 6 版)"曝光"标音"bào//guāng",这种标音科学吗?与"曝光"同义、日渐多见的"爆光"读音与写法正确吗?本节拟溯源讨流,弄清这些问题。

这些问题必须先从"暴""曝"谈起,进而考察"暴光""曝光""爆""爆光"。

一、"暴"和"曝"

(一)暴

先秦典籍中有表"晒"义的"暴",例如:

(7)江汉以濯之,秋阳以暴之。(《孟子·滕文公上》)

先秦典籍中又有表"凶暴"义的"暴",例如:

95

（8）沈湎冒色，敢行暴虐。（《尚书·泰誓上》）

　　"晒"义与"凶暴"义相差甚远，"凶暴"义难以由"晒"义引申而来。那么，"暴"这两个义项之间是什么关系呢？古代学者已经指出，"暴"形承载这两个义项，这是由文字淆乱所致。

　　《说文解字》有"暴""暴"二字，字形极近似，但前者在"日"部，后者在"夲"（tāo）部。许慎于"暴"下曰："晒也。从日从出从収从米。麍，古文暴从日麃声。"于"暴"下曰："疾有所趣也。从日出夲廾之。"可见，前者的本义是"晒"，后者的本义是"疾急而走"。这两个字后来混同为一。《广韵》去声号韵曰："案，《说文》作暴，疾有所趣也。又作暴，晒也。今通作暴。"段玉裁《说文解字注》说得更透彻、清晰。"暴"下注曰："《考工记》：'昼暴诸日。'《孟子》：'一日暴之。'引伸为表暴、暴露之义，与夲部暴义别。凡暴疾、暴虐、暴虎皆夲部字也，而今隶一之。经典皆作暴，难于諟正。日出而竦手举米晒之，合四字会意。""暴"下注曰："趣当作趋。引申为凡疾之偁。会意。廾者，竦手也。薄报切。二部。按此与暴二篆形义皆殊，而今隶不别。此篆主谓疾，故为夲之属。暴主谓日晒，故为日之属。"也就是说"暴""暴"本是"形义皆殊"的两个字，"暴"因为"主谓日晒（晒）"，故以"日"为构件，由本义"晒"引申出显现、暴露；"暴"因为"主谓疾"，故以"夲"（义为"快速前进"）为构件，由本义"疾急而走"引申为一般的疾急、暴虐、暴（弃车搏击）虎；由于形体极为近似，两字隶书混同为一字，后代皆写作"暴"。

　　"暴""暴"原为二字，后来混同为一，写作"暴"，那么历史上对其读音是如何标示的呢？

　　《玉篇》（残卷）缺"日"部"夲"部，无从得知其对"暴""暴""暴"读音的处理。《广韵》前的《切韵》系韵书残卷因为是残卷，也不能完整、充分地反映"暴""暴""暴"的标音情况。《唐五代韵书集成》所收的"王一""王二"，《唐韵残卷》的情况是："王一"仅见号韵"暴"，释曰："薄报反。古作虣。"这应该只是"急疾""凶暴"

义列的"暴"。"王二"号韵:"暴,薄报反。乍也虎。"屋韵:"曝,甫木反。日干皃。"因为是照相版的残卷,"乍也虎"肯定有误,大致推测,或为"虩"写散所致,"甫"左边显然有缺损,且"王二"屋韵未见"暴"。《唐韵残卷》号韵:"暴,侵暴。俗作曝。薄报反。"屋韵:"暴,~布。水流下流。吉木反。"号韵称"侵暴"义的"暴"俗作"曝",显然有误;屋韵说的是瀑布,有点乱。

对"暴""暴""暴"读音的处理今可完整考见的,略别为三派:

一派认为"晒"义的"暴(暴)"与"凶暴"义的"暴(暴)"读音相同(代表性反切是"薄报切"),折合成今音都读"bào"。如:

北宋徐铉给《说文解字》的"暴"和"暴"加注的反切都是"薄报切"。

北宋张有《复古编》卷七"形声相类":"暴暴,并薄报切。暴从日出收夲,疾有所趣也。暴从日出收米,晞也。"

南宋戴侗《六书故》卷二曰:"暴,薄报切。日猛烈也。枭声。又作麿,麃声。又作皋,夲声。暵物于日谓之暴。蒲沃切。别作曝。《说文》曰:'暴从日从出从收从米,晞也。'侗谓许氏之说破碎牵强。麃夲皆蒲报之声,非蒲沃之声。暴烈乃本义也。"

元李文仲《字鉴》卷四去声号:"暴,薄报切,晞也,猛也。《说文》日晞之暴作暴,疾趣之暴作暴,隶并作暴。"

徐铉和张有的意见一目了然。戴侗应该是以"凶暴"义的"暴"读"薄报切"为基点展开论证:他认为一般人心目中本义为"晒"的"暴"其实本义应该是"日猛烈""暴烈",这样就将"暴"与"凶暴"义的"暴"从义的角度勾连了起来,建立了引申关系;他又从"暴"的异体"麿"从"麃"声出发,认为"麃"读"蒲报"("蒲""薄"同为并母),这样就又从音的角度为"暴"读"薄报切"找到了依据。李文仲则直接将"晞也""猛也"二义并置于"薄报切"一音之下。

一派认为"晒"("日干""晞")义的"暴(暴)"既可读入声(代表性反切是"蒲木切"),折合成今音读"pù",又可读去声(代表性反切是"薄报切"),折合成今音读"bào";而"凶暴"义的"暴(暴)"只读去声(代表性反切是"薄报切"),折合成今音读"bào"。如:

《广韵》"暴"字两收。入声屋韵,蒲木切,释义为"日干也"。

去声号韵,薄报切,释曰:"侵暴,猝也,急也。又晞也。案,《说文》作暴,疾有所趣也。又作暴,晞也。今通作暴。亦姓。汉有绣衣使者暴胜之。"

《集韵》"暴"5韵6音。其中,号韵"暴"下曰:"薄报切。《说文》:'晞也。'或作'暴'……俗作曝,非是。"将"暴"置于"暴"下为同一小韵,释曰:"《说文》:'疾有所趣。从日出夲收之。'"屋韵"暴暴麅曝"下曰:"日干也。"

《康熙字典》"晒"("日干""晞")义的"暴"有"蒲木""薄报"二读,"凶暴、疾、猝"等义的"暴"只"薄报"一读。

《佩文韵府》卷九十之十:"暴,蒲木切,日干也。俗作曝。又号韵。"卷七十九之二:"暴,薄报切。侵暴,猝也,急也。又晞也。亦姓。又屋韵。"

《广韵》是这派意见的代表。《集韵》将"晞也"紧接"薄报切"之后,又指出此义此音"俗作曝",认为"晒"义可读去声较《广韵》更明显。认为"晒"义可两读且表述特别明确的是《龙龛手镜》,该书"日部"列"暴暴曝"为俗体,"暴"为正体,释曰:"蒲木蒲报二反,日干也。"《康熙字典》《佩文韵府》袭用《广韵》之迹显而易见。

一派认为"晒"义的"暴(暴)"读入声(代表性反切是"蒲木切"),折合成今音读"pù";"凶暴"义的"暴(暴)"读去声(代表性反切是"薄报切"),折合成今音读"bào"。

唐陆德明《经典释文》给"暴"注音共34处。卷七1次为"爆"的异文,卷二十九1次为"爆"的异文,卷九2次为"鼓起"义,卷二十一1次为地名,卷二十九1次用于"爆烁"。除这6次外,属于"急疾""凶暴"义列的共7次,只列一个并母去声号韵的反切("薄报"或"蒲报"或"白报"或"步报");属于"晒""暴露"义列的21次,只列一个并母入声屋韵反切("蒲卜"或"步卜")的17次,先标"蒲卜"或"步卜",接着列出另一反切的4次。这4次是:卷八"染人春暴"下:"步卜反。刘步落反,注同。"卷九"暴之"下:"步卜反。刘步莫反。下同。"卷十七"暴骨"下:"蒲卜反。注同。徐扶沃反。"卷十八"暴骨"下:"蒲卜反。徐扶沃反。""步落""步莫"是入声铎韵,"扶沃"是入声沃韵。总起来看,《经典释文》认为"晒"

"暴露"义列的"暴"读入声，"急疾""凶暴"义列的"暴"读去声。

北宋贾昌朝《群经音辨》卷第三："暴，晞也。步卜切。《礼》幌氏练丝'昼暴诸日'。又步莫切。暴，急刻也。薄报切。"

南宋王观国《学林》卷九"暴"条曰："暴音薄报切，疾也，猝也。又音蒲木切，日干也，所谓'一日暴之'，所谓'春暴练'，所谓'昼暴诸日'，所谓'暴其过恶'，所谓'九烝九暴'，所谓'暴露其精神'，所谓'使二国暴骨'，诸家音义皆音作蒲木切者也。凡义当读音蒲木切者，不可移而读作薄报切，盖二义异也。"

段玉裁《说文解字注》于"暴"下曰："《玉篇》步卜切，《五经文字》捕沃切，《广韵》蒲木切。大徐薄报切，非也。三部。"于"暴"下曰："薄报切。二部。"

钱绎《方言笺疏》卷七："《说文》：'暴，晞也。从日出収米。'《玉篇》步卜切，徐铉音薄报切，非是。又夲部'暴，疾有所趣也。从日出夲收之。'薄报切。二字形义各别。今经传皆作暴，难于諟正。"

《马氏文通·实字》卷之五："'暴'字，去读静字。《书·泰誓》：'敢行暴虐。'入读外动字，日干也。《孟·告上》：'一日暴之。'"

贾昌朝书重"音辨"，把"晞"和"急刻"两义的音读严格分开。王观国明确指出因"二义异"，所以"蒲木切""薄报切"二音各有对应，"不可移"。段玉裁、钱绎都鲜明地指出徐铉将"晒"义的"暴（暴）"定为"薄报切"是错误的，认为应读并母屋韵的"蒲木切"或"步卜切"。

历史上注音如此分歧，今天做何抉择才比较科学呢？

我们认为，确定字词的现代音读，应遵循三个原则：①历史主义原则，即今天确定下来的读音，应有历史依据；②表义明确原则；③内部一致原则，即在由一个单音词和以之为词素构成的多音词构成的系列内部，音和义应该对应，且这种对应在内部范围内应该一致。

拿这些原则检视上述三派观点，我们的看法是，第一派和第二派观点皆不太可取。第一派观点虽然如戴侗所分析的，"暴"《说文》列有异体"麛"，"麛"从"麃"声，"麃"读"蒲报"（"蒲""薄"同为并母），所以"暴"可读"薄报切"，但"暴"的"晒"义与"暴"的"凶暴"义确实相隔颇远，很难说有引申关系，《说文》分属不同的部，说明是两个完全不同的字，将两字都定为"薄报反"，不利于表义的明确；且《经典释文》的作者陆德明为唐初人，比徐铉早将近三百年，《经典释文》"晒""暴露"义列和"急疾""凶暴"义列分读两音，"晒""暴露"义列有大量读入声的注音，说明至迟到唐代初年，"晒""暴露"义列读入声已很流行，因此，北宋的徐铉以"晒"义读"薄报切"，实际上从他那个时代讲，已不大符合历史主义原则。第二派观点不太可取的原因在于，认为"晒"义的"暴（暴）"既可读入声，又可读去声，未臻一音一义的理想状态，略显杂乱；且如选读其去声"薄报切"，则仍有与"凶暴"义的"暴（暴）"同读"薄报切"的弊端，不能区别，有违表义明确原则。第三种意见比较科学，综合段玉裁对"暴""暴"二字形、音、义三方面的分析，我们就不难明白这一点。将"暴"二义二音严格区分，符合其原为二字混同的文字演变史，符合《经典释文》以来文献注音的历史事实，符合表义明确原则。

依据对三派观点的评析，我们再来看现代字词典的处理，结论就比较清楚了。

中国社会科学院语言研究所词典编辑室编《现代汉语词典》（第6版）"暴"列二音。一读"bào"，而读"bào"的"暴"又再区分为三："暴¹"义项为：①突然而且猛烈。②凶狠；残酷。③（形）暴烈急躁。④（名）姓。"暴²"义项为：①（动）鼓起来；突出。②露出来；显露：～露｜自～家丑。"暴³"："〈书〉糟蹋：自～自弃｜～殄天物。"一读"pù"，释曰："〈书〉同'曝'。"

《汉语大字典》"暴"列三音：一读"pù"，释曰："晒，晒干。后作'曝'。"一读"bào"，下列出14个义项，其中有①暴露；显示。②凶残；暴虐。③损害；糟蹋。④欺凌；侵害。⑤轻侮；轻慢。⑥急骤；猛烈。⑦急躁。一读"bó"，释曰："鼓起，突出。"

这两部字词典的处理基本相同。这样处理，割裂了"曝晒"义与"露出来；显露"义在语义上的历史联系（后者实由前者引申而来);让两个关系紧密的义项读音不统一;将"暴"的现代常用义"露出来;显露"与"疾急、凶暴"义读同样的音,不利于表义的明确。

《辞源》(修订本重排版,商务印书馆2010年版)"暴"列三音。一读"bào",下列出8个义项:①凶恶。②急疾,突然。③短促。④急躁。⑤欺侮,糟蹋。⑥徒手搏击。⑦古地名。⑧姓。一读"pù",释曰:"本作'暴'。后又加日旁作'曝'。"下列两个义项:①晒。②显露。一读"bó",下列一个义项:"鼓起,脱落。""暴"下列"暴露"一词,读此"暴"为"pù"。

《辞源》"晒""暴露"义列读"pù","急疾""凶暴"义列读"bào",划分清晰、严格,同于上述第三派观点,是比较科学的。今台湾地区的读法同于《辞源》,亦可证其可取。

附带说一下,《辞海》将"暴"的"显露"义置于"bào"音下,括注"旧读'pù'";《汉语大词典》则将"暴"的"显露;暴露"义项置于"pù"音下,括注"今读'bào'"。二书意在折中调和,但实际上未必妥当。《辞海》因此出一瑕疵:双音词"暴露"列两个义项:①置于露天之下,受到日晒雨淋。②显露;揭露。这两个义项之间的引申关系显而易见,可是,前一个义项"暴"标读"pù",后一个义项"暴"读"bào",同一个双音词,两个义项意义紧密相关,读音却不同,殊为不妥。

总之,"暴"的"晒""暴露"义列宜读"pù","急疾""凶暴"义列宜读"bào"。

(二)曝

"曝"义为"晒"。此字的产生,应与"暴""暴"混同为与"暴"有关:由于二字混同,表义不明,故于"暴"左再加"日"旁。这一点,颜之推说得很明确。《颜氏家训·书证》:"案字书,古者暴晒字与暴疾字相似,唯下少异,后人专辄加傍日耳。"

"曝"字先秦即已出现,历代均见使用。例如:

(9)蚌方出曝,而鹬啄其肉。(《战国策·燕策二》)
(10)仆得曝背乎陇亩之中。(《三国志·蜀书·秦宓传》)

（11）冬曝其日，夏濯其泉。（陶潜《自祭文》，《陶渊明集》卷八）

（12）有张长年在阳光下曝晒、在寒风中冻得黑中泛红的健康圆脸。（沈从文《新湘行记》，《沈从文全集》第12卷）

关于"曝"字的读音，古今亦有分歧，亦大致可别为三派。

一派认为仅去声一读，代表反切是"薄报切"，折合成今音读"bào"。

《新刊经进详注昌黎先生文》宋代文谠为"曝"注音共2处：卷一《南山诗》"或覆若曝鳖"注："曝，就日也，音薄报切。本作暴，俗作曝，非也。"卷二十一《石鼎联句诗序并诗》"出曝晓正晴"注："曝，晒也。音蒲报切。""蒲报"与"薄报"同。

一派认为既可读入声（代表性反切是"蒲木切"），折合成今音读"pù"，又可读去声（代表性反切是"薄报切"），折合成今音读"bào"。

《广韵》"曝"即列二音。入声屋韵，蒲木切，指明是蒲木切义为"日干也"的"暴"字的俗字。去声号韵，薄报切，释曰："曝干，俗。"

《汉语大词典》列二音：一读"pù"，下统三个义项：①晒。②指曝鳃。喻指挫折、困顿。③暴露。一读 bào，未列义项，仅注明："见'曝$_2$光'、'曝$_2$光表'。"

中国社会科学院语言研究所词典编辑室编《现代汉语词典》（第6版）"曝"列二音：一读"pù"，释曰："〈书〉晒：一～十寒。"此音下收"曝露""曝晒"二词。一读"bào"，但指出"旧读'pù'"。此音下无释义，仅言"见下"，而下面只收"曝光"一个词，"曝光"标音"bào//guāng"。

一派认为仅入声一读，代表反切是"蒲木切"，折合成今音读"pù"。

唐陆德明《经典释文》于"曝"只有3处间接注音。卷十七"暴骨"下曰："蒲卜反。本或作曝。"卷二十二"乃暴"下曰："步卜反。本或作曝。暴露也。"此2次都是"暴露"义，"暴露"义是"暴"由

"晒"义引申来的，所注"蒲卜""步卜"皆同"蒲木"。卷二十一"于暴"下曰："步报反。本又作曝。一音甫沃反。"这 1 次是为地名注音，自当别论。

南宋黄鹤集注、蔡梦弼校正《黄氏集千家注杜工部诗史补遗》为"曝"注音共 2 处：《补遗》卷六《西阁曝日》诗题之注曰："曝，蒲木切。"《补遗》卷九《秋日荆南述怀三十韵》"常曝报恩腮"注："曝，蒲木切。晒也。"

南宋胡三省《通鉴释文辨误》卷十一"通鉴二百五十六""尝曝衣"下曰："史炤《释文》曰'曝，薄报切，《说文》：晞也。'余按：曝字即《孟子》'一暴十寒''秋阳以暴'、《礼记》'欲暴巫尪'、《列子》'自曝于日'之'曝'，音步木翻。"

《康熙字典》"曝"只列一音："《广韵》蒲木切，《集韵》步木切，并音仆，俗暴字。"

《辞源》"曝"现代音只注"pù"，但引中古反切二：蒲木切；薄报切。《辞海》《汉语大字典》"曝"皆仅列一音"pù"。

以上三派观点哪一派比较科学合理呢？我们认为，确定"曝"的合理读音，应不能忽视这样的事实："曝"本是因为"暴""暴"混同为"暴"，表义不明，故于"暴"左再加"日"旁而造出来的，这个字的创制本就是为了提高区别度。为了提高区别度，促进表义明确，书面上依靠字形的区别，言语活动方面就应该依靠读音的区分，应与"急疾、凶暴"义列的"暴"（bào）读音区别开来。这样看来，第一派观点很不可取，因为它定"曝"读音为"薄报切"，与"急疾、凶暴"义列的"暴"读音完全相同，有悖"曝"字造字的本旨，不利于表义明确。第二派观点也不太合理，因为：①《广韵》的"日干""曝干"其实是同一义项，《汉语大词典》"曝$_2$光"之"曝"其实取义于"暴露"，与"晒""暴露"义项关系密切，认为"曝"既可读入声，又可读去声，让同一义项或关系紧密的义项读音不统一，从理论上讲，这种处理方法不是很妥当。②实践上，这样处理会破坏内部一致原则。《汉语大词典》"曝"下收双音及多音词语共 23 条，就"显露""暴露"义而言，"曝尸""曝骨履肠""曝扬""曝露"之"曝"皆读"pù"，唯"曝光""曝光表"之"曝"读"bào"，这实际上是将同为"显露""暴露"的"曝"读成不同的音，不符合内部一致原则。③如选读去声"薄报切"，则与"急疾、凶暴"义列的"暴"读音相同，弊端与第一派观点同。第三派观点比较合理，比较科学。《康熙字典》一般袭用《广韵》，但在"曝"的读音问题上却与《广韵》不同，只列入声一读，这是正确的选择。现代《辞源》《辞海》《汉语大字典》三部大型字词典特别是古今兼顾的《辞海》皆仅列一音"pù"，台湾地区"曝"也仅读"pù"，这些都证明第三派观点得到了广泛认同。

总之，"曝"今天以读"pù"为宜。

二、"暴光"与"曝光"

(一)"暴光"

中国社会科学院语言研究所词典编辑室编《现代汉语词典》(第6版)收有"暴光"，释曰："同'曝光'。"可见现代"暴光"是个动宾结构的双音词，有两个联系紧密的义项：①使照相底片或感光纸感光。②比喻隐秘的事(多指不光彩的)显露出来，被众人知道。

检索"四库全书""中国基本古籍库""汉籍全文检索系统"三个大型古代语料库，除其重复，我们总共看到以下3个例子：

(13)激雷与波起，狂电将日红。磬磬雨点大，金髇轰下空。暴光隔云闪，仿佛亘天龙。连拳百丈尾，下拔湖之洪。(皮日休《太湖诗·缥缈峰》，《全唐诗》第六一〇卷)

(14)"荣气盛名曰章。"注："章者，暴泽而光。荣者，血也，荣华于身者也。荣盛，故身暴光泽也。"(金代成无己《伤寒论注释》卷一)

(15)"(棺材)板前厚四寸，脚厚三寸二分。"注："俱除过解线暴光，此乃净数。"(清代吴骞《愚谷文存》卷十三附容礼堂主人撰、吴骞校订《慎终录要·造寿器法》)

例(13)描写的是暴雨雷电交加的景象，"暴光"应是定中结构，意谓"疾猛的闪电"；例(14)"暴光泽"是"光泽"作"暴"的宾语，严格说来不是"暴"和"光"直接组合；例(15)讲的是木匠制作棺材事，注文大意是说这个尺寸是去除某项后的净数，"暴光"不知何意。无论如何，这 3 例都与《现代汉语词典》（第 6 版）所收的"暴光"不是一回事，也没有源流关系。

《现代汉语词典》（第 6 版）所说的"暴光"是近现代才产生的词。检索北京语言大学 BCC 汉语语料库，"暴光""综合"类 41 次，"文学"类 791 次，"微博"类 443 次，"报刊"类 69 次，"科技"类 520 次，"古汉语"类 5 次。"古汉语"类 5 次与现代"暴光"不是一回事，其他类别文献中的"暴光"也有少量属于别的情况，如"综合"类第30、31 条是"沙尘暴光顾"，但绝大多数是《现代汉语词典》（第 6 版）所说的"暴光"。例如：

（16）哪个部门、哪个单位出了问题，要公开暴光，及时查处，追究领导和当事者的责任。（《令行禁止　取信于民》，《江西日报》1989 年 4 月 5 日）

（17）暴光涉税案件，进行反面典型教育。（《要求在全社会掀起学习税法高潮》，《贵州日报》1999 年 3 月 30 日）

（18）但是过去由于缺乏查询、暴光机制，造成信息不对称，一个"漏网"的不良代理人对客户造成的损失也是 100%。（查晓《投保要找放心人》，《文汇报》2004 年 6 月 5 日）

那么，"暴光"该怎么读呢？《辞源》《辞海》《汉语大词典》和台湾地区的《中文大辞典》皆未收"暴光"，中国社会科学院语言研究所词典编辑室编《现代汉语词典》（第 6 版）"暴光"标音为"bào//guāng"。这一标音科学吗？

如《现代汉语词典》（第 6 版）所言，"暴光"同"曝光"。"暴光""曝光"的构词理据是：照相底片或感光纸"显露"于光之下而感光，由此引申出"隐秘的事（多指不光彩的）显露出来，被众人知道"。由此可见，词中的"暴""曝"取义于"显露"。根据上面对"暴""曝"的分析，它们的"显露"义由"晒"义引申，"晒、显露"义的"暴""曝"虽然历史上有学者标音为去声号韵"薄报切"（折合成今音读"bào"），但以读入声屋韵"蒲木切"（折合成今音读"pù"）为合理，因此，"暴光"宜读为"pù//guāng"。

（二）"曝光"

"曝光"古代文献中偶见，但与现代的"曝光"不是同一个词。我们检索"四库全书""中国基本古籍库""汉籍全文检索系统"三个大型古代语料库，总共只见到下列 2 例：

（19）秋日何宜宜快晴，高标羲御曝光晶。凭窗满野西城近，分付云簷漫副名。（乾隆皇帝《宿云簷口号》，《御制诗集》四集卷六十四）

（20）半年谋移居，三秋苦霖汀。及兹簷曝光，复记烛同秉。忽忽十六年，别话俨俄顷。（清代翁方纲《南厓学士新居招同诸公小集即席赋呈》，《复初斋诗集》卷十一）

例（19）"羲御"为太阳的代称，"光晶"指光辉，"曝"应为"显露""散发"义，"光晶"作"曝"的宾语，严格说来不是"曝"和"光"的直接组合；例（20）"曝光"应为"晒于日光"之意。这两例都与现代"曝光"不同，也不是现代"曝光"的源头。

本义为"使照相底片或感光纸感光"的"曝光"是近现代才产生的词，其使用近年来颇为频繁，上文已表列北京语言大学 BCC 汉语语料库中"曝光"的使用情况，兹不举例。

那么，"曝光"该怎么读呢？《辞源》未收"曝光"，其他重要辞书分两派。

一派读"曝"为"pù"。《辞海》曰："曝光，感光材料受光作用的过程。""曝"音"pù"。

一派读"曝"为"bào"。《汉语大词典》"曝光"之"曝"读"bào"，统三个义项：①使照相胶片或感光纸在一定条件下感光。曝光后形成潜影，经冲洗、处理后即呈现可见的影像。②喻指事物暴露或被揭露。③喻指人公开露面。中国社会科学院语言研究所词典编辑室编《现代汉语词典》（第 6 版）"曝光"标音"bào//guāng"。

根据上面对"暴""曝"的考察和对"暴光""曝光"构词理据的分析，我们认为，以"显露"义参与构词的"曝光"之"曝"宜读为

"pù"，《辞海》的处理是比较科学的。

三、"爆"与"爆光"

(一)"爆"

"爆"字《说文解字》收有，本义为"火裂(火迸散；爆裂)"，古代有两音。《说文解字》曰："爆，灼也。从火，暴声。"徐铉加注的《唐韵》反切是"蒲木切"，曰："臣铉等曰：今俗音豹，火裂也。"段注"爆"曰："谓火飞所灸也。蒲木切。三部。《广韵》北教切，火裂也。""蒲木切"折合成今音读"pù"，"豹""北教切"折合成今音读"bào"。

现代字词典于"爆"或只列"bào"一音，或列"bào""bó"二音，但"bó"只用于意义与"爆"其他义项差别甚远、今已罕用的"爆烁"(义为"枝叶稀疏不均貌")一词中，也就是说，行用的实际也只"bào"一音。如：

中国社会科学院语言研究所词典编辑室编《现代汉语词典》(第6版)"爆"仅列一音"bào"，义项为：(动)①猛然破裂或迸出。②出人意料地出现；突然发生。③烹调方法，用滚油稍微一炸或用滚水稍微一煮。

《辞源》"爆"列二音：一读"bào"，下列两个义项：①火裂。②燃着。转义为火烧物声。一读"bó"，用于"爆烁"一词中。

《辞海》标明"爆"读"bào"，又读"bó"，下列三个义项：①木柴经火发爆裂声。②炸裂。③一种烹调法，把鱼肉放在滚油里炸。

《汉语大词典》"爆"列二音：一读"bào"，下列九个义项：①猛然破裂；迸出。②燃烧。③曝晒；烘烤。④火烧物声。⑤突出来；鼓起。⑥显扬。⑦突然。⑧爆竹。⑨烹调方法的一种。一读"bó"，用于"爆烁"一词中。

总起来说，"爆"从"火"，主要义项都与"火"相关，由本义"火裂(火迸散；爆裂)"引申出现代常用义"猛然破裂或迸出"；古代曾读过"蒲木切"，但自宋开始，一般都读"豹"。

(二)"爆光"

上文已指出近年来与"曝光"用法相同的"爆光"常见诸媒介，

且已表列北京语言大学 BCC 汉语语料库中"爆光"的使用情况，并举出 6 例；"爆光"之"爆"人们都读"bào"。这里要考察的是，"爆光"的写法对吗？其中"爆"读"bào"正确吗？

检索"四库全书""中国基本古籍库""汉籍全文检索系统"三个大型古代语料库，"爆光"总共只见到 2 例：

（21）癸未六月，夜坐纳凉，忽阴云四合，雷电交作，爆光之中，出火星一道，声如炮炭。考之《天元玉历》曰：电中聚火，人君绝世。（清代应喜臣《青燐屑》上卷）

（22）奇物跃土爆光怪，饿吏高名五百载。屈指南朝话闵忠，得公之琴如见公。（清代蔡大棁《谢文节遗琴，吴素江明经征诗，招集松风草堂，出观敬赋长古》，清代潘衍桐《两浙輶轩续录》卷二十九）

例（21）描写的是雷电交作的景象，"爆光"应是定中结构，意谓"迸散的光焰"；例（22）"爆光怪"中"光怪"作"爆"的宾语，严格说来不是"爆"和"光"直接组合。这 2 例都与近年来用法同于"曝光"的"爆光"差别甚远。

近年来与"曝光"用法相同的"爆光"其实不见于现代字词典，《辞源》《辞海》《汉语大词典》和台湾地区的《中文大辞典》、中国社会科学院语言研究所词典编辑室编《现代汉语词典》（第 6 版）皆未见"爆光"词条。

实际上，"爆光"是一个错误的写法。致误的原因很简单，由于人们把"显露"义的"暴"读成"bào"，把为了突显"晒、显露"义而加了"日"旁的"曝"也读成"bào"，于是把"曝光"读成了"bàoguāng"，这样，"曝"就与"爆"自宋以来的常读音"豹"相同；而一般人不了解"曝光"的"曝"是取义于"显露"，再加上照相时确实有光的闪耀迸散，与"爆"的本义"火裂（火迸散；爆裂）"和现代常用义"猛然破裂或迸出"似乎相符，"曝""爆"形又近，于是人们就将"曝光"误写成"爆光"。

上文已论证"曝光"以读"pùguāng"为宜，因此，"爆光"读成

"bàoguāng"就在形误的基础上，又有读音不妥之病。

也许会有人问，"曝光"的构词理据是照相底片或感光纸"显露"于光之下而感光，"爆"是否能经由引申获得同于"曝光"的构词理据因而不是误写呢？我们认为：没有这种可能。"爆"从"火"，本义为"火裂(火迸散；爆裂)"，主要义项都与"火"相关，现代常用义是"猛然破裂或迸出"，唯有《现代汉语词典》(第 6 版)所列"爆"第二个义项"出人意料地出现；突然发生"和《汉语大词典》"爆"第六个义项"显扬"似乎与"显露"相关。但前者的例词是"爆冷门""爆出特大新闻"，可见这一义项应是从"迸散、迸出"生发出来且侧重于"突然"；后者仅列清曹寅《赠卜者杨老》"合淝之杨老，以掷笅名爆于时"这一个书证，从这一书证可见"显扬"一义实际着眼于"爆裂"效应，这两个义项都与"显露"不是一回事。这里还要特别注意的是，"曝光"是"显露于光"，"光"是条件、背景，可是，"出人意料地出现；突然发生"这一义项一般后接受事对象，"显扬"这一义项一般后接时地，语义搭配是不一样的。无论从哪方面看，"爆"都不能建构同于"曝光"的构词理据。

总之，"爆光"毫无疑义是误写。

四、结论

根据以上的考察，我们可以做出以下总结：

第一，先秦本有"暴""暴"二字，"暴"本义为"晒"，引申出显现、暴露；"暴"本义为"疾急而走"，引申为一般的疾急、暴虐；由于形体极为近似，两字隶书混同为一字，后代皆写作"暴"。"暴"的读音，历史上有三种不同的意见，但科学的处理方法应该是：严格区别，"晒""显露"义列宜读"pù"，"疾急""暴虐"义列宜读"bào"。

第二，由于"暴""暴"二字混同为"暴"，表义不明，于是人们在"暴"左再加"日"旁造出"曝"字表示"晒"义。"曝"字的读音历史上也有三种不同的意见，但鉴于"曝"字的创造本就是为了与"疾急""暴虐"义的"暴"相区别，因此宜读为"pù"。

第三，"暴光""曝光"都是近现代与感光材料、摄影技术伴生的词，其中的"暴""曝"都是以"显露"义参与构词，构词理据是照相底片或感光纸"显露"于光之下而感光，因此将"暴光""曝光"标音为"bàoguāng"是不科学的，应读为"pùguāng"。

第四，"爆"本义为"火裂(火迸散；爆裂)"，主要义项都与"火"相关，现代常用义是"猛然破裂或迸出"，无论从哪方面看，它都不能建构同于"曝光"的构词理据，因此，将"爆光"用同于"曝光"，书面上完全属于误写，读作"bàoguāng"，则误上加误。

第五，从退一步的角度讲，"暴"的"晒""显露"与"疾急""暴虐"两个义列历史上就有人读同一音，大陆都读为"bào"的时间也已经比较长，因此今天"暴"不加分别都读"bào"可以接受；"曝"由于历史上也有人读作"薄报切"(折合成今音读"bào")，因此今天读"bào"也不算错，但由于这有悖于创制"曝"字的初衷，最好予以纠正，读作"pù"；"爆光"则纯属错误，一定要坚决予以纠正，严防这种错误在从俗从众的旗号下泛滥。

第六，另外，由于早就为"晒""显露"义特造了"曝"，因此，"照相底片或感光纸'显露'于光之下而感光"这一意义宜用"曝光"表达，"暴光"属于返古，其中的"暴"表"显露"义并不是今天人人都知道的，故用今天的观点看，"暴光"不算错，但不规范。

第五节 "相亲"考辨

近十几年来，"相亲"一词频见使用。时下不少电视台都有相亲节目，影响最大的是江苏卫视的"非诚勿扰"。"非诚勿扰"的主持人和特邀嘉宾知名度都很高。在节目进行过程中，无论是主持人、特邀嘉宾还是来相亲的男女当事人，都把"相亲"说成"xiāngqīn"。

词典方面，现代汉语词典中影响最大、具有权威地位的中国社会科学院语言研究所词典编辑室编《现代汉语词典》(第6版)于"相亲"条下注音为"xiāng//qīn"(双斜线"//"表示中间可以插入其他成分)，释义为："【动】①定亲前家长或本人到对方家相看。②为

寻找结婚对象,男女双方经人介绍见面:相了几次亲,都不满意。"①于"相²"下注音为"xiāng",释曰:"【动】亲自观看(是不是合心意):~亲|~中。"②相对于2005年的第5版,第6版"相亲""相²"两处只"相亲"下增加了义项②。

可是,我们注意到,港澳台地区的口语中把"相亲"说成"xiàngqīn"。古汉语词典方面最权威的《辞源》分列"相亲""相₂亲"两个词条。"相亲"之"相"读"xiāng",此词条释义与书证为:"互相亲近。《韩非子·初见秦》:'当是时也,赵氏上下不相亲也,贵贱不相信也。'""相₂亲"之"相"读"xiàng",此词条下释曰:"旧时议婚的一种俗礼。旧婚礼,儿女婚嫁,男家择日,备酒礼诣女家,两亲相见,称为相亲。参阅宋吴自牧《梦粱录》二十《嫁娶》。"③义为寻找婚配对象的"相亲"到底是该读"xiāngqīn"还是该读"xiàngqīn",本节就此问题溯源讨流,寻找科学的答案。

一、"相亲"组合的发展历程

汉语史上,直接组合的"相亲"有两种形态:一是状中结构。"相"为副词,或意为"互相","相亲"是互相亲爱、互相亲近之意;或表示由一方发出动作行为,涉及另一方,有替代"你、我、他"的作用,"相亲"是"亲近你/我/他"之意。一是动宾结构。"相"为动词,意为"察看","相亲"指为寻找婚配对象,由婚姻相关人员(男女双方家长、男女本人)参加的初次见面活动。为便于论说,此处将状中结构的称为"相亲₁",把动宾结构的称为"相亲₂"。

(一)"相亲₁"的发展历程

"相亲₁"先秦即已出现,主要表互相亲爱、互相亲近之意,偶

---

① 中国社会科学院语言研究所词典编辑室编:《现代汉语词典》(第6版),商务印书馆2012年版,第1420页。

② 中国社会科学院语言研究所词典编辑室编:《现代汉语词典》(第6版),商务印书馆2012年版,第1419页。

③ 《辞源》(修订本重排版),商务印书馆2010年版,第2405页。

有用于表示由一方发出动作行为，涉及另一方。例如：

（1）子然、子孔，宋子之子也。士子孔，圭妫之子也。圭妫之班，亚宋子而相亲也。二子孔亦相亲也。（《左传·襄公十九年》，第 1969 页）

（2）古者人寡而相亲，物多而轻利易让，故有揖让而传天下者。（《韩非子·八说》，第 327 页）

（3）晏子对曰："……今君税敛重，故民心离；市买悖，故商旅绝；玩好充，故家货殚。积邪在于上，蓄怨藏于民，嗜欲备于侧，毁非满于国，而公不图。"公曰："善。"于是令玩好不御，公市不豫，宫室不饰，业土不成，止役轻税，上下行之，而百姓相亲。（《晏子春秋》内篇问上第三，第 82 页）

例（1）中的宋子、圭妫皆郑穆公之妾，"亚宋子"是说圭妫的地位次于宋子。例（1）、例（2）"相亲"谓互相亲近、互相亲爱；例（3）据晏子所说的"民心离""蓄怨藏于民"，可知"百姓相亲"不是指百姓互相亲近，而是指百姓亲近君主。

秦汉以后，直到现代，"相亲$_1$"一直在使用，主要表示互相亲爱、互相亲近之意。下面依时代顺序略举数例：

（4）天下安宁，政教和平，百姓肃睦，上下相亲。（《淮南子·泛论训》，第 224 页）

（5）又呼吸吐纳，服食养身，使形神相亲，表里俱济也。（嵇康《养生论》，《昭明文选》卷五十三，第 727~728 页）

（6）高祖大笑，执勰手曰："二曹才名相忌，吾与汝以道德相亲，缘此而言，无惭前烈。汝但克己复礼，更何多及？"（《魏书·彭城王列传》，第 2236 页）

（7）窦荣与参虽非近属，亦甚相亲，然于款密之中，都无邪僻之事。（《旧唐书·窦参列传》，第 3929 页）

（8）与君非旧识，倾盖便相亲。（苏辙《送李昭叙移黎阳都监归洛省亲》，《栾城集》卷之五，第 117 页）

(9)身闲道义尊，心远山林近。尘世不同群，惟与道相亲。(邓玉宾子〔双调·雁儿落过得胜令〕《闲适》，《全元散曲》，第399页)

(10)二人整衣而起，守净道："承亲娘盛情，得谐枕席之欢，若得朝暮相亲，小僧虽死无恨。"(明方汝浩《禅真逸史》第七回，第67~68页)

(11)夫《红楼梦》之黛玉，与宝玉如此相亲。(清邹弢《海上尘天影》第三十二章，第357页)

(12)相亲相爱才是"德谟克拉西"的精神。(老舍《赵子曰》第十二，第112页)

(二)"相亲₂"的发展历程

"相亲$_2$"的出现时代比较晚。我们检索陕西师范大学历史文化学院研制的"汉籍全文检索系统"，至明代为止未见"相亲$_2$"用例①。不过，检索《四库全书》电子版，我们获得两例，一例出南宋末钱塘(今杭州)人吴自牧所撰《梦粱录》，一例出清代汪森《粤西丛载》。后例实际上出自汪森所采明代何伟然编《广快书》，而《广快书》所采皆取明人说部，故该例宜视作明代用例。前例颇珍贵，是目前所见最早"相亲$_2$"用例：

(13)其伐柯人两家通报，择日过帖，各以色彩衬盘、安定帖送过，方为定论。然后男家择日备酒礼诣女家，或借园圃，或湖舫内，两亲相见，谓之"相亲"。(《梦粱录》卷二十《嫁娶》)

---

① "汉籍全文检索系统"明代部分可见一例"相亲$_2$"，出自《今古奇观》第四十八卷"元公子淫人反自淫"。但这一例不可靠，理由是：学界公认，《今古奇观》共四十卷(四十篇)，二十九篇选自"三言"，十一篇选自"二拍"，只选录明人之作；可是"汉籍全文检索系统"中的《今古奇观》却有八十卷，且这一例"相亲$_2$""三言""二拍"中均不见，反见于清代佚名的《人中画》。

《梦粱录》记南宋都城临安（今杭州）的风俗、艺文、建置、山川、市镇、物产等，所记多作者耳闻目见，故此例表明，至迟在南宋，"相亲"已有寻找婚配对象的意义，换句话说，"相亲₂"已经产生。这里需要注意的是，"两亲相见"之"亲"何所指，还有，男女当事人是否参加见面活动。"亲"可指父母或偏指父母一方，可指"亲人，亲戚"，可指"结亲，婚配"，可指两家儿女相婚配的亲戚关系"亲家"（《广韵·震韵》："亲，亲家。"）。这里的"两亲"之"亲"因这一环节还只是考察适合的婚配对象的阶段，合意不合意要"相见"之后才定，故不宜理解为"亲家"，只宜理解为双方父母。那么，是否男女当事人不参加"相见"呢？如果仅据上引一段，可以认为只双方家长见面，可是，紧接"谓之'相亲'"后的一段我们不能忽视：

> 男以酒四杯，女则添备双杯，此礼取男强女弱之意。如新人中意，即以金钗插于冠髻中，名曰"插钗"；若不如意，则送彩段二匹谓之"压惊"，则姻事不谐矣。（《梦粱录》卷二十《嫁娶》）

这里的"新人"，《嫁娶》篇后面又出现 8 次。这 8 次，其中 3 次为"两新人"，显指新郎新娘；5 次单谓"新人"，如"前往女家迎取新人""催请新人出阁登车""方请新人下车"，则专指新娘。据此，又据以金钗插冠髻，"新人中意"之"新人"当指女方当事人。"新人中意"可以有两种理解，一理解为主谓结构，"新人"是主语；一理解为偏正结构，意为"对新人中意"。先说第一种理解。女方中意不中意，发生在什么环节、什么场合？是"相亲"之外的环节吗？此段紧接"谓之'相亲'"之后，似乎不是另一环节，应是"相亲"环节的一个组成部分。女方凭什么中意或不中意？应该不仅是男方父母，男方本人应在场。按这种理解，宋代"相亲"活动，应有双方家长和男女双方当事人参加。再说第二种理解。南宋孟元老《东京梦华录·娶妇》曰："若相媳妇，即男家亲人或婆往女家，看中即以钗子插冠中，谓之'插钗子'。或不入意，即留一两端彩段，与之压惊,则此亲不谐矣。"孟氏此书记的是北宋汴京情况。比照此书,《梦粱录》"新人中意"可理解为男方家长对女方满意,于是就送一枚钗子插在女孩头上。按这种理解,宋代"相亲"活动也至少有女方本人参加。不管哪种理解,宋代"相亲"活动都没有完全撇开男女当事人。而从《梦粱录》看"相亲"一词,据"两亲相见,谓之'相亲'",又据这一环节还只是考察,存在中意不中意两种可能,故"相"应是动词,义为"看,观察";"亲"应指"结亲、婚配","相亲"说的是:见面考察,以确定婚配对象。

接下来,元代目前未见用例,明代有《粤西丛载》所采明代何伟然编《广快书》中一例,如下:

（14）其女（多为养女,偶有亲生女——引者注）当可嫁时,则媒妪盈门。不时有富贵人与一二依附之辈,车马杂沓,仆从喧嚣,入女家高坐。茶毕,女之父母命女理妆出见,或较色,或较艺,详审阅视,当意则议聘,不当意则出青蚨少许以偿茶资。是时,女父母与女无愧怍容,习惯故也。俗谓之"相亲"。（清代汪森《粤西丛载》卷十七《桂枝女子》,第 113 页,《粤西通载》第十二册）

例(14)谈到扬州有一种坏风俗:喜买女养大,嫁富贵人为妾,以图财利。孤儿何桂枝被养父母嫁给六十老翁为妾。从例中叙述可见,相亲活动的参与者有男方本人及朋友仆从、女方父母及女方本人、媒人。

清代,粗略检索"汉籍全文检索系统",得"相亲$_2$"20 例(检索不是十分细致、准确,实际上应多于 20 例)。例如:

（15）（曹婉淑）对媒婆道:"既然如此,这头亲事不是上门去说得的了,须要在别处候他。……一有应承之意,就领他来相亲,无论成不成,都有媒钱谢你。"（清代李渔《连城璧》第九回,第 653~654 页）

（16）院子道:"相公虽然量大,小人却气他不过,待小人

到城里城外去缉访，伴云跟了相公去相亲。"（清代南岳道人《蝴蝶媒》第八回，第 148 页）

（17）（苏有德）因断了弦，正在城中四下里相亲回来，恰好与苏友白相遇，邀了来家。（清代天花藏主人《玉娇梨》第十回，第 359 页）

（18）只见有两个官人打扮的，见了巧姐便浑身上下一看，更又起身来拉着巧姐的手又瞧了一遍，略坐了一坐就走了。倒把巧姐看得羞臊，回到房中纳闷，想来没有这门亲戚，便问平儿。平儿先看见来头，却也猜着八九必是相亲的。（《红楼梦》第一一八回，第 1609~1610 页）

（19）却说田北平自在菩提寺相亲回来，选了吉期，送聘迎亲。（清代佚名《痴人福》第三回，第 107 页）

（20）林太太见儿子年近弱冠，便托忠甫与他结头高亲。忠甫留意了两年，恰好赵侍郎要相亲，忠甫和赵家本系世交，从中给梦花做媒。（清代饮霞居士编次、西泠散人校订《熙朝快史》第二回，第 9 页）

例（15）的故事说的是：寡妇曹婉淑想再嫁，丧妻的才子吕哉生想续妻，两人见面，看中了。例（16）的故事说的是：蒋青岩带着院子和伴云二人到苏州，访寻美貌女子，以充岳父之女，送给权臣杨素为妾，救岳父之难。例（19）的故事说的是：何夫人带着女儿何小姐由媒婆张一妈陪同到菩提寺，名为进香，实为相女婿；长相丑陋的田北平找俊俏的正生陪着，由正生做替身，冒充自己，结果母女相中，被田北平骗着成了亲。例（20）说的是：赵侍郎为女儿选婿，王忠甫为外甥梦花做媒。

清代"相亲₂"的 20 例，相亲活动的参加者基本上都有媒人，13 次有男女当事人，7 次有女或男一方当事人，有父或母参与的仅 7 次，可见，相亲活动的主角主要是男女当事人。

二、历代音注情况

考察"相亲"的音注情况，实际上是考察"相"的音注情况，因此必须从单音词"相"谈起。

"相"字，甲骨文由"木""目"组合而成，《说文解字》曰："相，省视也。从目从木。《易》曰：'地可观者莫可观于木。'《诗》曰：'相鼠有皮。'""相"的本义就是"仔细看，审察"。为什么"木""目"组合可以表示这个意义呢？南宋戴侗《六书故》卷十曰："相，息亮切，度才也。工师用木，必相眡其长短、曲直、阴阳、刚柔之所宜也。相之取义始于此。""相"还有"互相"的意义，上举"相亲₁"12例绝大多数"相"表"互相"。"省视"何以能引申出"互相"？段玉裁《说文解字注》有说明："按目接物曰相，故凡彼此交接皆曰相。"在相当长的时间内，"察看""互相"是"相"两个常用义项，关于"相"的注音也主要围绕这两个义项展开。

隋以前字词典，《说文解字》本身无反切，"相"字下又无读若之类描写读音之语；《尔雅》《广雅》本身亦无注音；《玉篇》虽有反切，但今本《大广益会玉篇》是宋陈彭年等重修，已远非梁顾野王《玉篇》之旧，《原本玉篇残卷》已无"相"字。隋以前的韵书今已不传，亦无法从隋以前韵书中得知"相"的读音。"相"的读音，得主要从隋唐以后的文献中探寻。

隋唐以后，关于"相"字的读音，以"察看"义项为观察点，大致可分为三派。

一派认为"察看"义兼平去两读。

《广韵》之前，现存有多种《切韵》系韵书残卷，其中有唐王仁昫《刊谬补缺切韵》一（简称"王一"）、王仁昫《刊谬补缺切韵》二（简称"王二"）、唐孙愐《唐韵》。据周祖谟编《唐五代韵书集成》，"相"字"王二"见于阳韵和漾韵；"王一"仅见于阳韵，漾韵残；《唐韵残卷》仅见于漾韵，阳韵残。"王二"阳韵"相"读"息良反"，释曰："视"；漾韵曰："相，息亮反。视其好恶。又息良反。"《唐韵残卷》漾韵标注"相"字反切曰："息亮反，又息良反。"①《唐韵残卷》无法得知其平、去两音对应的义项；"王二""息良""息亮"二

---

①　周祖谟编：《唐五代韵书集成》，中华书局 1983 年版，第 461、505、674 页。

切皆对应"视"义，可见是认为"察看"义读平声去声皆可。

唐陆德明《尔雅音义》有 5 处为"相"注音，于"视也"义的"相"下曰："施息亮反，又息良反。"①

《广韵》"相"字两收。①平声阳韵，息良切，义为："共供也，瞻视也。崔豹《古今注》云：相风乌，夏禹作。亦相思木名。又姓，出《姓苑》。"②去声漾韵，息亮切，义为："视也，助也，扶也。仲虺为汤左相，《汉书》曰：相国、丞相，皆秦官，金印紫绶。掌丞天子，助理万物。亦州名。……又姓。……又汉复姓，三氏。"两音皆对应"视"义。

《集韵》"相"字亦两收。①阳韵：思将切。"相，《说文》'省视也'，引《易》'地可观者莫可观于木'，引《诗》'相鼠有皮'。"②漾韵："相，息将切。视也，助也。"平、去两音下亦皆有"视"。

宋陈彭年等重修的《大广益会玉篇》曰："相，先羊切，又先亮切。《诗》云：'相彼鸟矣。'相，视也。"平、去两读皆领"视"义。

《康熙字典》"相"收有多音，"息良切"对应《说文》"省视也"、《广韵》"共也"、《正韵》"交相也"；"息亮切"对应《尔雅·释诂》"视也"、《集韵》"助也"等。与《广韵》的音义处理同。

一派认为"察看"义读平声。

北宋徐铉在《说文解字》"相，省视也"下加注的《唐韵》反切是"息良切"。他没有用《唐韵》的"息亮切"，可见，至少他认为"察看"义的读音首选平声。段玉裁《说文解字注》也在"省视"义的"相"下曰："息良切。十部。按目接物曰相，故凡彼此交接皆曰相。其交接而扶助者，则为相瞽之相。古无平去之别也。"不过，这里要注意，段玉裁与徐铉的意见并不完全一样，段认为，"相"之"察看"义（"目接物"）、"互相"义（"彼此交接"）、扶助义皆读平声"息良切"，是因为"古无平去之别"。这并没有否定它们后来可有平去的分化。在"胥"字下，段氏就说："今音'相'分平去二音为二义，古不分。《公羊传》曰：'胥命者，相命也。'《谷梁传》曰：'胥之为言犹相也。'《毛传》于'聿来胥宇''于胥斯原'皆曰：'胥，

---

① 陆德明：《经典释文》，中华书局 1983 年版，第 409 页。

相也。'此可证'相与''相视'古同音同义也。"

一派认为，"察看"义读去声，"互相"义读平声。

北宋贾昌朝《群经音辨》卷第六曰："相，共也，息良切。共助曰相，息亮切。"贾昌朝以平声"息良切"对应"共也"义，是认为副词用法读平声，"共"意即"互相"；以去声"息亮切"对应"共助"义，是认为动词用法读去声，"共助"即帮助、辅助，与"察看"同属动词用法。

南宋戴侗《六书故》卷十曰："相，息亮切，度才也。工师用木，必相眠其长短、曲直、阴阳、刚柔之所宜也。相之取义始于此。假借之用二：为诏相辅相，又为交相之相，平声。"戴侗明确将"相"之本义"度"（"察看"）定为"息亮切"，认为"交相"（即"互相"）之"相"读平声。

南宋胡三省《通鉴释文辨误》卷一"通鉴七"曰："相音息亮切者，赞相之相、相视之相也。若相灌输之相，读当从平声。"胡三省也十分明确地区别"察看"义和"互相"义的读音。

明张自烈《正字通》卷七："相，息匡切，音厢。交也，共也。《庄子》：'和与恬交相养。'汉《刘向传》：'更相汲引。''相'与'胥'音别义通。又质也。……又送杵声。……又漾韵，厢去声。省视也，佐助也。……又月名。……"张自烈以"交也，共也"义属平声"厢"，以"省视"义属"厢去声"，分界清晰。在卷七，他还就《说文》"相"字下引书证《诗经》"相鼠有皮"发表意见："《诗》'相鼠'与'相其阴阳'之'相'音义同，朱《传》并去声。引《诗》读若厢，亦非。"他的意思是：《诗经》"相鼠有皮""相其阴阳"之"相"意义并为"察看"，应像朱熹那样读去声，读平声"厢"是错误的。

马建忠《马氏文通·实字》卷之五："'相'字，平读代字，所指不一也。《孟·滕下》：'出入相友。'又名字，质也。《诗·大雅·棫朴》：'金玉其相。'去读外动字，视也。《左·隐十一》：'相时而动。'又助也。《易·泰》：'辅相天地之宜。'"[1]马氏认为，"相"之"代字"（今谓称代性副词，即"互相"义）用法平读，外动字"视"

---

① 马建忠：《马氏文通》，商务印书馆 1983 年新 1 版，第 200 页。

义用法去读。

周祖谟《四声别义释例》一文认为"相"字发生了变调构词，属于"意义别有引申变转，而异其读"的一类，他说："相，共也，息良切。平声。共助曰相，息亮切。去声。案相者两相之辞。共助曰相者，如《易·泰卦》'辅相天地之宜'，《书·盘庚下》'予其懋简相尔'，相皆相助之义也。释文并音息亮反。"①

关于双音的"相亲₂"的读音，有两派观点。

一派观点认为"相亲₂"之"相"读"xiāng"。

持此观点的有上述中国社会科学院语言研究所词典编辑室所编《现代汉语词典》(第6版，2012年)。

另高文达主编《近代汉语词典》"相亲"条亦置于"相""xiāng"一读下，释曰："议亲时，双方家长在过帖后安排的一次见面。"②

一派观点认为"相亲₂"之"相"读"xiàng"。

持这种观点的较早的就是上举《辞源》。

《辞海》"相亲"下列两个义项。义项①"相"读"xiāng"，释义为"彼此亲爱和好"，列有两条书证："《吕氏春秋·慎行》：'始而相与，久而相信，卒而相亲。'杜甫《江村》诗：'自去自来堂上燕，相亲相近水中鸥。'"义项②曰："(xiàng—)旧时家长在子女议婚前，安排双方见面，称'相亲'。"③

《汉语大词典》也分列"相亲""相₂亲"两个词条。"相亲"之"相"读"xiāng"，释义为"互相亲爱；相亲近"。"相₂亲"之"相"读"xiàng"，释义为"男女双方亲人在议婚时安排的一次会面"④。

三、现代读音的科学选择

确定"相亲₂"的合理读音，有一个基点，这就是：必须认识到这里的"相"是动词，义为"察看"，不是"互相"义的副词。这一

① 周祖谟：《问学集》，中华书局1966年版，第108页。
② 高文达主编：《近代汉语词典》，知识出版社1992年版，第864页。
③ 《辞海》(1979年版)，上海辞书出版社1980年版，第1285页。
④ 《汉语大词典》，汉语大词典出版社1997年版，第4559页。

点，连把"相亲₂"读为"xiāng//qīn"的《现代汉语词典》（第6版）也承认，该词典于"相²"下注音为"xiāng"，释曰："【动】亲自观看（是不是合心意）：～亲｜～中。"①

我们认为，科学选择"相亲₂"今天的读音，应综合采取以下三个原则。

（一）历史主义原则

所谓历史主义原则，是说今天确定下来的读音，应有历史依据。从这个角度讲，《现代汉语词典》（第6版）和高文达主编《近代汉语词典》将"相亲₂"读为"xiāngqīn"也是可以的，理由有二：①徐铉于"省视"义仅注"息良切"一音，至少表明平声可作首选；②历史上有不少学者认为平去两可，那么今天定为平声只是作出了一种选择，于史亦非无据。但是，我们也可以有另外一种思路：既然历史上不少学者主张"察看"义读去声，"互相"义读平声，二者严格区分，既然不少学者认为"察看"义平去两可，这派学者如陆德明还将去声"息亮反"置于"息良反"之前，既然把《说文》"省视"义定为"息良切。十部"的段玉裁也承认"相""古无平去之别"而"今音'相'分平去二音为二义"，那么，把今天"相亲₂"之"相"的读音定为去声"xiàng"，不是也符合历史主义原则，且更合理一些吗？

（二）表义明确原则

周祖谟认为"相"字平去两读是变调构词的产物，"意义别有引申变转，而异其读"，这实际上说明平去异读有从形式上标志意义"引申变转"的作用。确实，"察看"义读去声，"互相"义读平声，两者区分，大大有助于表义的明确。特别是对于双音词"相亲"来说，先秦就有"相亲₁"，宋代产生"相亲₂"，此后二者一直并存，即使到现代，二者也依然同时存在。"相亲₂"现代特别是近几十年多用不必说，"相亲₁"的现代用例前面已举老舍《赵子曰》1例，下面再举2例：

---

① 中国社会科学院语言研究所词典编辑室编：《现代汉语词典》（第6版），商务印书馆2012年版，第1419页。

(21)地球！我的母亲！……我只愿赤裸着我的双脚，永远和你相亲。(郭沫若《地球，我的母亲!》，《中国新诗总系》第一卷，第 302 页)

(22)小东西，你来了！好好，欢迎欢迎。这里事不多，咱们谈天相亲的日子多着呢……(沈从文《到北海去》，《沈从文全集》第 1 卷，第 122 页)

例(22)这句话用的是拟人化手法，是办公桌上的吸水纸对一个新来的办事员说的，"相亲"是"互相亲近"的意思。

在"相亲₁"和"相亲₂"并存的情况下，如果不将"互相亲爱、互相亲近"与"为寻找婚配对象而见面考察"两义在读音上加以区别，都读为"xiāngqīn"，就会造成表义的不明确，引起理解的混淆。试想，今天如把找婚配对象的"相亲"读成"xiāngqīn"，那就与"互相亲爱、互相亲近"的"相亲"混同，人们可能会问：第一次见面只是考察，有中意不中意两种可能，怎么第一次见面就"互相亲爱、互相亲近"起来了？即使中意，也不会且不能第一次见面就进入"互相亲爱、互相亲近"的境地。从这个角度说，读"相亲₂"之"相"为"xiàng"，突出"相"的动词义，强调这还只是"察看""考察"环节，与"互相亲爱、互相亲近"的意义区别开，使之表达明确，这无疑是一种科学的选择。

(三) 内部一致原则

这一原则说的是，在由一个单音词和以之为词素构成的多音词构成的系列内部，音和义应该对应，且这种对应在内部范围应该一致。具体到"相"，含"相"的多音词，"互相"义的"相"读音应都相同，"察看"义的"相"读音也应该都相同。可是，我们看到，中国社会科学院语言研究所词典编辑室所编《现代汉语词典》(第 6 版)"相""xiāng"音下 84 个多音词条[①]，"xiàng"音下 15 个

---

① 中国社会科学院语言研究所词典编辑室编：《现代汉语词典》(第 6 版)，商务印书馆 2012 年版，第 1419~1421 页。

多音词条①,凡"互相"义的都归在"xiāng"音下;但于"察看"义,"相机"(义为"察看机会")、"相面"、"相书"(义为"看相之书")、"相术"之"相"都读"xiàng",而义为寻找结婚对象的"相亲",却读其中的"相"为"xiāng"。该词典是承认寻找结婚对象的"相亲"之"相"义为"察看"的:"【动】亲自观看(是不是合心意):~亲 | ~中。"②这样看来,该词典对"察看"义"相"的读音做了不一致的处理,这不符合内部一致原则,属于自乱其例。该词典未收的"相马""麻衣相法""相体裁衣"等"相"当"察看"讲的,都读"xiàng"。因此,从内部一致的角度看,义为寻找结婚对象的"相亲"之"相"应读"xiàng"。

总之,我们认为,今天"相亲₂"之"相"的读音宜定为"xiàng",不宜定为"xiāng"。

顺便说一句,多部词典关于"相亲₂"的释义也有不尽完善的地方。据《梦粱录》的表述和明清用例可知,相亲活动基本上都有男女当事人双方或一方参与,可是关于"相亲₂"的释语,《辞源》为"旧时议婚的一种俗礼。旧婚礼,儿女婚嫁,男家择日,备酒礼诣女家,两亲相见,称为相亲",《汉语大词典》为"男女双方亲人在议婚时安排的一次会面",高文达主编《近代汉语词典》为"议亲时,双方家长在过帖后安排的一次见面",似乎相亲活动的参与者都只是双方家长,这是不准确的。

---

① 中国社会科学院语言研究所词典编辑室编:《现代汉语词典》(第6版),商务印书馆2012年版,第1425~1426页。

② 中国社会科学院语言研究所词典编辑室编:《现代汉语词典》(第6版),商务印书馆2012年版,第1419页。

第四章　词法的历时变迁

汉语的虚词十分丰富，古代汉语学界不少学者将代词和副词也归入虚词。虚词的用法非常复杂，且不少虚词是由实词逐步虚化而来的，较虚的虚词还可向更虚的虚词进一步虚化。本章讨论今文《尚书》中的语气副词和先秦两汉时期虚词"将"的演化过程。

第一节　今文《尚书》中的语气副词

今文《尚书》是比较可靠的先秦文献，它汇编夏商周几个朝代的历史文献，多君臣对话，是研究上古汉语的珍贵语料。目前，今文《尚书》语言研究方面已有多部专著问世，依次是钱宗武《今文〈尚书〉语言研究》、张文国《〈尚书〉语法研究》、钱宗武《今文〈尚书〉语法研究》、钱宗武《今文〈尚书〉句法研究》、钱宗武《今文〈尚书〉词汇研究》。张书未设副词章节，钱氏四书对语气副词也仅仅有所涉及，未进行专门讨论。本节考察今文《尚书》中的语气副词，揭示其使用特点，探讨其历史地位。

一、允

今文《尚书》中，"允"有 7 次用为语气副词，表肯定语气，意为"确实""切实"。不仅可以修饰形容词、动词短语，还可以修饰名词短语。

修饰形容词。例如：

（1）允恭克让，光被四表，格于上下。（《尧典》）
（2）百兽率舞，庶尹允谐。（《皋陶谟》）

例(1)"恭"指恭谨,例(2)"谐"指和谐,都是形容词,接受"允"修饰。

修饰动词短语。例如:

(3)允迪厥德,谟明弼谐。(《皋陶谟》)
(4)呜呼!允蠢鳏寡,哀哉!(《大诰》)

例(3)"迪"意谓履行,例(4)"蠢"意谓扰动。这两例"允"修饰动宾短语。

修饰名词短语。例如:

(5)兹乃允惟王正事之臣。(《酒诰》)

例(5)孔疏曰:"如此用逸,则乃信惟王正事之大臣。"句中"惟"是语气词,助判断;"允"修饰名词短语"王正事之臣"。

二、其

"其"是今文《尚书》中使用频率最高的语气副词,共出现69次,可表祈使、反诘、测度等语气。

表祈使语气是今文《尚书》语气副词"其"最主要的用法,共47次。例如:

(6)苗顽弗即功,帝其念哉!(《皋陶谟》)
(7)庶士有正越庶伯君子,其尔典听朕教!(《酒诰》)
(8)呜呼!嗣王其监于兹!(《无逸》)
(9)父义和!其归视尔师,宁尔邦。(《文侯之命》)

例(6)是祈请天子注意三苗不接受工役这件事,例(7)是命令卫国的群臣常听从教诲,例(8)是周公告诫成王要看清楚暴君招致民众怨恨的缘由,例(9)是周平王命令晋文侯(字义和)回去治理好臣民，安定国家。"其"表祈使语气，可居主语之后，也可居主语之前。

表反诘语气 14 次。例如：

（10）若火之燎于原，不可向迩，其犹可扑灭？（《盘庚》上）

（11）今惟殷坠厥命，我其可不大监抚于时？（《酒诰》）

（12）惟天不畀允罔固乱，弼我；我其敢求位？（《多士》）

这 3 例中的"其"皆相当于"岂"。例（11）"抚"是"览"的意思，"时"即"是"。全句是说：现在殷商已经丧失了上帝赐予的大命，我们怎么可以不好好引以为鉴呢？例（12）"畀"是"给予"的意思，"允"是"相信"，"固"是"仗恃"。全句是说：上天不将天命给那些相信诬罔仗恃暴乱的人，而帮助我们；我们岂敢擅求王位？实际是说，周代商是上天的意志。

表测度语气 8 次。例如：

（13）咸若时，惟帝其难之。（《皋陶谟》）

（14）商其沦丧，我罔为臣仆。（《微子》）

例（13）"时"即"是"，"其"表测度，相当于"恐怕"。全句是说：如果都像这样，连尧帝恐怕也感到困难。例（14）"其"也是"恐怕"之意。全句是说：商朝恐怕要灭亡吧，我不做敌国的臣仆。

三、尚

今文《尚书》中"尚"有 9 次用为语气副词，全表达祈使语气。例如：

（15）尔尚辅予一人，致天之罚，予其大赉汝！（《汤誓》）

（16）尔尚明时朕言，用敬保元子钊，弘济于艰难。（《顾命》）

(17)尔尚敬逆天命，以奉我一人！（《吕刑》）

例(15)"致"是"实施"之意，"赍"是"赏赐"的意思。全句是商汤的命令之词。例(16)"明"即"勉"，"努力"之意；"时"是"承受、听从"之意；"元子"即太子；"钊"是周康王之名。全句是周成王对大臣们的嘱托：你们要努力听从我的话，敬谨辅佐太子钊，好好地度过艰难时期。例(17)"逆"即"迎"，"接受"的意思；"奉"是"辅助"的意思。此例是周穆王的训令：你们要恭谨地接受天命，辅佐我！

四、庶

今文《尚书》中"庶"有 2 次用为语气副词，表测度语气，相当于"大概""或许"。如下：

(18)予惟曰："庶有事。"（《洛诰》）
(19)呜呼！念之哉！伯父、伯兄、仲叔、季弟、幼子、童孙，皆听朕言，庶有格命。（《吕刑》）

例(18)"惟"是语助词，"事"指祭祀之事。全句意谓：我对他们说："大概要举行祭祀了。"例(19)"格"意思是"大"，"庶有格命"是说"或许有大命"。

五、岂

今文《尚书》中仅见 1 例"岂"，表反诘语气。如下：

(20)予迓续乃命于天，予岂汝威？用奉畜汝众。（《盘庚中》）

例(20)"迓"是"迎"的意思，"威"是"惩罚"的意思，"奉"是"助"的意思，"畜"是"养"的意思。"予岂汝威"是宾语前置句，是说"我难道是要惩罚你们吗"，"岂"表反诘。

六、必

今文《尚书》中仅见 1 例"必",表肯定语气,意为"一定"。如下:

(21)夏德若兹,今朕必往。(《汤誓》)

这一例是商汤所言,是说:夏桀的德行如此,现在我一定要前往(讨伐)。

七、乃

"乃"在今文《尚书》中也是使用较多的语气副词,共出现 39 次,可表意外、肯定、反诘等语气。

"乃"表意外语气有 23 例,其义相当于现代汉语的"竟然""却"。这种语气李泉称之为转折语气①,殷国光称为惊异语气②,张振羽称为意外/逆转语气③。由于这种语气副词所在的语言片段说出的是与常理不一致、出乎人们心理预期之外的情况,故这里取"意外语气"之称。今文《尚书》中"乃"表意外语气之例如:

(22)汝不忧朕心之攸困,乃咸大不宣乃心,钦念以忱动予一人。(《盘庚中》)

(23)若考作室,既厎法,厥子乃弗肯堂,矧肯构?厥父菑,厥子乃弗肯播,矧肯获?(《大诰》)

(24)子弗祇服厥父事,大伤厥考心;于父不能字厥子,乃疾厥子。(《康诰》)

---

① 李泉:《副词和副词的再分类》,胡明扬主编:《词类问题考察》,北京语言文化大学出版社 1996 年版,第 376 页。

② 殷国光:《吕氏春秋词类研究》,华夏出版社 1997 年版,第 297 页。

③ 张振羽:《〈三言〉副词研究》,湖南师范大学出版社 2012 年版,第 79 页。

（25）惟夏之恭多士，大不克明保享于民，乃胥惟虐于民。（《多方》）

例（22）"宣"是"和顺"的意思；"钦"是"甚"，表程度；"忱"是"诚"的意思。第一个"乃"是语气副词，"竟然"的意思。例（23）"考"指"父亲"；"厎"是"定"的意思；"堂"指"地基"，这里是"打地基"的意思；"构"即"盖屋"；"菑"指"新垦的田地"，这里是"新垦出田地"。例中的两个"乃"都是语气副词，相当于"却"。例（24）"祇"是"敬谨"的意思，"服"是"从事"的意思，"考"指"父亲"，"于"相当于"为"，"字"是"爱"的意思，"疾"是"憎恶"的意思。"乃"是语气副词，相当于"却"。例（25）"恭"通"供"，"恭多士"指"供职之诸官吏"；"明"是"勉"，"努力"之意；"享"是"养"的意思，"保享"即"保护养育"；"胥"是"皆"的意思；"惟"在这里是"为"的意思，"惟虐"即"为虐"。"乃"义为"竟然"，表意外语气。

"乃"表肯定语气有 15 例。例如：

（26）启籥见书，乃并是吉。（《金縢》）
（27）乃非民攸训，非天攸若，时人丕则有愆。（《无逸》）
（28）非我有周秉德不康宁，乃惟尔自速辜。（《多方》）

例（26）"籥"指"锁钥"，"书"指占卜之书，"并"是"同"的意思。传曰："三兆既同吉，开籥见占兆书，乃亦并是吉。"事情的完整过程是：周武王得了重病，周公旦向先王祷告，祈求让自己代武王去死；祷告完毕，又为武王用龟甲占卜吉凶，龟甲上的兆形都显示吉；然后开锁查看占卜书，书上同样显示是吉。"乃并是吉"之"乃"表肯定语气。例（27）"攸"即"所"；"训""若"都是"顺从"的意思；"时"即"是"，指示代词；"丕则"意谓"于是"；"愆"是"罪过"的意思。这一句承上"今日耽乐"而言，意谓"（今日耽乐）这样的行为非民所顺，非天所顺，这样的人于是有罪过"，"乃"在"非民攸训，非天攸若"两个名词性结构前助判断，表肯定语气。例

(28)"速"是"招致"之意,"辜"指"罪罚"。这是一个"非……
乃……"复句,前一分句表否定,后一分句表肯定,"乃"表肯定
语气。

"乃"表反诘语气仅 1 例。如下:

(29)乃罪多,参在上,乃能责命于天!(《西伯戡黎》)

例(29)"乃罪"之"乃"是代词,相当于"汝",指商纣王;"参"
意思是"排列";"上"指"上天";"责"是"求"的意思。后一"乃"
相当于"难道",是反诘语气副词。

《尚书》中的语气副词可总结为表 4-1:

表 4-1　　　　　今文《尚书》语气副词使用情况汇总表　　（单位：次）

词项　＼　语气	肯定	祈使	反诘	测度	意外	合计
允	7					7
其		47	14	8		69
尚		9				9
庶				2		2
岂			1			1
必	1					1
乃	15		1		23	39
合计	23	56	16	10	23	128

为了便于进行历时比较,了解今文《尚书》语气副词系统的历
史地位,我们将《孟子》《吕氏春秋》中语气副词的使用情况分别列
为表 4-2、表 4-3。

表 4-2　　　　　**《孟子》中语气副词使用情况表**　　（单位：次）

	句首	状语			谓语	合计
		~名	~动	~形		
必		3	91	5	1	100
岂	1	8	41			50
其		4	12	9		25
宜	1		6			7
盖	2		3			5
殆			2	1		3
曾			3			3
或			3			3
乃		2				2
合	4	17	161	15	1	198

　　表4-2据李杰群《〈孟子〉的副词》一文的语气副词表简化而成①。李杰群在文中说明：“‘必、乃’表示肯定。‘其、盖、宜、或、殆’表示不肯定。‘曾’表示出乎意料。‘岂、其’表示反诘。”所谓“不肯定”就是我们所说的“测度”，所谓“出乎意料”就是我们所说的“意外”。需要指出的是，李文副词还设有“情态副词”小类，其中“相当于‘果真、的确’”的“果”“良”分别有4例、1例，我们认为这两个词应划归表肯定语气的语气副词。据李文可见，《孟子》中语气副词最突出的表现是表肯定的“必”使用多，表反诘则主要用“岂”。

---

　　①　李杰群：《〈孟子〉的副词》，郭锡良主编：《古汉语语法论集》，语文出版社1998年版，第199~200页。

表 4-3　　　　　　**《吕氏春秋》语气副词使用情况表**　　　（单位：次）

词项＼语气	确定	祈使或劝诫	反问	测度	惊异	疑问	合计
必	492						492
诚	2						2
乃	6				8		14
实	4						4
固	79						79
其	13	9	30	53		8	113
盖				9			9
殆				5			5
无乃				6			6
意者				10			10
得无				1			1
或者				1			1
庶乎				1			1
岂			83				83
且			3				3
独			10				10
庸			1				1
或		17					17
合计	596	26	127	86	8	8	851

　　表 4-3 据殷国光《吕氏春秋词类研究》"语气副词"节编制而成①。表中的"确定"就是我们所说的"肯定"，"惊异"就是我们所说的"意外"。《吕氏春秋》语气副词最突出的表现是：成员增多，

_____

　　①　殷国光：《吕氏春秋词类研究》，华夏出版社 1997 年版，第 296~297页。

特别是出现了 5 个双音语气副词；大量用"必"表肯定；表反诘主要用"岂"。

根据上面对今文《尚书》语气副词的考察，对照 3 个表格，结合其他典籍的相关情况，我们可以总结出以下几点：

第一，总的看来，今文《尚书》中语气副词体系还比较简单，成员不多。今文《尚书》语气词副词共 7 个，而《孟子》有 11 个（含我们划入的"果、良"二词），《吕氏春秋》有 18 个。《诗经》和《孟子》中表意外语气的"曾"，《左传》《孟子》《吕氏春秋》中都有的表测度语气的"盖""殆"，《左传》和《吕氏春秋》中表反诘语气的"独"，《国语》和《吕氏春秋》中表肯定语气的"诚"，这些语气副词在今文《尚书》中都还没有出现。从更大的历史跨度来看，现代汉语中的语气副词类别丰富，成员众多，可见，汉语语气副词是一个从古至今由少到多、由简单到复杂、获得很大发展的副词小类。

第二，今文《尚书》中的语气副词全为单音词，《孟子》中也还是如此。《左传》有"无乃"而无"得无""得微"，《战国策》有"得无""无乃"而无"得微"，《庄子》有"得微""得无""无乃"，《吕氏春秋》有 5 个双音语气副词。这说明，汉语语气副词的发展，也是逐步从单音节走向双音节的。

第三，今文《尚书》中语气副词以表祈使语气的为最多，"其"主要用于表示祈使语气。《左传》中的语气副词"其"共使用 624 次，"其中表推测、判断的用法最多，共 297 例，占 48%；表反诘的用法次之，共 162 例，占 25.4%；表命令、劝诫、祈使又次之，共 77 例，占 12%"。①《孟子》《吕氏春秋》中的语气副词以表肯定语气的为最多。《吕氏春秋》中语气副词"其"表测度语气 53 次，表反问语气 30 次，表确定语气 13 次，表祈使或劝诫语气 9 次，表疑问语气 8 次，表祈使或劝诫语气也居于很次要的地位。显然，《尚书》中语气副词多表祈使是由其内容性质决定的。《尚书》多训诫之词和誓词，必然会较多使用祈使句，从而较多使用表祈使的语气

---

① 何乐士：《〈左传〉的语气副词"其"》，何乐士：《〈左传〉虚词研究》（修订本），商务印书馆 2004 年版，第 409 页。

副词。

第四，今文《尚书》中表反诘用得最多的是"其"，后代专表反诘的"岂"反而仅 1 例。《孟子》《吕氏春秋》表反诘主要用"岂"。这说明，表反诘语气的主要成员早期是"其"而不是"岂"，表反诘主要用"岂"是后来的事。或许如黄侃先生在批注《经传释词》中的"岂""几"时所说："'岂''几'训'安'训'焉'训'曾'，本亦'其'字之借。"①

第二节　先秦两汉的虚词"将"

上古汉语中，"将"有三种很值得注意的用法：一是作为体标记，表示将来时间，人们通常把这种用法的"将"称为时间副词；一是作为选择标记用于选择问句，人们通常把这种用法的"将"称为选择连词；一是作为测度标记表示推测，人们通常把这种用法的"将"称为语气副词。按古汉语学界流行的观点，这三种用法都属虚词范畴。汉语的虚词不少都是由实词虚化而来的。本节梳理这三种用法各自出现的时间，探讨三者之间的关系，考求三种虚词用法来源于何种实词用法。

一、"将"的意愿义助动词用法

"助动词是能够用在一般动词、形容词前边表示意愿和可能、必要等的动词"（黄伯荣、廖序东，1988：339），典型的助动词可别为三小类：表示意愿的助动词，表示可能的助动词，表示必要的助动词。

"将"有意愿义助动词用法。《广雅·释诂》："将，欲也。"杨树达《词诠》"将"字条第一项用法标为"助动词"，杨氏在引述《广雅·释诂》"将，欲也"之后说："按即今语之'打算'。此种用法，含有意志作用。"《词诠》"将"字条的第二、三、四项用法也标为

---

① 王引之：《经传释词》（黄侃、杨树达批本），岳麓书社 1985 年版，第 104 页。

"助动词"。不过，第三项助动词用法杨氏表述为"表示动作之时间，故或以为时间副词"，这种用法在今天的语法学界确实均以时间副词目之，不再归入助动词。第二项助动词用法杨氏表述为："此条'将'字，则表属于人事自然之结果，不由意志决定者。可以今语'会'字译之。"第四项助动词用法杨氏表述为："当也。"据《词诠》，"将"可认定的助动词用法有三种，第一种义为"欲""打算"的即"将"的意愿义助动词用法。

　　"将"的意愿义助动词用法先秦早期即已出现。《今文尚书》"将"字用为意愿义助动词 2 次，见于可靠的商代文献《盘庚》：

　　　　（1）古我先王，将多于前功，适于山。（《盘庚下》）
　　　　（2）肆上帝将复我高祖之德，乱越我家。（《盘庚下》）

　　例（1）孔颖达疏曰："言古者我之先王，欲将多大于前人之功，是故徙都而适于山险之处。"这一例述说的是古代先王的事情，是早已成为事实的情况，且"多"是形容词，意为"更多、更大"，不是将要采取的动作行为，而是想要达到的状态，故"将"不表将来，是"欲"的意思，为意愿义助动词。孔颖达以"欲将"对译"将"，亦可证。例（2）"肆"是"今"的意思，"乱"是"治理"的意思，"越"即"于"。这一例虽说的是"今"的事情，但主语是"上帝"。在我国古代人的心目中，"上帝"还有"天"都是有意志的，都是人间万事的主宰，在句子中作主语属于有生主语，因此，这一句应该不是强调上帝将做什么，而应是强调上帝的意志、意愿，故"将"也应是意愿义助动词。

　　此后的先秦文献中，"将"表"欲"义多见。特别值得注意的是，"将"可与"欲"连用，成书于战国时代的《老子》"将欲"连用 5 例[①]，战国后期秦刻石《诅楚文》中亦有"将欲"1 例。例如：

---

　　①　王力主编《古代汉语》指出，《老子》一书成书于战国时代。参见王力主编：《古代汉语》（校订重排本），中华书局 1999 年版，第 374 页。

（3）天之将丧斯文也，后死者不得与于斯文也；天之未丧斯文也，匡人其如予何？（《论语·子罕》）

（4）初，郑伯将以高渠弥为卿，昭公恶之，固谏不听。（《左传·桓公十七年》）

（5）梓匠轮舆，其志将以求食也；君子之为道也，其志亦将以求食与？（《孟子·滕文公下》）

（6）将欲取天下而为之，吾见其不得已。天下神器，不可为也，为者败之，执者失之。（《老子》第二十九章）

（7）将欲复其凶迹。（《诅楚文》）

例（3），《集解》云："孔曰：文王既没，故孔子自谓后死。言天将丧此文者，本不当使我知之；今使我知之，未欲丧也。"孔子掌握"斯文"，这是已经存在的事实，所以"天之将丧"说的不是上天将要采取的行动，而是说上天如果有此意愿，"将"是"欲"。孔安国"今使我知之，未欲丧也"之注，可启发我们，"天之将丧"宜理解为"天之欲丧"。朱熹《四书集注》所引"马氏曰"则在串讲这段话时用了三个"欲"，直接用"欲"对译"将"："言天若欲丧此文，则必不使我得与于此文；今我既得与于此文，则是天未欲丧此文也；天既未欲丧此文，则匡人其奈我何？"例（4）是追叙，是说郑伯当初想任命高渠弥为卿，"将"表"欲"义。例（5）述说的是工匠、君子之"志"，不涉及时间因素，故两个"将"字都表意愿。例（6），老子主张无为而治，反对有为，这段话是说要想君临天下而靠"有为"治理，那是不能成功的。河上公于"将欲取天下"之下注曰："欲为天下主也。"于"而为之"之下注曰："欲以有为治民。"宋代葛长庚《道德宝章》于"将欲取天下而为之"之下注曰："欲行此道。"两家皆以"欲"对应"将欲"，未析出"将"作解，"将欲"应是同义连用。

汉代以后，"将"仍可表意愿义。例如：

（8）惟汉十世，将郊上玄，定泰畤，雍神休，尊明号，同符三皇，录功五帝，恤胤锡羡，拓迹开统，于是乃命群僚，历

吉日，协灵辰……(《昭明文选·扬雄〈甘泉赋〉》)

(9)故将得道，莫若守朴。(《老子》三十二章"朴虽小，天下莫能臣也"王弼注)

(10)然周公之为此举，盖将使四方莫敢不一于正而后已。(《诗经·豳风·破斧》朱熹注)

例(8)李善注："《广雅》曰：将，欲也。""将"领起的从"郊上玄"到"拓迹开统"8个短语述说的是目的，紧承的"于是"之后述说的是相应采取的举动，故"将"表意愿义。例(9)强调"朴"对"得道"来说非常重要，述说的是一般道理，根本不涉及时间因素，故例中"将"显然是"欲"的意思。例(10)强调的是周公"为此举"的目的，"将"表意愿亦比较明显。

"将"有"欲"义还有不少异文可为证，裴学海《古书虚字集释》卷八：

《国语·晋语四》："野人举块以与之，公子怒，将鞭之。"《左传》僖二十三年"将"作"欲"。

《管子·小匡》篇："施伯谓鲁侯曰：'勿予，非戮之也，将用其政也。'"《国语·齐语》"将"作"欲"。

《左传》僖二十四年："身将隐，焉用文之?"《史记·晋世家》"将"作"欲"。

《韩非子·说林》篇："靖郭君将城薛。"《新序·杂事》篇"将"作"欲"。

总之，"将"在很长时期内都具有意愿义助动词用法。

二、从意愿义助动词用法到将来时体标记

据张玉金《甲骨文虚词词典》，"将"表将来时间的体标记用法不见于甲骨刻辞。

今文《尚书》"将"用为将来时标记3次，2次见于商代文献《盘庚》，1次见于西周初期文献《金縢》。今文《尚书》之后，"将"的将

来时标记用法颇流行。下面是先秦几部文献"将"字使用情况表 4-4①：

表 4-4　　　　　　　　"将"字使用情况表　　　　　（单位：次）

用法 ＼ 次数 ＼ 文献	今文尚书	诗经	论语	孟子	老子	周易
使用总次数	14	75	18	82	23	5
助动词（"欲""会""当"）	3（欲 2）		4（欲 1）	30（欲 11）	18（欲 6）	1（欲 1）
将来时标记	3	12	10	40	3	4
选择问句连词（萌芽、发育）				2		
一般动词	6	33	2	5		
形容词（"大""壮"）	2	6	1			
程度副词（"差不多"）				1		
频率副词（"又"）		8				
方式副词（"互相"）		1				
肯定语气副词（"必"）				2		
意外语气副词（"乃"）				1		
与连词"则"同义连用			1			
名词（"侧边"）		1				
构词成分		14		1	2	

---

① 表中文献按用例所属大致年代排定先后次序。《老子》一书成书于战国时代。《周易》一书的 5 例，全见于"易传"：《系辞》4 例，《说卦》1 例。杨伯峻认为，《系辞》"至迟当为战国晚期的作品"，《说卦》及《序卦》《杂卦》这三篇"或许在汉初，或许晚到汉宣帝"。参见杨伯峻：《周易》，《文史知识》编辑部编：《经书浅谈》，中华书局 1984 年版，第 13~14 页。"构词成分"包括在"偏将军"等名词中作语素，在象声词"将将"、形容词"将将"（"严正貌"）中作成分。

"将"的将来时标记用法很显然是由意愿义助动词用法发展而来的。"将"的"欲"义相当于今语的"打算""想要"，关涉的是尚未实现的行为、意愿，将来时体标记表达的是"未然"状态，二者在表"未然"方面高度一致。正因为如此，一些具体用例中的"将"既可理解为"欲"，又可理解为将来时体标记。例如：

（11）季氏将伐颛臾。（《论语·季氏》）

（12）孔子曰："诺，吾将仕矣。"（《论语·阳货》）

例（11）理解为"欲"和将来时均可。例（12）一般理解为将来时，可杨树达《词诠》却归在"欲"（"打算"）义下。

胡敕瑞（2016）指出："近、现代汉语的'要'，中古汉语的'欲'，同样是由意愿动词发展为将来时标记的典型例子。"他还转引了其他一些语言"由意愿动词演化为将来时的实例"。"要""欲"可称为"意愿动词"，也可称为意愿义助动词，这只是称呼不同。"将"由意愿义助动词发展出将来时体标记用法，这与"要""欲"及其他一些语言的意愿动词从意愿动词（或称"意愿义助动词"）发展出将来时标记用法是平行现象，体现了跨语言的共有发展规律。

上古汉语中的"将"由意愿义助动词发展出将来时体标记用法，这应该是没有疑问的。至于将来时在现有文献中最早见于《尚书·盘庚》，与意愿义助动词用法同时并存，未见时间先后，这是历时演变迭积于共时层面的结果。虚词由实词语法化而来是语言发展的一般规律。

"将"发展出将来时标记用法的典型表现是其所在句子的主语是无生主语。例如：

（13）子曰："女奚不曰：其为人也，发愤忘食，乐以忘忧，不知老之将至云尔。"（《论语·述而》）

（14）舟之侨曰："无德而禄，殃也。殃将至矣。"遂奔晋。（《左传·闵公二年》）

（15）俨兮其若容，涣兮若冰之将释。（《老子》第十五章）

（16）既辱且危，死期将至，妻其可得见耶？（《周易·系辞下》）

这4例主语分别是"老""殃""冰""死期"，都是无生命的事物，"将"显然不表意愿义，是将来时标记。

"将"发展出将来时标记用法的另一典型表现是句子充当谓语的是非自主动词、负面形容词。例如：

（17）鸟之将死，其鸣也哀；人之将死，其言也善。（《论语·泰伯》）

（18）郑良佐如陈莅盟，辛巳，及陈侯盟，亦知陈之将乱也。（《左传·隐公七年》）

（19）公室将卑，其宗族枝叶先落，则公从之。（《左传·昭公三年》）

（20）幽王二年，西周三川皆震。伯阳父曰："周将亡矣！……"（《国语·周语上》）

例（17）有两个"将"，其主语分别是"鸟"和"人"，有生命，但由于谓语"死"是非自主动词，不是生命体的主动行为，所以"将"不可能表意愿，只表将来时。例（18）~例（20），"乱""卑"是负面形容词，"亡"是非自主动词，"将"也都无疑是将来时标记。

其实，即使主语有生，谓语是自主动词，一些语境也能显示"将"是将来时标记。例如：

（21）今予将试以汝迁，安定厥邦。（《尚书·盘庚中》）

（22）孟之反不伐，奔而殿，将入门，策其马，曰："非敢后也，马不进也。"（《论语·雍也》）

（23）孔文子之将攻大叔也，访于仲尼。（《左传·哀公十一年》）

（24）所以谓人皆有不忍人之心者，今人乍见孺子将入于井，皆有怵惕恻隐之心。（《孟子·公孙丑上》）

（25）一人虽听之，一心以为有鸿鹄将至，思援弓缴而射之，虽与之俱学，弗若之矣。（《孟子·告子上》）

　　《盘庚》述盘庚迁都事，分上、中、下三篇，三篇实际代表迁都事的三个时段。上篇按杨树达的说法是"定计决迁"，"实为未迁"；中篇是将迁；下篇篇首称"盘庚既迁"。这样看来，例（21）是盘庚临近迁都时对臣民的训诫之词。在这将迁之际，盘庚应该不再强调"定计决迁"，而是强调行动即将开始，"将"以理解为将来时为宜。例（22）"将入门"显然是强调时间，例（23）"将"更用在表时间的分句中，这两例"将"都应是体标记。例（24）、例（25）据语境"将"不表意愿甚明。

　　"将"的将来时体标记用法在商周以后不断发展，其结果，一方面，在内部，将来时体标记用法逐渐成为"将"字各种用法中最主要的用法；另一方面，在外部，"将"不断战胜其他将来时体标记，最终成为占压倒优势的将来时体标记。

三、从将来时体标记到选择标记

　　《今文尚书》《周易》《诗经》《论语》《国语》《老子》中未见"将"用于选择问句。《左传》（含《春秋》）中"将"选择问句2例，见于春秋末年的"昭公""哀公"部分，这是我们目前调查先秦文献所见最早用例。由此看来，"将"大概在春秋末年发展出用于选择问句的用法。

　　不过，用于选择问句还不等于"将"已完全虚化为选择连词。请看以下几个用例：

（26）不知天将以为虐乎，使翦丧吴国，而封大异姓乎？其抑亦将卒以祚吴乎？其终不远矣。（《左传·昭公三十年》）

（27）文子使王孙齐私于皋如，曰："子将大灭卫乎？抑纳君而已乎？"皋如曰："寡君之命无他，纳卫君而已"（《左传·哀公二十六年》）

（28）子墨子曰："子之义将匿邪？意将以告人乎？"巫马子

曰："我何故匿我义？吾将以告人。"(《墨子·耕柱》)

(29)子以为有王者作，将比今之诸侯而诛之乎？其教之不改而后诛之乎？(《孟子·万章下》)

(30)子能顺杞柳之性而以为桮棬乎？将戕贼杞柳而后以为桮棬也？(《孟子·告子上》)

这5例，"将"无疑用于选择问句。但是，例(26)后一"将"字之前有"其""抑亦"两个选择连词，可知"将"本身还不是连词。例(27)后一分句用了连词"抑"，前一分句的"将"是否是连词也还不能断然确认。例(28)后一分句"将"前有连词"意"，后面巫马子的答语是"吾将以告人"，可见两"将"字还是以表将来时为主。例(29)选择后项有连词"其"引导，前项的"将"理解为将来时亦可。例(30)的"将"虽然吴昌莹《经词衍释》、杨树达《词诠》已引为选择连词之用例，但也还是能理解为将来时。根据这5例的情况，我们认为，战国中期以前，"将"作为选择连词还处于萌芽、发育状态。

大概到战国后期①，"将"完成虚化，成为成熟的选择连词。例如：

(31)庄子之楚，见空髑髅，髐然有形。撠以马捶，因而问之，曰："夫子贪生失理而为此乎？将子有亡国之事，斧钺之诛，而为此乎？将子有不善之行，愧遗父母妻子之丑，而为此乎？将子有冻馁之患，而为此乎？将子之春秋故及此乎？"于是语卒，援髑髅，枕而卧。(《庄子·至乐》)

这一例选择问有5个分句，4个分句由"将"引导，"将"均居主语之前，句子内容是追问既往的行为状态，"将"与将来时无涉，

---

① 《至乐》属《庄子》外篇。《庄子》外、杂篇的完成时间大体上不晚于战国末年。参看刘笑敢：《庄子哲学及其演变》，中国社会科学出版社1993年版，第57页；王葆玹：《试论郭店楚简的抄写时间与庄子的撰写时代》，《哲学研究》1999年第4期。

是典型的选择连词。

汉代以后，这种典型的选择连词用法就比较多见了。例如：

（32）尧无贤人若羿者之术乎？将洪水变大，不可以声服除也？（《论衡·感虚》）

（33）不知囚之精神着木人乎？将精神之气动木囚也？（《论衡·乱龙》）

（34）偃度四郡口数田地，率其用器食盐，不足以并给二郡邪？将势宜有余，而吏不能也？（《汉书·终军传》）

（35）郎有从东方来者，言民父子相弃。丞相、御史案事之吏匿不言邪？将从东方来者加增之也？（《汉书·于定国传》）

"将"的选择连词用法是从将来时体标记用法发展出来的。这个问题，我们可以从以下三个角度认识。

其一，从语法意义上看，将来时表示的是将要发生的行为或出现的状态，带有主观推测性、或然性，这也就是《仪礼·士相见礼》"终辞其挚"郑玄注"以将不亲答也"贾公彦疏所言"事未至谓之将"，亦如《论语·阳货》"吾将仕矣"朱熹集注所言"将者，且然而未必之辞"。选择问是提出两种或两种以上的可能，也带有主观推测性、或然性。正是这种主观推测性、或然性构成了两种用法相通的心理、认知基础，触发了从将来时到选择标记的演化。

其二，从实际用例呈现的状况看，"将"的将来时用法见于商代，选择连词用法萌芽于春秋末年，时间上有先后关系。而早期的选择问句，如上面所列举的例（26）～例（30），句中的"将"都或强或弱地带有将来时意味。即使到了战国中期屈原的作品中①，属于

---

① 《楚辞》中的《卜居》，其作者及创作时间学界意见颇不一致。赵逵夫认为，《卜居》为屈原所作，创作时间在楚怀王二十七年（前302）前后。参见赵逵夫：《屈原的名、字与〈渔父〉〈卜居〉的作者、作时、作地问题》，《兰州大学学报》2009年第1期。

学者们公认的选择连词"将"，其实也仍含有将来的意味，例如：

(36) 吾宁悃悃款款朴以忠乎？将送往劳来斯无穷乎？宁诛锄草茅以力耕乎？将游大人以成名乎？宁正言不讳以危身乎？将从俗富贵以偷生乎？宁超然高举以保真乎？将哫訾栗斯喔咿儒儿以事妇人乎？宁廉洁正直以自清乎？将突梯滑稽如脂如韦以洁楹乎？宁昂昂若千里之驹乎？将泛泛若水中之凫乎，与波上下，偷以全吾躯乎？宁与骐骥亢轭乎？将随驽马之迹乎？宁与黄鹄比翼乎？将与鸡鹜争食乎？(《楚辞·卜居》)

这8组选择问句，皆为"宁""将"配合以表示选择，"将"所在的后一句述说的都是今后采取的做法、态度，"将"还隐含将来时元素。这些情况表明，"将"的选择连词用法源自将来时体标记用法。

其三，从汉语平行现象看，"且""其"都同时具有将来时体标记用法和选择连词用法，胡敕瑞(2016)对此有很好的论证。这里再举一些例子：

"且"之例：

(37) 会且归矣，无庶予子憎。(《诗经·齐风·鸡鸣》)

(38) 且出门，非出门也，止且出门，止出门也。(《墨子·小取》)

(39) "释帝，则天下爱齐乎？且爱秦乎？"王曰："爱齐而憎秦。"(《战国策·齐策四》)

(40) 抉钥者已抉启之乃为抉，且未启亦为抉？(睡虎地秦墓竹简)①

前2例"且"表将来时，后2例"且"是选择连词。

---

① 例(40)转引自冯春田：《近代汉语语法研究》，山东教育出版社2000年版，第695页。

"其"之例：

（41）今予其敷心腹肾肠，历告尔百姓于朕志。（《尚书·盘庚下》）

（42）其始播百谷。（《诗经·豳风·七月》）

（43）天之苍苍，其正色邪？其远而无所至极邪？（《庄子·逍遥游》）

（44）子以秦为将救韩乎？其不乎？（《战国策·韩策二》）

前2例"其"表将来时，后2例"其"是选择连词。

我们想强调的是，"且""其"也应该是先有将来时用法，然后发展出选择连词用法。汉语由将来时体标记发展出选择连词带有一定的普遍性，"且""其""将"可相互印证。

四、从选择标记到测度标记

"将"的测度标记用法指的是用作测度语气副词，表示"恐怕""大概"之义。先秦"将"是否有测度语气副词用法呢？我们穷尽调查了《今文尚书》《周易》《诗经》《论语》《左传》《国语》《墨子》《孟子》《老子》《庄子》《荀子》《韩非子》《战国策》《楚辞》《吕氏春秋》15部典籍中的"将"，未见可靠的测度语气副词用例。

有些学者认为先秦"将"有测度语气副词用法，所认定的用例有：

（45）对曰："臣尝问焉。昔穆王欲肆其心，周行天下，将皆必有车辙马迹焉。祭公谋父作《祈招》之诗，以止王心，王是以获没于祗宫。臣问其诗而不知也。若问远焉，其焉能知之？"（《左传·昭公十二年》）

（46）襄仲如齐，拜谷之盟。复曰："臣闻齐人将食鲁之麦。以臣观之，将不能。齐君之语偷。臧文仲有言曰：'民主偷必死。'"（《左传·文公十七年》）

（47）秋，赤狄伐晋，围怀及邢丘。晋侯欲伐之。中行桓

145

子曰："使疾其民，以盈其贯，将可殪也。……"（《左传·宣公六年》）

例（45）吴昌莹《经词衍释》引为"将，'殆'也"的唯一书证。例（46）、例（47）两例，陈克炯（2004：417）列在"测度副词"义项下，指出："表示推测。相当于'大概'、'或许'。"于例（46）引杨伯峻注："将，殆也。"

例（45）子革就楚王称赞倚相是"良史"而提出反驳意见，举证说倚相不知周穆王时的《祈招》之诗，算不上良史。这里说到周穆王欲周游天下，因接受了祭公谋父的劝谏而停止，故得寿终正寝。天下"皆"有其"车辙马迹"，只是其意愿、计划，并没有完成，所以子革不会作"皆"的推测，且"将"句中有"必"，因此"将"不应表测度，应表"欲"。例（46）襄仲回鲁国后所说的这段话中有两个"将"，第一个"将"应是"欲"，是说齐人打算攻打鲁国。第二个"将"理解为将来时或表肯定的"乃"为妥，因为襄仲后面说到为民之主如果说话苟且、不严肃，"必死"，而事实上，齐懿公在第二年夏天的五月，真的被身边人杀死，襄仲是在说有把握的话，不是作推测。例（47），宋林尧叟释曰："民疾其君，习俗既满，则众莫为用，一举击之，将可尽殪。"（《左传杜林合注》卷十八）王引之《经传释词》认为句中的"将""犹'乃'也"。二人皆不以"将"为"殆"。根据上下文，中行桓子这一段话是说：让赤狄频繁征战，引起百姓痛恨，导致恶贯满盈，就可以将其歼灭了。"将"宜理解为"乃"。

除这3例外，朱熹《四书集注》于《论语·子罕》"固天纵之将圣"下曰"将，殆也"，蒋骥《山带阁注楚辞》于《楚辞·九歌·东皇太一》"穆将愉兮上皇"、《楚辞·九歌·东君》"长太息兮将上"下皆曰"将，殆也"。朱、蒋二氏之说明显不可从。《论语·子罕》例孔注、邢昺疏、刘宝楠正义皆以"大"释"将"，当从。《楚辞》两例，王逸分别释以"言己将修祭祀……以宴乐天神也""言日将去扶桑，上而升天"，可见"将"表将来时甚明。

另外，先秦"其"可表测度，那么，先秦"其"以测度语气副词身份组合的"其将"，其中的"将"会不会表测度呢？请看以下用例：

（48）臧孙纥有言曰："圣人有明德者，若不当世，其后必有达人。"今其将在孔丘乎？（《左传·昭公七年》）

（49）单子会韩宣子于戚，视下言徐，叔向曰："单子其将死乎！……"（《左传·昭公十一年》）

（50）公曰："姜、嬴其孰兴？"对曰："夫国大而有德者近兴。秦仲、齐侯，姜、嬴之隽也，且大，其将兴乎？"（《国语·郑语》）

例（48）说孔子的祖先"有明德"，后代"必有达人"出现，现在这个"达人"恐怕会落在孔子身上。"其"表测度，而"将"应理解为"会"。例（49）、例（50）两例的"将"明显表将来时。由此看来，先秦"其"以测度语气副词身份组合的"其将"，其中的"将"不是测度语气副词。

还有，先秦还有一些"将恐"的用例，里面的"将"会不会相当于"恐怕"表推测呢？请看以下用例：

（51）扁鹊见蔡桓公，立有间，扁鹊曰："君有疾在腠理，不治将恐深。"……居十日，扁鹊复见曰："君之病在肌肤，不治将益深。"……居十日，扁鹊复见曰："君之病在肠胃，不治将益深。"（《韩非子·喻老》）

（52）臣今见王独立于庙朝矣！且臣将恐后世之有秦国者，非王之子孙也。（《战国策·秦策三》）

例（51）后有两句"不治将益深"，其中的"将"显然表将来时，依此类推，"不治将恐深"之"将"也是将来时标记。例（52）《史记·范雎列传》作："见王独立于朝，臣窃为王恐，万世之后，有秦国者非王子孙也。""恐"明显是句中主要动词，"担忧"之意，"将"宜理解为"乃"。由此可见，先秦"将恐"中的"将"也不是测度语气副词。

总而言之，先秦"将"还没有测度语气副词用法。

两汉的《淮南子》《史记》《论衡》《汉书》中未见"将"的测度语气副词用法。据《后汉书》中的皇帝诏令可知，"将"的测度语气副词用法大约出现在东汉初。例如：

> （53）五月丙子，诏曰："久旱伤麦，秋种未下，朕甚忧之。将残吏未胜，狱多冤结，元元愁恨，感动天气乎？……"（《后汉书·光武帝纪第一上》）
>
> （54）灾异屡见，咎在朕躬，忧惧遑遑，未知其方。将有司陈事多所隐讳，使君上壅蔽，下有不畅乎？（《后汉书·明帝纪》）
>
> （55）汉安元年，顺帝特下诏告河南尹曰："故长陵令张楷行慕原宪，操拟夷、齐，轻贵乐贱，窜迹幽薮，高志确然，独拔群俗。前此征命，盘桓未至。将主者翫习于常，优贤不足，使其难进欤？郡时以礼发遣。"（《后汉书·张霸传附张楷传》）
>
> （56）须菩提白佛言："般若波罗蜜少有晓者，将未狎习故？"佛语须菩提："如是如是，般若波罗蜜少有晓者，用未狎习之所致。何以故？……"（《道行般若经·清净品》）

以上4例，前3例都是东汉皇帝诏令中语。《后汉书》的作者是南朝宋范晔，因此该书的叙述语言不能代表东汉汉语，甚至连对话也未必是东汉时的原貌，但皇帝诏令不可能被改动，一定是可靠的。例（53）"胜"谓遏制，"元元"指老百姓。光武帝就"久旱伤麦，秋种未下"推测原因：大概是因为酷吏的恶行未得到遏制，冤案甚多，老百姓愁闷怨恨，感动了上天之气吧？例（54）汉明帝就日食等"灾异屡见"推测原因：大概是因为有关部门的官员陈报情况多有隐瞒，致使皇帝受到蒙蔽，下情不能顺畅地上达吧？例（55）汉顺帝就张楷未应召来京城推测原因：大概是主事之人习惯于常规，优待贤士做得不够，使他难以应召赴京得到进用吧？这3例都是皇帝就已存在的事实推测原因，"将"都不可能表"将来"，"将"所在的句子都是测度问句，因此，"将"义为"大概"，是表测度的语气副词。例(53)中的光武帝刘秀是东汉第一位皇帝，由此例可见，至迟在东汉初年，"将"已发展出测度语气副词用法。例(56)是东汉末年汉译佛经《道行般若经》中须菩提和释迦牟尼的对话。"般若波罗蜜少有晓者"是说很少有人通晓般若波罗蜜，这是一个已存在的客观现象，因此"将"不表将来；须菩提是就这一客观现象提出推测：恐怕是未熟习的缘故吧？释迦牟尼就推测作出了肯定的回答。据卢烈红(2012)可知，东汉以后，迄南北朝，汉译佛经中大量使用"将""将非""将无""将不"等"将"系测度语气副词，中土文献使用"将"系测度语气副词也不少，使得汉魏六朝成为测度语气副词方面以"将"系为标志的时代。

"将"的测度语气副词用法应该是从选择连词用法发展出来的。选择连词用法是先自己推测，提出几种可能，然后让受众去推定；测度副词是就一种可能提出自己初步的推定，然后期待受众的确认。两者的共同点是推测性，只不过前者是让别人推定，后者是自己做出了初步的判断；在表现形式上前者似乎有客观分析的意味，后者则自己做出了基本选择，有更强的主观性。因此从汉语史上两种用法产生的时间先后和主观化进程中主观性强弱差别两个角度看，是"将"的选择连词用法孕育了它的测度语气副词用法。

五、结论

综上所述，虚词"将"在先秦两汉时期不断发展，可别为三个阶段：殷商时代，"将"由意愿义助动词用法发展出将来时体标记用法；春秋末年，从将来时用法出发，"将"用于选择问句，至战国后期，发展成为成熟的选择连词；东汉初年，"将"由选择连词发展为表测度的语气副词。"将"意愿义助动词用法的"未然"特征推动它发展成为将来时体标记，将来时体标记、选择连词、测度语气副词都具有主观推测性，未然性、推测性是四种用法相通的心理、认知基础，触发了四者之间的转化孳生。

在选择问句方面，东汉以后"为"字选择问句("为"字句、"为是"句、"为当"句、"为复"句)比较流行；在测度语气副词方面，唐宋时期"莫"系语气副词("莫""莫是""莫不""莫成""莫不是""莫非")占据主要地位。受这些因素的影响，"将"的选择连词、测度语气副词用法后来逐渐衰微，只有将来时体标记用法不断发展，成为现代汉语中占绝对优势的将来时标记。

第五章　句法的历时变迁

汉语句法的发展有许多问题很值得探讨。禅宗语录作为一类特殊的语料，作为一种口语化程度较高的语料，它在句法方面的表现尤其值得关注。它在句法的基本方面与世俗文献相同，但也有不少地方表现出自己鲜明的特色。本章讨论禅宗语录的句法，尤其是几种很有特色的句式。

第一节　禅宗语录中选择问句的发展

本节以《坛经》(敦煌本)、《神会和尚禅话录》、《祖堂集》、《景德传灯录》、《古尊宿语要》、《五灯会元》为语料，考察唐宋禅宗语录中的选择问句，梳理其发展过程，揭示其历史地位。

一、晚唐以前

《坛经》(敦煌本)中未见选择问句。

《神会和尚禅话录》中有17例选择问句，有4种具体情况：

1.“为是”句

“为是”句共有6例，只有1例“为是”单用，其他5例皆为两个以上“为是”配合使用，且有2例是4个以上“为是”配合使用。例如：

　　(1)远法师问：“禅师既口称达摩宗旨，未审此禅门者有相传付嘱，为是得说只没说?”和上答：“从上已来，具有相传付嘱。”(第27页)

　　(2)嗣道王问曰：“无念法者，为是凡夫修，为是圣人修？

若是圣人修，即何故令劝凡夫修无念法?"(第79页)

(3)法师言："崇远亦欲得重问禅师:'见',为是眼见，为是耳见，为是鼻见，为是身见，为是心见?"(第26页)

2."为复"句

"为复"句2例，1例单用，1例与"为是"配合，如下:

(4)问曰:"定有佛，为复定无佛?"答:"不可定有，亦即不可定无。"(第88页)

(5)问:"为复心离，为是眼离?"答:"今只没离，亦无心眼离。"(第68页)①

3."是"字句

"是"字句3例，1例"是"单用，2例两个"是"配合使用。例如:

(6)其夜所是南北道俗并至和上房内，借问和上:"入来者是南人北人?"和上云:"唯见有人入来，亦不知是南人北人。"(第33页)

(7)众人又问:"是僧是俗?""亦不知是僧是俗。"(第33页)

4. 无关联标记句

无关联标记句共6例，例如:

(8)和上却问曰:"如世间问礼，本有今有?"李少府答曰:"因人制，故今有礼。"(第95页)

(9)一切诸佛及诸佛阿耨多罗三藐三菩提法，皆从此经

---

① 本节对选择问句中配合使用的不同关联标记，据起句的标记归类和统计。

出。未审佛先，未审法先？若佛先，即禀何教而成道？若是法先者，法即是何人说？（第 98 页）

（10）张燕公问："禅师日常说无念法，劝人修学，未审无念法有无？"答曰："无念法不言有，不言无。"（第 68 页）

例（8）是在"本有""今有"中选择。例（9）"未审"是"不知道"之意，"未审佛先，未审法先"是问：不知道是佛先有，还是法先有？例（10）"未审无念法有无"是问：不知道无念法是有还是没有？例中"无"为动词，为选择项之一，不是否定副词，所以此例是选择问而非正反问。

《神会和尚禅话录》中选择问句的情况可总结为表 5-1 所示：

表 5-1　　　　《神会和尚禅话录》选择问句使用情况表　（单位：次）

类型	"为是"句	"为复"句	"是"字句	无关联标记句
频率	6	2	3	6

由表 5-1 中可见：①在晚唐五代以前的禅宗语录选择问句中，无标记选择问还占有较高比例。②在有关联标记的选择问句中，"为是"句用得最多。

二、晚唐五代

《祖堂集》中有较多的选择问句，具体有下列类型：

1. "为复"句

"为复"句共 15 例，其中"为复"配对使用 7 例，"为复"只出现于前一分句 3 例，只出现于后一分句 5 例。15 例仅 1 例后一分句带语气词。例如：

（11）今且问汝：无情之物……为复是心，为复不是心？（卷三，第 98 页，慧忠国师）

（12）为复必须修成，为复不假功用？（卷六，第 169 页，

草堂和尚)

(13)师云："好五六百人聚头，吃粥吃饭，为复见处一般，见处别?"（卷十三，第 348 页，报慈和尚)

(14)不委太子登时实有此语，为复是结集家语?（卷十，第 284 页，安国和尚)

2."为当"句

"为当"句共 12 例，其中"为当"配对使用 3 例，只用于后一分句 7 例，前一分句用"为当"、后一分句用"为复"2 例。12 例仅 1 例后一分句带语气词。例如：

(15)师有时谓众云："有一句，如山如岳；有一句子，如透网鱼；有一句子，如百川水。为当是一句，为当是三句?"（卷十二，第 332 页，黄龙和尚)

(16)上座又问："上来密语密意，只有这个，为当更有意旨?"（卷二，第 74 页，弘忍和尚)

(17)师曰："为当求佛，为复问道? 若求作佛，即心是佛；若欲问道，无心是道。"（卷三，第 104 页，司空本净和尚)

3."为"字句

"为"字句共 13 例，其中"为"配对使用 10 例，前一分句用"为"、后面分句用"为复"2 例，"为"单用于前一分句 1 例。例如：

(18)今且问汝：无情之物，为在三界内，为在三界外?（卷三，第 98 页，慧忠国师)

(19)我今为礼世尊顶，为复哀礼如来胸? 为复敬礼大圣手，为复悲礼如来腰? 为复敬礼如来脐? 为复深心礼佛足?（卷一，第 25 页，释迦牟尼佛)

(20)未审心与性为别，不别?（卷三，第 97 页，慧忠国师)

例(19)是一个很长的多项选择问句,第一项"为",后面5项都用"为复"。

4. "是"字句

"是"字句共28例,其中"是"配对使用25例,仅后一分句用"是"的2例,仅前一分句用"是"的1例。例如:

(21)和尚:"借问山人所住是雌山,是雄山?"(卷三,第97页,慧忠国师)

(22)师云:"云居与摩道,是你与摩道?"云:"云居与摩道。"(卷十九,第488页,陈和尚)

(23)沩山曰:"者沙弥,是有主沙弥,无主沙弥?"(卷十八,第455页,仰山和尚)

例(21)、例(23)"是"后跟体词性成分,例(22)"是"后跟谓词性成分。

5. 无关联标记句

无关联标记选择问句共30例,绝大部分句末不带语气词。例如:

(24)大师进曰:"水路来,陆路来?"(卷十七,第431页,通晓禅师)

(25)师云:"身前见,身后见?"(卷二,第80页,惠能和尚)

(26)师曰:"彼风鸣耶,铜铃鸣耶?"(卷二,第45页,僧伽难提)

《祖堂集》中选择问句的情况可总结为表5-2所示:

表5-2　　　　　《祖堂集》选择问句使用情况表　　　(单位:次)

类型	"为复"句	"为当"句	"为"字句	"是"字句	无关联标记句
频率	15	12	13	28	30

由表 5-2 中可见,《祖堂集》选择问句与《坛经》(敦煌本)、《神会和尚禅话录》选择问句相比,有两点不同:①《祖堂集》的关联标记有"为复""为当""为""是",比后二书多出"为当""为",而少"为是"。②《祖堂集》"是"字句是有标记选择问句中使用最多的一类,约占有标记选择问句的 41.2%。

三、北宋

北宋的《景德传灯录》,选择问句形式多样,共有六种:

1. "为复"句

"为复"句共 15 例,其中"为复"配对使用 6 例,"为复"仅用于前一分句 5 例,仅用于后一分句 3 例,前一分句用"为复"、后一分句用"为"1 例。例如:

> (27)师云:"汝道,空中一片云,为复钉钉住,为复藤缠着?"(卷八,第 121 页,南泉普愿禅师)

> (28)云居锡云:"法眼怎么道,为复明国师意,不明国师意?"(卷五,第 84 页,慧忠国师)

> (29)沩山举问仰山:"且道黄蘗后语但嘱临济,为复别有意旨?"(卷十二,第 208 页,临济义玄禅师)

> (30)师曰:"眼耳缘声色时为复抗行,为有回互?"(卷十三,第 259 页,光宝禅师)

2. "为当"句

"为当"句共 12 例,其中"为当"仅用于前一分句 8 例,仅用后一分句 1 例,"为当"配对使用 1 例,前一分句用"为当"、后一分句用"为复"2 例。例如:

> (31)只如南泉休去,为当扶面前,扶背后?(卷五,第 84 页,慧忠国师)

> (32)师云:"只遮个,为当别有?"(卷六,第 89 页,道一禅师)

（33）凡修心地之法，为当悟心即了，为当别有行门？（卷十三，第263页，宗密禅师）

（34）且为当将心止心，为复起心观观？（卷二十八，第581页，越州大珠慧海和尚语）

3."为是"句

"为是"句共6例，其中"为是"配对使用2例，前一分句用"为是"、后一分句用"是"2例，前一分句用"为是"、后一分句用"为复"2例。例如：

（35）讲华严大德问："虚空为是定有，为是定无？"师曰："言有亦得，言无亦得。"（卷十，第151页，景岑大师）

（36）曰："能所俱无，忽有人持刀来取命，为是有，是无？"师曰："是无。"（卷二十八，第574页，南阳慧忠国师语）

（37）人问："有人乘船，船底刺杀螺蚬。为是人受罪，为复船当辜？"（卷二十八，第584页，越州大珠慧海和尚语）

4."为"字句

"为"字句共20例，其中"为"配对使用8例，仅前一分句用"为"7例，仅后一分句用"为"4例，前一分句用"为"、后一分句用"为当"1例。例如：

（38）师又曰："汝为学坐禅，为学坐佛？"（卷五，第76页，怀让禅师）

（39）答曰："师发已白，为发白耶，心白耶？"师曰："我但发白，非心白耳。"（卷一，第6页，商那和修）

（40）师曰：汝学出世无上正真之道，为学世间生死断常二见耶？（卷二十八，第573页，南阳慧忠国师语）

（41）诸禅德，汝诸人尽巡方行脚来，称我参禅学道，为有奇特去处，为当只恁么东问西问？（卷十八，第350页，玄沙宗一大师）

5."是"字句

"是"字句共 76 例，其中"是"配对使用 43 例，仅前一分句用"是"30 例，仅后一分句用"是"1 例，前一分句用"是"、后一分句用"为当"或"为复"各 1 例。例如：

（42）遇色遇声，未起觉观时心何所之？是无耶，是有耶？（卷三，第 36 页，僧那禅师）

（43）耽源问："十二面观音是凡是圣？"师云："是圣。"（卷七，第 108 页，宝彻禅师）

（44）有俗士献师画障子，师看了，问曰："汝是手巧，心巧？"曰："心巧。"（卷二十四，第 483 页，文益禅师）

（45）净慧问师曰："律中道，隔壁闻钗钏声，即名破戒。见睹金银合杂，朱紫骈阗，是破戒，不是破戒？"师曰："好个入路。"（卷二十五，第 512 页，道潜禅师）

（46）玄觉云："且道，赵州休去，是凯南泉，不凯南泉？"（卷八，第 117 页，南泉普愿禅师）

（47）东禅齐云："曹山是明药山意？自出手？为复别有道理？还断得么？"（卷十七，第 332 页，曹山本寂禅师）

例（42）、例（43）"是"配对使用；例（44）、例（45）、例（46）仅前一分句用"是"；例（47）的选择问有三个选择项、两个层次，一、二句首先构成选择关系，然后作为整体与第三句构成另一层次的选择关系，第一句用"是"，第三句用"为复"。这里需要特别说明的是，仅前一分句用"是"的 30 例，其中有 21 例是像例（45）、例（46）这样的正反型选择问，21 例中，又有 10 例是像例（45）这样的"是……不是……"格式。正反型选择问前后项之间如果没有关联词语或语音停顿就构成反复问，换句话说，分句前有关联词语的，应该视为选择问。① 我们这里之所

---

①　参阅邵敬敏：《现代汉语选择问研究》，《现代汉语疑问句研究》，华东师范大学出版社 1996 年版，第 89 页；曹广顺等：《〈祖堂集〉语法研究》，河南大学出版社 2011 年版，第 422 页。

以把 21 例正反型选择问作为选择问纳入研究范围，主要就是因为它们有前一分句的"是"作为关联词语。"是……不是……"格式的正反型选择问很值得注意，它们应该与后来的"是不是"反复问有关联。如例（45），如果省略前一个"破戒"，就构成"是不是破戒"。

6. 无关联标记句

无关联标记句 45 例。例如：

（48）师曰："正当现时，毛前现，毛后现?"上座曰："现时不说前后。"（卷十一，第 171 页，仰山慧寂禅师）

（49）师问僧："近离什么处?"曰："长水。"师曰："东流，西流?"曰："总不怎么。"（卷十二，第 244 页，宝应和尚）

（50）问："祖意与教意同别?"（卷十五，第 303 页，善会禅师）

《景德传灯录》中选择问句的情况可总结为表 5-3 所示：

表 5-3　　　　《景德传灯录》选择问句使用情况表　　（单位：次）

类型	"为复"句	"为当"句	"为是"句	"为"字句	"是"字句	无关联标记句
频率	15	12	6	20	76	45

由表 5-3 中可看出，《景德传灯录》选择问句的特点：①有标记选择问句有"为复"句、"为当"句、"为是"句、"为"字句、"是"字句，比《祖堂集》多出"为是"句。②"是"字句占有标记选择问句的 58.9%，较《祖堂集》有较大发展。

四、南宋

《古尊宿语要》无"为是"句，同于《祖堂集》；"为复"句 10 例，"为当"句 3 例，"是"字句比例颇高。

《五灯会元》中，选择问句与《景德传灯录》一样，共有六种类型：

1."为复"句

"为复"句共 22 例，其中"为复"配对使用 12 例，仅前一分句用"为复"5 例，仅后一分句用"为复"3 例，前一分句用"为复"、后一分句用"为"2 例。例如：

(51)为复后代儿孙不及祖师，为复祖师剩有这一着子？（卷十二，第 772 页，开善道琼禅师）

(52)玄觉征云："且道长庆明丹霞意，为复自用家财?"（卷五，第 264 页，丹霞天然禅师）

(53)此香为复生旃檀木，生于汝鼻，为生于空？（卷十七，第 1159 页，慧洪禅师）

2."为当"句

"为当"句共 9 例，其中"为当"配对使用 1 例，仅前一分句用"为当"7 例，仅后一分句用"为当"1 例。例如：

(54)凡修心地之法，为当悟心即了，为当别有行门？（卷二，第 109 页，宗密禅师）

(55)云居锡云："赵州为当扶石桥，扶略彴?"（卷四，第 204 页，从谂禅师）

(56)师曰："只这个，为当别有?"丈抛下拂子。（卷三，第 129 页，马祖道一禅师）

3."为是"句

"为是"句共 5 例，其中"为是"配对使用 3 例，仅用于前一分句 1 例，前一分句用"为是"、后一分句用"是"1 例。例如：

(57)诸禅德，山僧怎么说话，为是世法，为是佛法？（卷十六，第 1041 页，重元禅师）

(58)为是梵王邪？帝释邪？山神邪？河神邪？（卷一，第

8页，释迦牟尼佛）

（59）曰："止止不须说，我法妙难思。为是说，是不说？"
（卷六，第364页，亡名古宿）

4. "为"字句

"为"字句共14例，其中"为"配对使用8例，"为"只用于前项
4例，只用于后项2例。例如：

（60）僧问："此座为从天降下，为从地涌出？"（卷八，第
460页，彦球禅师）

（61）诸人向甚么处见？为向四大五阴处见，六入十二处
见？（卷十，第621页，道齐禅师）

（62）峰曰："只恁么，为别有商量？"（卷七，第413页，
道忩禅师）

5. "是"字句

"是"字句共129例，其中"是"配对使用108例，只用于前项
20例，只用于后项1例。例如：

（63）头问："汝是参禅僧，是州县白蹋僧？"（卷五，第
264页，宝通禅师）

（64）师上堂，提起示众曰："且道是沩山镜，东平
镜？……"（卷九，第533页，仰山慧寂禅师）

（65）玄觉云："且道从（彦从）上座实不会，是怕见钵袋子
粘着伊？"（卷六，第321页，元安禅师）

6. 无关联标记句

无关联标记句共95例。例如：

（66）师曰："汝适来作青见，作黄见，作不青不黄见？"
（卷九，第523页，灵佑禅师）

161

（67）山问："淘沙去米，淘米去沙?"（卷七，第 380 页，义存禅师）

《五灯会元》中选择问句的情况可总结为表 5-4 所示：

表 5-4 　　　　**《五灯会元》选择问句使用情况表** 　　（单位：次）

类型	"为复"句	"为当"句	"为是"句	"为"字句	"是"字句	无关联标记句
频率	22	9	5	14	129	95

由表 5-4 中可看出，《五灯会元》选择问句的最显著特点是："是"字句占有标记选择问句的 72.1%，较《景德传灯录》又有了较大的发展。

五、结论

上面我们分四个阶段考察了唐宋时期禅宗语录选择问句的发展状况，为了准确把握此期禅宗语录选择问句发展的特点及其历史地位，让我们看看下面的表 5-5、表 5-6 和表 5-7：

表 5-5 　东汉至南北朝汉译佛经"为"字选择问句使用情况表①

（单位：次）

时期	所调查佛经数	"为"字句	"为是"句	"为当"句	"为复"句	总数
东汉	29	10	1	0	0	11
三国	8	3	11	4	0	18
西晋	12	4	2	0	0	6
东晋	15	64	18	2	0	84
南北朝	10	60	14	2	0	76
合计	74	141	46	8	0	195

---

① 　参见卢烈红：《汉译佛经中的"为"字选择问句》，《汉文佛典语言学——第三届汉文佛典语言学国际研讨会论文集》，台北法鼓文化事业股份有限公司 2011 年版，第 579 页。

表 5-6　　　　《朱子语类》选择问句使用情况表①　　　（单位：次）

类型	频率
"将"字句	3
"抑"字句	12
"或"字句	6
"孰"字句	20(含"哪个"、"何者"、"奚"、"曷")
"为"字句	6(实为"为"字句 1，"为复"句 4，"为是"句 1)
"还"字句	7
"是"字句	128(含"还是")
无关联标记句	16

表 5-7　　　　《元刊杂剧三十种》选择问句使用情况表　（单位：次）

类型	"为复"句	"为当"句	"为是"句	"为"字句	"是"字句	无关联标记句
频率	0	0	0	0	17	14

表 5-5 是禅宗语录出现之前的汉译佛经"为"字选择问句使用情况，表 5-6 是与《五灯会元》大致同时的世俗文献《朱子语类》选择问句的使用情况，表 5-7 是唐宋禅宗语录之后的元杂剧选择问句的使用情况。根据这三个表，我们对唐宋禅宗语录中的选择问句可以得到两点认识：

第一，汉魏六朝汉译佛经选择问句中，"为"系关联标记(包括"为"字句、"为当"句、"为是"句、"为复"句)比较发达，由于同为佛教文献，在语言上有较密切的传承关系，因此，唐宋时期的禅宗语录"为"系关联标记还维持一定的比例。《五灯会元》与《朱子语类》时代很近，《五灯会元》中"为"系关联标记比例高于《朱子语

_____

①　此表依据王树瑛《〈朱子语类〉问句系统研究》(福建师范大学博士学位论文，2006 年)所统计的数据加工整理而成，对选择问句中配合使用的不同关联标记，据起句的标记重新归类和统计。

类》，反映的正是这种情况。

第二，汉语选择问句发展的大势，就关联词语而言，先秦主要用"抑""抑亦""抑为""将""意""意者""且"等，汉魏六朝进入以"为"系关联标记为特色的时代，此后逐渐向"是"字句归并。《元刊杂剧三十种》除无关联标记句外已基本上都是"是"字句。禅宗语录自唐至宋"是"字句在有标记选择问句中比例逐步提高，显示了汉语选择问句向"是"字句归并的历史发展态势，其发展在宋代颇为迅速，到《朱子语类》和《五灯会元》所代表的南宋，"是"字句已在有标记选择问句中占绝对优势。

第二节　禅宗语录中特指询问句的发展

本节以《坛经》（敦煌本）、《神会和尚禅话录》、《祖堂集》、《景德传灯录》、《古尊宿语要》、《五灯会元》为语料，考察唐宋禅宗语录中的特指询问句，梳理其发展过程，揭示其历史地位。

一、晚唐以前

《坛经》（敦煌本）中有特指询问句 48 例，可分为"何"系、"几"系、"谁"系三类。

（一）"何"系

"何"系特指询问句 46 例，具体的疑问代词有"何""如何""何等"三个。

1."何"字句

"何"字句 35 例，"何"做主语 17 例，做介词的宾语 8 例，做定语 10 例。从所询问的内容看，有下列几种情况：

第一，询问事物。

"何"字在句中做主语，询问事物，16 例，多为抽象事物。例如：

(1)何名无相？无相者，于相而离相。（第 32 页）
(2)何名为禅定？外离相曰禅，内不乱曰定。（第 37 页）

(3)何名六尘？色、声、香、味、触、法是。(第92页)

第二，询问人。

"何"字在句中做主语，询问人，仅1例。如下：

(4)何名大善知识？解最上乘法，直示正路，是大善知
识。(第59页)

在禅宗语录中，"大善知识"指道法精深的禅师。

第三，询问情状。

"何"字在句中做定语，询问情状，7例，意为"什么、什么样
的"。例如：

(5)汝今向吾边复求何物？(第8页)

(6)上座法海向前言："大师！大师去后，衣法当付何
人？"(第103页)

第四，询问处所。

"何"字后接"处""方"，询问处所，3例。例如：

(7)乃问客曰："从何处来持此经典？"(第4页)

(8)汝何方人？来此山礼拜吾。(第8页)

第五，询问原因。

"何"做介词"以"(7次)或"因"(1次)的宾语，询问原因，8
例。例如：

(9)使君问："何以无功德？"和尚言："造寺布施供养只是
修福，不可将福以为功德。"(第64页)

(10)因何闻法即不悟？缘邪见障重，烦恼根深。犹如大
云盖覆于日，不得风吹，日无能现。(第56页)

2."如何"句

"如何"句9例,"如何"做状语5例,做谓语4例。从所询问的内容看,有下列几种情况:

第一,询问方式。

"如何"在句中做状语,询问动作、行为的方式,5例。例如:

(11)使君问:"和尚!在家如何修?愿为指授。"(第71页)

(12)此法如何解?此法如何修?汝听吾说。(第81页)

第二,询问情状、情况。

"如何"在句中做谓语,询问"情况怎么样、是什么回事",3例。例如:

(13)大师谓志诚曰:"吾闻汝禅师教人,唯传戒定惠。汝和尚教人戒定惠如何?当为吾说。"(第78页)

(14)汝亦痛亦不痛如何?(第90页)

第三,询问事物。

"如何"在句中做谓语,主语是体词性成分,"如何"询问"是什么",1例。如下:

(15)彼作是说,不知和尚所见如何?(第78页)

3."何等"句

"何等"句2例,"何等"均做宾语,询问事物,如下:

(16)善知识!定惠犹如何等?如灯光。(第30页)

(17)若恶用即众生,善用即佛。用由何等?由自性。(第92页)

(二)"几"系

"几"系特指询问句仅 1 例,疑问代词是"几",做定语,询问数量,如下:

(18)法海问言:"此顿教法传授,从上已来,至今几代?"(第 106 页)

(三)"谁"系

"谁"系特指询问句亦仅 1 例,疑问代词是"阿谁",如下:

(19)汝今悲泣,更有阿谁忧吾不知去处在?若不知去处,终不别汝。(第 100 页)

此例杨曾文校写《敦煌新本六祖坛经》"附编"所收大乘寺本(惠昕本)《坛经》作:"汝今悲泣,为忧阿谁?若忧不知去处,吾自知去;吾若不知去处,终不别汝等。"①参考惠昕本的文字,敦煌本此处的"阿谁"是指人还是指事物,是做宾语还是做兼语,颇不易定,可肯定的只是:这是一个特指询问句。

《坛经》特指询问句的情况可总结为表 5-8:

表 5-8　　　　　《坛经》特指询问句使用情况表　　　(单位:次)

词项	语法功能						语义功能							合计
	主	谓	宾	定	状	兼	事物	人	情状	处所	原因	方式	数量	
何	17		8	10			+	+	+	+	+			35
如何		4			5		+		+			+		9
何等			2				+							2
几				1									+	1
阿谁						1?		+?						1

────────

①　杨曾文校写:《敦煌新本六祖坛经》,上海古籍出版社 1993 年版,第 107 页。

　　《神会和尚禅话录》的特指询问句较《坛经》有几点重要的不同：①不像《坛经》那样有相对较多的"如何"句，"如何"询问句仅见3例，但却有《坛经》未见的"云何"询问句48例；②较多使用《坛经》未见的"若为"询问句；③首现"什么"的前身"是物"系询问句；④首现"作没"系询问句。下面就这几点略作分析。

　　(四)"云何"句

　　《神会和尚禅话录》有"云何"询问句48例，做主语23例，做谓语6例，做状语19例。从所询问的内容看，有下列几种情况：

　　第一，询问事物。

　　"云何"做主语和谓语时，询问事物，所问基本上都是抽象的事物。例如：

　　　　(20)云何正因正缘？知识，发无上菩提心是正因；诸佛菩萨、真正善知识将无上菩提法投知识心，得究竟解脱是正缘。(第5页)

　　　　(21)礼部侍郎苏晋问："云何是大乘？何者是最上乘？"答曰："菩萨即大乘，佛即最上乘。"(第67页)

　　　　(22)问："本有今无，本无今有，三世有法，无有是处。其义云何？"(第57页)

　　　　(23)问曰："其义云何？愿示其要。"(第80页)

　　例(20)"云何"做主语，用于判断句，但句子中没有判断动词；例(21)"云何"也用为判断句主语，句中有判断动词"是"。例(22)、例(23)"云何"均做谓语，都是问：它的意思是什么？

　　第二，询问原因。

　　"云何"做状语，常询问原因。例如：

　　　　(24)蒋山义法师问曰："一切众生皆有真如佛性，及至中间，或有见者，或有不见者。云何有如是差别？"(第82页)

　　　　(25)又问曰："众生烦恼，无量无边，诸佛如来、菩萨摩诃萨，历劫修行，犹不能得。云何龙女刹那发心，便成正

觉?"(第 92 页)

第三，询问方式。

"云何"做状语，有时是询问方式。例如：

(26)又问："若无缘起，云何得知?"答："本空寂体上，
自有般若智能知，不假缘起。若立缘起，即有次第。"(第 67
页)

(27)义圆法师问曰："虽有真如，且无有形相，使众生云
何得入?"(第 83 页)

(五)"若为"句

《神会和尚禅话录》有"若为"询问句 23 例，做主语 3 例，做谓
语 5 例，做状语 15 例。从所询问的内容看，有下列几种情况：

第一，询问事物。

"若为"做主语时，皆为询问事物；做谓语时，亦有问事物者。
所问都是抽象的事物。例如：

(28)又问："若为是说通，若为是宗通?"答："口说菩提，
心无住处。口说涅槃，心有生灭。口说解脱，心有系缚。即是
说通，宗不通。"(第 99 页)

(29)志德法师问："生住异灭义若为?"(第 100 页)

例(29)"若为"做谓语，是问"生""住""异""灭"这四个概念
的意义是什么。

第二，询问方式。

"若为"做状语，主要询问方式。例如：

(30)借问："和尚入内去后，所是门徒若为修道? 依止何
处?"(第 32 页)

(31)能禅师曰："和上，若为得去?"忍大师谓曰："我自

送汝。"(第 109 页)

第三，询问原因。

"若为"做状语，少数用例是询问原因。例如：

(32)答曰："此义有二种。"又问："若为是二种?"（第 98 页）

第四，询问情状。

"若为"做谓语，有些是询问情状。例如：

(33)庐山简法师问："明镜高台即能照万像，万像即悉现其中，此者若为?"（第 88 页）

第五，询问行为。

"若为"做谓语，有一例是询问行为本身。如下：

(34)润州刺史李峻问曰："见有一山僧礼拜嵩山，安禅师言：趁粥道人。又一授记寺僧礼拜，安禅师言：措粥道人。问：此二若为?"答："此二俱遣。"（第 68 页）

这一例，"若为"是询问对两位僧人怎么处理。

(六)"是物"系询问句

"是物"系询问句共 10 例，疑问代词标写形式有"是物""是勿""是没""是没勿""没"5 个，前 4 个实际上完全是同一个疑问代词的不同标写形式，后 1 个也是同类差别甚小的疑问代词。

1. 是物

书中"是物"共 4 例，除 2 例表虚指外，表询问有 2 例，均做宾语，询问事物。如下：

(35)问："既无，见是物?"（第 69 页）

(36)答："比者以来，所决诸人疑，亦不落莫。未审马别驾疑是物？"（第90页）

2. 是勿

"是勿"2例，1例做主语，询问事物；1例做兼语，亦询问事物。如下：

(37)问："是勿是生灭法？"答："三世是生灭法。"（第60页）

(38)又问："空更有是勿在？"答曰："想非想，更有俱生识。"（第97页）

3. 是没

"是没"3例，1例做宾语，询问事物；2例做定语，询问情状。例如：

(39)法师言："见是没？"和上言："果然不见。"（第41页）

(40)问："唤作是没物？"答："不唤作物。"（第69页）

4. 是没勿

"是没勿"仅1例，做宾语，询问事物。如下：

(41)又问："疑是没勿？"答："自从佛法东流已来，所有大德皆断烦恼为本，所以生疑。"（第57页）

5. 没

"没"2例，皆做定语，询问情状。例如：

(42)又问："金刚经道没语？"答曰："经云，复次须菩提，诸菩萨摩诃萨，应如是生清净心。不应住色生心，不应住声香味触法生心，应无所住而生其心。但得无住心，即得解脱。"

（第 74 页）

综合"是物"系 5 个标写形式可见，这一系疑问代词可做主语、宾语、兼语、定语，可询问事物、情状。

（七）"作没"系询问句

"作没"系询问句共 7 例，疑问代词标写形式有"作没""作没生""作物生""作勿生" 4 个，这 4 个后 3 个实际上是同一个疑问代词的不同标写形式，第一个则是这个疑问代词未加后缀的基式。

1. 作没

"作没" 2 例，1 例做谓语，询问原因；1 例做定语，与"时"组合，询问时间。如下：

(43) 今推到无住处立知，作没？（第 9 页）

(44) 王侍御问："作没时是定慧等？"（第 85 页）

2. 作没生

书中"作没生"共 4 例，除 1 例表虚指外，3 例表询问。其中，2 例做状语询问方式，1 例做定语，与"时"组合，询问时间。例如：

(45) 问："作没生遣？"答："但离即遣。"（第 68 页）

(46) 问："既若如此，作没生时得？"答："但见无。"（第 69 页）

3. 作物生

"作物生"仅 1 例，做谓语，询问情状。如下：

(47) 问："异没时作物生？"答："亦不作一物。……"（第 69 页）

4. 作勿生

"作勿生"书中共 2 例，1 例表虚指；表询问的 1 例做状语，询问方式，如下：

(48)远法师问："作勿生见?"和上答："见无作勿生。"（第
25页）

综合"作没"系4个标写形式可见，这一系疑问代词可做谓语、
定语、状语，可询问情状、原因、方式、时间。

《神会和尚禅话录》以上几种值得关注的询问句，其情况可总结
为表5-9：

表5-9 《神会和尚禅话录》"云何"等询问句使用情况表 （单位：次）

词项	语法功能						语义功能									合计
	主	谓	宾	定	状	兼	事物	人	情状	处所	原因	方式	数量	行为	时间	
云何	23	6			19		+				+	+				48
若为	3	5			15		+		+		+	+		+		23
是物			2				+									2
是勿	1					1	+									2
是没			1	2			+		+							3
是没勿			1				+									1
没				2					+							2
作没		1		1							+				+	2
作没生				1	2							+			+	3
作物生		1							+							1
作勿生					1							+				1

《神会和尚禅话录》的特指询问句与《坛经》不同的上述四个方
面，第一个方面显示神会语录对魏晋南北朝汉译佛经特指询问句有
较多继承，因为魏晋南北朝时期的汉译佛经中"云何"非常发达，是

当时最具活力的"何"系疑问代词①；第二个方面显示神会语录对晋宋产生的"若为"也有较多的沿用②；这两个方面是在继承方面形成的不同于《坛经》的特色，意义不是十分重要。后两个方面则非常值得重视，因为它们反映了语言的新发展，体现了特指询问句的新质的产生，尤其是第三个方面，神会语录中出现的"是物"系询问句，是现代使用频繁的"什么"系特指询问句的源头。

二、晚唐五代

晚唐五代的《祖堂集》特指询问句的重要发展体现在三个方面：出现了大量的"如何"问句；出现了"……且置……?"这种转移话题式特指询问句；《神会和尚禅话录》的"是物"标写形式演变为"什摩"，"作没"标写形式演变为"作摩"，且两系疑问代词使用频率大幅度提高。

（一）"如何"句

《祖堂集》"何"系疑问代词的情况可见表 5-10 所示：

表 5-10　　　**《祖堂集》"何"系疑问代词使用情况表**　　（单位：次）

文献	词项及出现次数									
	何	何等	何所	云何	何如	几何	何似	何似生	何事	若何	如何
祖堂集	662	3	13	31		4	6	1		4	1050

从表 5-10 可见，《祖堂集》中，"如何"已经压倒"何"成为最主要的"何"系疑问代词。当然，表 5-10 的统计数字包含了各疑问代词的所有用法，疑问代词除用于询问句外，还能用于反诘、虚指、任指。根据曹广顺等人的研究，《祖堂集》中的"如何"用于询问有 1038 次，"何"用于询问有 529 次③，因此，就特指询问句而言，"如何"句在

---

① 参阅卢烈红：《佛教文献中"何"系疑问代词的兴替演变》，《语言学论丛》第三十一辑，商务印书馆 2005 年版。

② 参阅柳士镇：《魏晋南北朝历史语法》，南京大学出版社 1992 年版，第 188 页。

③ 曹广顺等：《〈祖堂集〉语法研究》，河南大学出版社 2011 年版，第 37 页。

"何"系询问句中也是使用频率最高的。

如果就"如何"和"云何"的数量比来看，《祖堂集》与《神会和尚禅话录》也很不一样：《神会和尚禅话录》用于询问句的"如何"和"云何"之比是 3∶48，"云何"是"如何"的 16 倍；而《祖堂集》这个数量比却是 1038∶29①，"如何"几乎是"云何"的 36 倍，可谓发生了翻天覆地的变化。从这个角度来说，"如何"句也是彰显《祖堂集》询问句特色和体现询问句发展的句子。

《祖堂集》中的"如何"句可询问事物、人、处所、行为、情状、意见、方式等。"如何"在句中做主语次数最多，仅在"如何是……"格式中做主语就达 541 次，其次是做谓语，再次是做状语，不做宾语和定语②。下面略举一些例子以见其概貌：

（49）如何是涅般？（卷四，第 115 页，石头和尚）

（50）僧问："如何是和尚家风？"（卷五，第 155 页，道吾和尚）

（51）问："如何是无心意识底人？"师曰："非无心意识人。"（卷六，第 184 页，洞山和尚）

（52）问："如何是今时着力处？"师曰："千人唤，不回头，方有小分相应。"（卷五，第 155 页，道吾和尚）

（53）僧云："忽然片云来时如何？"师云："莫视。"（卷八，第 217 页，云居和尚）

（54）进曰："八方来朝时如何？"云："不受礼。"（卷八，第 226 页，曹山和尚）

（55）客曰："既是无情有佛性，未审有情又如何？"师曰："无情尚尔，岂况有情乎？"（卷三，第 98 页，慧忠国师）

（56）僧云："前程事如何？"云："虽然黑似柒，成立在今时。"（卷六，第 188 页，石霜和尚）

---

① 曹广顺等：《〈祖堂集〉语法研究》，河南大学出版社 2011 年版，第 37 页。

② 张美兰：《〈祖堂集〉语法研究》，商务印书馆 2003 年版，第 139 页；叶建军：《〈祖堂集〉疑问句研究》，中华书局 2010 年版，第 17 页。

（57）僧曰："便与摩承当时如何?"师云："须弥还更戴须弥也无?"（卷九，第 255 页，九峰和尚）

（58）鱼军容问："师住白崖山时，如何修行?"（卷三，第 94 页，慧忠国师）

例（49）、例（50）"如何"做主语，询问事物；例（51）"如何"做主语，询问人；例（52）"如何"做主语，询问处所；例（53）、例（54）"如何"做谓语，询问行为；例（55）、例（56）"如何"做谓语，意为"怎么样"，询问情状；例（57）"如何"做谓语，是征求意见，问"行不行"；例（58）"如何"做状语，询问方式。《坛经》的 9 例"如何"，只能做谓语、状语，询问事物、情状、方式；《神会和尚禅话录》中的 3 例"如何"，做状语 2 次，谓语 1 次，询问事物、方式。就禅宗语录内部而论，《祖堂集》"如何"询问句无论是使用频率还是句中"如何"的语法、语义功能都较前有长足的发展，尤其是"如何"能做主语且此功能为其居首位的句法功能，这都是很值得关注的。

（二）"……且置……?"式特指询问句

《祖堂集》中，首次出现了"……且置……?"式问句，"且置"是"暂且放在一边、暂且不问"之意，故张美兰称之为"转移话题式问句"①。这种句子并不全是特指询问句，少数是其他问句或陈述句等。《祖堂集》"……且置……?"式特指询问句具体包括"且置""且致""且从"3 类，情况见表 5-11 所示：

表 5-11　《祖堂集》"……且置……?"式特指询问句使用情况表

（单位：次）

类别	使用数量	所用疑问代词及使用情况
……且置……	13	作摩生 6 次，如何 2 次，何 2 次，什摩 1 次，那个 1 次，阿谁 1 次
……且致……	1	什摩 1 次
……且从……	9	什摩 5 次，作摩生 4 次

① 张美兰：《〈祖堂集〉语法研究》，商务印书馆 2003 年版，第 171 页。

下面对各类略加分析。

1. "……且置……?"

"……且置……?"式 13 例，可询问方式、情状、事物、人。例如：

(59) 师云："当不当则且置，太傅作摩生会得?"（卷十，第 288 页，长庆和尚）

(60) 师云："卓庵则且置，毕竟事作摩生?"（卷十六，第 407 页，南泉和尚）

(61) 师云："诸圣会中则且置，唤什摩作不排位?"（卷十一，第 304 页，齐云和尚）

(62) 经且置，待小时征大德，且道那个是如来?（卷十四，第 363 页，大珠和尚）

(63) 师云："浆水钱则且置，草鞋钱教阿谁还?"（卷十六，第 409 页，南泉和尚）

(64) 师便问："万机休罢则且置，千圣不携是何言?"（卷八，第 234 页，踈山和尚）

(65) 进曰："不唱目前则且置，宗乘中事如何言论?"（卷九，第 252 页，涌泉和尚）

(66) 或时举一境云："这个则且置，还诸方老宿意旨如何?"（卷十八，第 462 页，仰山和尚）

例(59)、例(60)用"作摩生"，一问方式，一问情状；一做状语，一做谓语。例(61)用"什摩"问事物，做兼语。例(62)、例(63)问人，一用"那个"，做主语；一用"阿谁"，做兼语。例(64)用"何"，问情状，做定语。例(65)用"如何"问方式，做状语。例(66)用"如何"，问事物，做判断句谓语。

2. "……且致……?"

清惠栋《惠氏读说文记》卷一"蒾"字下曰："致与置通。《后汉书》置字皆作致。""且致"的"致"应该是"置"的通假字，故"且致"即"且置"。"……且致……?"式仅一例，用"什摩"，做定语，与

"时"组合问时间。如下：

　　(67)师云："三教且致，老君什摩时生？"对云："混沌未分时生。"(卷八，第 221 页，钦山和尚)

3."……且从……？"

"且从"之"从"应是听从、不再计较讨论之义。"……且从……？"式 9 例，可询问情状、处所、原因、事物。例如：

　　(68)保福拈问围山："古人道：'得逢得遇亦是屈，不逢不遇亦是屈。'不逢不遇时屈则且从，得逢得遇为什摩却是屈？"(卷八，第 217 页，云居和尚)

　　(69)师问曰："有人持镆鎁之剑拟取师头时如何？"洞山云："取即且从，阇梨且唤什摩作老僧头？"(卷八，第 236 页，龙牙和尚)

　　(70)师云："不假上来也且从，汝向什摩处会？"(卷十三，第 345 页，报慈和尚)

　　(71)鼓山问静道者："古人道：'这里则易，那里则难。'这里则且从，那里事作摩生？"(卷十一，第 298 页，保福和尚)

　　(72)师云："灵秀家风也且从，是汝家风作摩生？"(卷十一，第 308 页，福清和尚)

　　例(68)用"什摩"做介词"为"的宾语，与之一起问原因。例(69)用"什摩"做兼语，问事物。例(70)用"什摩"做"处"的定语，与之一起问处所。例(71)、例(72)用"什摩生"做谓语，问情状。

　　"……且置……？"式问句在唐宋时代禅宗以外的各种文献中未见，是禅宗语录的"同行语法"之一种①，鲜明凸显了禅宗语录的语言特色。

---

　　①　参阅于谷：《禅宗语言和文献》，江西人民出版社 1995 年版，第 92 页。

(三)"什摩""作摩"系询问句

《祖堂集》中"什摩""作摩"两系询问句的情况见表5-12、表5-13①。

表5-12　　　　《祖堂集》"什摩"系询问句使用情况表

词项	语法功能						语义功能							合计
	主	谓	宾	定	状	兼	事物	情状	行为	方法	处所	时间	原因	
什摩	+	+	+	+			+	+	+		+	+	+	853
什摩生		+		+	+		+	+						4
什				+							+			2
甚摩			+	+			+	+			+		+	7
作什摩					+									1

表5-13　　　　《祖堂集》"作摩"系询问句使用情况表

词项	语法功能				语义功能						合计
	主	谓	定	状	行为现象	目的原因	事物	方式	情状	人	
作摩	+	+	+	+	+	+	+	+			21
作摩生	+	+	+	+	+	+	+	+	+	+	390
作生		+							+		1

《祖堂集》的"什摩"系疑问代词由《神会和尚禅话录》中"是物"

---

① 表5-12、表5-13分别据叶建军《〈祖堂集〉疑问句研究》第49页、58页(中华书局2010年版)的表2-5、表2-6调整而成。表5-12的调整方法是:将"什摩处""什摩人""什摩时""什摩时节""因什摩""为什摩""为什摩故""作什摩"做谓语的44例(实际是动词"作"加"什摩"构成的动宾短语)归入"什摩";"什处"是短语,故以词目"什"入表;《祖堂集》还有"甚摩",叶建军表未计入,今补入;"作什摩"做状语的1例,已凝固为词,故独立计算。另,设问也是询问,故计入。

系疑问代词演化而来，"作摩"系疑问代词由《神会和尚禅话录》中"作没"系疑问代词演化而来。

"是物"系演化为"什摩"系的过程和契机是：

是物、是勿、是没(8 世纪)　　→　　甚、甚没、甚谟(9 世纪)　→　　甚摩、什摩(10 世纪中叶)

9 世纪时，由于第一音节受第二音节声母 m 的同化而带上了–m 尾，于是出现了"甚""甚没""甚谟"等标写形式；10 世纪中叶，伴随入声的消失，第二音节换用开音节的"摩"，出现了"甚摩"，而由于入声字"什"韵尾弱化为–b，在鼻音声母字前读 sim 音，因此，"甚摩"又可写作"什摩"①。

"作没"系的"没"演化为"摩"，跟"是没"之"没"演化为"摩"是入声消失背景下的平行演化现象。

《神会和尚禅话录》中"是物"系询问句共 10 例，《祖堂集》中这一系的询问句达 867 例；《神会和尚禅话录》中"作没"系询问句共 7 例，《祖堂集》中这一系的询问句达 412 例。《祖堂集》的篇幅是《神会和尚禅话录》的 6 倍多一点，可是，《祖堂集》的"什摩"系是《神会和尚禅话录》"是物"系的近 87 倍，"作摩"系是《神会和尚禅话录》"作没"系的近 59 倍，使用频率的提高幅度是很大的。

"是物"系疑问代词演化为"什摩"，"作没"系疑问代词演化为"作摩"，并且两系都大量使用，这是很有意义的，表明"是物"向"什么"跨进了一大步，"作没"向"怎"跨进了一大步②。

---

① 参见太田辰夫：《汉语史通考·"甚么"考》，重庆出版社 1991 年版，第 88~104 页；志村良治：《中国中世语法史研究·"甚么"的成立》，中华书局 1995 年版，第 159~211 页。

② 志村良治《中国中世语法史研究·指示副词"恁么"考》第 280 页(中华书局 1995 年版)说："'怎'字如同人们常说的，是'作没''作摩'的缩约，在前一个音节的入声韵尾发生舒声化的阶段，受后续音节的第一个音 m–的影响发生逆向同化，用'作'字的组成部分'乍'表示反切上字，用'心'字表示反切下字相合而成，是用反切字新造的字。"吕叔湘和志村良治意见相同，参见《吕叔湘文集》第三卷，商务印书馆 1992 年版，第 309 页。王力则在同一书中认为"怎"的前身是"争"，又说"怎"是"作么"的合音，意见有点摇摆，参见《汉语语法史》，商务印书馆 1989 年版，第 83 页。

三、北宋

北宋的《景德传灯录》特指询问句的发展主要体现在三个方面：首次出现了"怎"系询问句；"如何"询问句继续发展；《祖堂集》的"什摩"标写形式演变为"什么"，"作摩"标写形式演变为"作么"。

(一)"怎"系询问句

《景德传灯录》中有"怎"系询问句22例，具体包括"怎么"句2例(另有2例表反诘)，"怎生"句8例，"怎么生"句12例，没有单用的"怎"。

1."怎么"句

"怎么"询问句2例，"怎么"均做谓语，询问目的。如下：

> (73)师吃饭次，南泉收生饭，云："生。"师云："无生。"南泉云："无生犹是末。"南泉行数步，师召云："长老，长老!"南泉回头云："怎么?"师云："莫道是末。"(卷六，第94页，池州杉山智坚禅师)

> (74)甘行者问："什么处来?"僧曰："药山来。"甘曰："来怎么?"僧云："教化。"(卷十四，第274页，药山惟俨禅师)

2."怎生"句

"怎生"询问句8例，询问方式、情状、事物、原因。例如：

> (75)澄一问赵州云："未审和尚怎生问他?"(卷八，第129页，浮杯和尚)

> (76)后赵州教僧去问婆云："怎生是赵州眼?"婆乃竖起拳头。(卷八，第130页，浮杯和尚)

> (77)曰："怎么即谢供养。"师曰："怎生滋味?"(卷二十三，第471页，衡岳南台寺藏禅师)

3."怎么生"句

"怎么生"询问句12例，询问情状、行为、事物、方式、目的。例如：

（78）僧举似丹霞。霞曰："于大川法道即得，于我遮里即不然。"僧曰："未审此间怎么生？"霞曰："犹较大川三步。"（卷十四，第 275 页，潭州大川和尚）

（79）僧曰："未审怎么生下手？"师曰："适来几合丧身失命。"（卷十三，第 256 页，首山省念禅师）

（80）师提笠子出，云岩云："作甚么？"师云："有处。"岩云："风雨来怎么生？"师云："盖覆着。"（卷十四，第 279 页，潭州道吾山圆智禅师）

《景德传灯录》"怎"系询问句情况可总结为表 5-14：

表 5-14　　　《景德传灯录》"怎"系询问句使用情况表　（单位：次）

词项	语法功能				语义功能						合计
	主	谓	定	状	行为	目的	原因	事物	方式	情状	
怎么		2				+					2
怎生	1		1	6			+	+	+	+	8
怎么生		10		2	+	+		+	+	+	12

王力认为"怎么"是"怎"的分音；"怎生"的来源，太田辰夫认为"怎"加"生"成为"怎生"，吕叔湘则指出"怎生"是"怎么生"省缩的结果①。这一系询问句的产生，奠定了现代汉语方式类询问句的基本格局。而北宋初年的《景德传灯录》能反映这一系询问句的情况，值得珍视。

（二）"如何"句

《景德传灯录》中"如何"询问句继续发展。表 5-15 是书中"何"

---

① 王力：《汉语语法史》，商务印书馆 1989 年版，第 83 页；太田辰夫：《中国语历史文法》，北京大学出版社 2003 年版，第 285 页；吕叔湘：《吕叔湘文集》第三卷，商务印书馆 1992 年版，第 309 页。

系疑问代词使用情况表①:

表5-15 《景德传灯录》"何"系疑问代词使用情况表（单位：次）

疑问词		卷1—10	卷11—20	卷21—30	总次数
"何"单用		455	334	390	1179
由"何"构成的复合词	如何	286	1352	1225	2863
	若何	2	8	10	20
	因何	6	4	1	11
	何以	15	13	17	45
	云何	22	2	20	44
	何似	15	13	17	45

《祖堂集》中，"何"单用662次，"如何"1050次，"如何"是"何"的近1.6倍；表5-15将"因何""何以"的56次归入"何"单用数据中（我们的处理方法如此），"何"单用总共1235次，"如何"是单用"何"的2.3倍多。尽管这些数据都含这些疑问代词反诘、虚指、任指的用法，但还是反映了表询问的"如何"在《景德传灯录》中继续发展的态势。

(三)"什么""作么"系询问句

到《景德传灯录》中，《祖堂集》的"什摩"标写形式演变为"什么"，"作摩"标写形式演变为"作么"。《景德传灯录》"什么""作么"系询问句情况见表5-16②:

---

① 表5-15引自李斐雯《〈景德传灯录〉疑问句研究》第三章第三节，台湾成功大学硕士学位论文，2001年。
② 表5-16"什么"系三词的数据参考卢烈红《〈古尊宿语要〉代词助词研究》，武汉大学出版社1998年版，第147页；"作么"数据参考《景德传灯录索引》（日本禅文化研究所1993年版），"作么生"数据参考李斐雯《〈景德传灯录〉疑问句研究》中的表6-2，台湾成功大学硕士学位论文，2001年。表中数据均含这些疑问代词反诘、虚指、任指的用法。

表 5-16　《景德传灯录》"什么""作么"系询问句使用情况表

（单位：次）

词项	什么	甚么	甚	作么	作么生
出现次数	1624	13	24	119	402

"什摩"演变为"什么"，"作摩"演变为"作么"，大概是由于第二个音节因轻读而自 ma 变为 mo，于是标写形式由"摩"换成了"么"。"什么"最终定型，一直沿用至今。

四、南宋

南宋的《古尊宿语要》和《五灯会元》特指询问句的情况值得关注的主要有两个方面："如何"询问句发展到鼎盛；"什么"系，《五灯会元》基本不用"什么"而用"甚么""甚""甚底"，跟《景德传灯录》大不相同。

(一)"如何"句

《古尊宿语要》和《五灯会元》"如何"句继续发展，臻于鼎盛。表现在两个方面，一是使用频率继续提高，一是语法功能拓展。

《古尊宿语要》和《五灯会元》"何"系疑问代词使用情况见表 5-17(含反诘、虚指、任指用法)：

表 5-17　《古尊宿语要》《五灯会元》"何"系疑问代词使用情况表

（单位：次）

文献	词项及出现次数										
	何	何等	何所	云何	何如	几何	何似	何似生	何事	若何	如何
古尊宿语要	430		12	4	3	1	4		3	19	2197
五灯会元	1786	3	35	47	12	15	32	3	4	48	5228

《古尊宿语要》"如何"是单用"何"的 5.1 倍多，《五灯会元》"如何"是单用"何"的 2.9 倍多，都超过了《景德传灯录》(《景德传

灯录》"如何"是单用"何"的 2.3 倍多），这表明到南宋，"如何"的使用频率还有提高。

最重要的是，到南宋，"如何"出现了做宾语、定语的用法，这是语法功能的新拓展。《古尊宿语要》"如何"做宾语 14 次，做定语 1 次，除表虚指外，皆表询问。例如：

(81) 曰："和尚所说修行，迥然与大乘别，未审如何?"（第 4 页，南泉和尚）

(82) 问："二边不立，中道不存，是如何?" 师云："即今在什么处?"（第 18 页，鼓山和尚）

例(81)"如何"做"未审"的宾语，例(82)"如何"做"是"的宾语。

(二)"甚么"句

《五灯会元》在"什么"系疑问代词使用上有特色，请看表 5-18（含反诘、虚指、任指用法）：

表 5-18 唐宋禅宗语录"什么"系疑问代词使用情况对比表

（单位：次）

文献	词项及出现次数							
	甚	什摩	什摩生	什	甚摩	什么	甚么	甚底
祖堂集		1072	4	5	8			
景德传灯录	24					1624	13	
古尊宿语要	53			3		1066	5	
五灯会元	399					1	2377	1

从表 5-18 可以看出，《古尊宿语要》同于《景德传灯录》，主要用"什么"，但《五灯会元》却很特别，基本上只用"甚么""甚"。这种用字的不同，应该与地域无关，只是一种用字习惯。

五、结语

唐宋禅宗语录中特指询问句的发展主要体现在两个方面：

(一)句式的发展

①在特指询问句句式方面，唐宋禅宗语录的一个突出现象是：晚唐五代出现一种"如何是……"句式，句式中"如何"充当主语。这种句式始见于《祖堂集》，书中共出现了 541 次，此后以更高的频率在禅宗语录中使用，如《五灯会元》中出现 3070 次。

②在晚唐五代出现了"……且置……?"这种转移话题式询问句。

(二)疑问代词的演化

唐宋禅宗语录特指询问句疑问代词的演化值得重视的有：

①首现"什么"的前身"是物"系疑问代词。

②"什么"系疑问代词《祖堂集》中主要用"什摩"，《景德传灯录》和《古尊宿语要》主要用"什么"，《五灯会元》主要用"甚么"。

③"何"系疑问代词出现了两个变化：

a. 实现了"如何"对"云何"的替换。《神会和尚禅话录》中"云何"出现 48 次，"如何"出现 3 次；可是从《祖堂集》开始，"如何"就逐渐替换了"云何"。

b. "何"逐渐衰落，"如何"压倒"何"和"云何"成为最主要的"何"系疑问代词。

第三节　禅宗语录中转移话题式复句的发展

禅宗语录中有一种复句比较特殊。这种复句前面的分句主要用"即不问""且置"为标记，表示把某一话题搁置起来，后面的分句则提出另一话题以供谈论。由于后面的分句绝大部分是疑问句，所以张美兰(2003：171)将其称为"转移话题式问句"。鉴于这种句子是复句，加上后一分句也有少数是祈使句或陈述句，我们将其称为"转移话题式复句"。本节考察这种复句在唐宋禅宗语录中的发展历程，并讨论相关问题。为叙述的方便，选取使用最多的标记，我们姑且把这种复句称为"即不问"式复句。

一、发展历程

(一)晚唐五代

"即不问"式复句在敦煌本《坛经》和《神会和尚禅话录》中未见，《祖堂集》中有不少用例。

《祖堂集》中共有"即不问"转移话题式复句52例，具体标记有"且置""则且置""即且置""且致""且从""则且从""即且从""也且从""不问""则不问""即不问"11种，可归纳为"且置""且致""且从""不问"四类。这些词语都还有实际的词汇意义，但由于位置固定，一般居前一分句之末，成为转移话题的形式标志，故有标记作用。

1. "且置"类

"且置"类转移话题式复句有"且置""则且置""即且置"三种具体标记，"且"义为"姑且"，"置"是"搁置""放下不管"，"则"和"即"都是"就"的意思。例如：

(1)问云："夜中树决定信有。其树影，为有为无?"仰山云："有无且置，汝今见树不? ……"(卷十八，第467页，仰山和尚)

(2)问："诸圣会中，还有不排位者也无?"师云："诸圣会中则且置，唤什摩作不排位?"(卷十一，第304页，齐云和尚)

(3)师云："失不失即且置，是你还趁着也无?"对曰："若道趁不着，招人怪笑。"(卷十一，第298页，保福和尚)

2. "且致"类

清惠栋《惠氏读说文记》卷一"薙"字下曰："致与置通。《后汉书》置字皆作致。""且致"的"致"应该是"置"的通假字，故"且致"即"且置"。《祖堂集》中有1例，如下：

(4)进云："和尚莫通三教也无?"师云："三教且致，老君

什摩时生?"对云:"混沌未分时生。"(卷八,第 221 页,钦山和尚)

3. "且从"类

"且从"类有"且从""则且从""即且从""也且从"四种具体标记。"从"是"听从""听任不管"之意,在有的用例中词汇意义很实,后面可出现宾语,在有的用例中稍虚一些。"也"是语气副词,"就"的意思。例如:

(5)师云:"互换之机且从,只今作摩生?"(卷十一,第 294 页,保福和尚)

(6)鼓山问静道者:"古人道:'这里则易,那里则难。'这里则且从,那里事作摩生?"(卷十一,第 298 页,保福和尚)

(7)师问曰:"有人持镆鎁之剑拟取师头时如何?"洞山云:"取即且从,阇梨且唤什摩作老僧头?"(卷八,第 236 页,龙牙和尚)

(8)学云:"与摩则不假上来。"师云:"不假上来也且从,汝向什摩处会?"(卷十三,第 345 页,报慈和尚)

4. "不问"类

"不问"类有"不问""则不问""即不问"三种具体标记,"问"就是"询问"的意思。这一类是用得最多的,例如:

(9)三圣和尚令秀上座问师:"南泉迁化向什摩处去也?"师云:"石头作沙弥时参见六祖。"上座云:"不问石头作沙弥时参见六祖,南泉迁化向什摩处去也?"(卷十七,第 439 页,岑和尚)

(10)僧问:"四十九年后则不问,四十九年前事如何?"师以拂子蓦口打。(卷七,第 206 页,雪峰和尚)

(11)僧问苏州西禅:"三乘十二分教则不问,祖师西来的的意只请一言。"(卷七,第 207 页,雪峰和尚)

（12）师云："多学佛法，广作利益。"洞山问："多学佛法即不问，如何是广作利益？"师云："一物也不为即是。"（卷十四，第369页，南源和尚）

例（9）比较特殊。《祖堂集》52例"即不问"转移话题式复句，"即不问"等话题转移标记有50例是居前一分句之末的，只有1例居前一分句句中，例（9）则以"不问"置于前一分句之首，表示撇开"石头作沙弥时参见六祖"这一话题，专门谈论"南泉迁化向什摩处去"。

《祖堂集》中"即不问"式复句的使用情况可总结为表5-19：

表5-19　　　　**《祖堂集》"即不问"式复句使用情况表**　　（单位：次）

标记		频率	合计	总计
"且置"类	且置	3	16	52
	则且置	12		
	即且置	1		
"且致"类	且致	1	1	
"且从"类	且从	2	10	
	则且从	3		
	即且从	1		
	也且从	4		
"不问"类	不问	1	25	
	则不问	22		
	即不问	2		

总起来看，《祖堂集》"即不问"转移话题式复句有如下特点：

其一，前一分句绝大多数是受事主语句，"且置""且致""且从""不问"四类标记中的"置""致""从""问"充当谓语中心，主语代表搁置一边的话题，分别是这四个动词的受事。

其二，前一分句的主语有体词性主语，上举例（2）（4）（5）（6）

(10)(11)即是；也有谓词性主语，上举例(1)(3)(7)(8)(12)即是。

其三，后一分句绝大部分为疑问句，也有少量祈使句。52 例中，疑问句 46 例，祈使句 6 例，上举例(11)后一分句即为祈使句，其他 11 例后一分句皆为疑问句。

(二)北宋

北宋的《景德传灯录》中"即不问"式复句的使用情况如表 5-20 所示：

表 5-20　　《景德传灯录》"即不问"式复句使用情况表（单位：次）

标记		频率	合计	总计
"且置"类	且置	21	25	
	亦且置	1		
	即且置	3		
"不论"类	不论	1	1	
"且从"类	且从	6	11	84
	即且从	4		
	也且从	1		
"不问"类	不问	7	47	
	则不问	3		
	即不问	37		

与《祖堂集》相比，《景德传灯录》中"即不问"式复句有四点不同：

其一，全书用得最多的标记在《祖堂集》中是"则不问"，而在《景德传灯录》中是"即不问"。另外，"则且置""则且从"在《景德传灯录》中也都不再出现。特别值得注意的是，同一禅师的同一句话，有多例在《祖堂集》中用"则不问"，而到了《景德传灯录》中换成了"即不问"。例如：

(13)问："四十九年后事即不问，四十九年前事如何？"师以拂子蓦口打。（卷十六，第 311 页，雪峰义存禅师）

（14）时有招上座出曰："上树时即不问，未上树时如何？"师笑而已。（卷十一，第 180 页，香严智闲禅师）

例（13）与上举例（10）是同一禅师的同一句话，《祖堂集》中作"则不问"，此处换为"即不问"。例（14）"上树时即不问"在《祖堂集》卷十九"香严和尚"中作"上树时则不问"（第 471 页）。

"则"的文言色彩较"即"浓，这些变化或许是口语化进程使然。

其二，《景德传灯录》"且置"类没有了"则且置"，此小类中用得最多的标记《祖堂集》是"则且置"，《景德传灯录》则是"且置"。同一禅师的同一句话，不少在《祖堂集》中用"则且置"，到《景德传灯录》中省去"则"仅用"且置"。例如：

（15）泉云："卓庵且置，毕竟事作么生？"师乃打却茶铫便起。（卷七，第 113 页，归宗寺智常禅师）

（16）师曰："犹有前后在。"寂曰："前后且置，和尚见什么？"（卷九，第 143 页，虔州处微禅师）

例（15）南泉和尚的话在《祖堂集》卷十六"南泉和尚"中作"卓庵则且置，毕竟事作摩生？"（第 407 页）例（16）仰山慧寂的话在《祖堂集》卷十七"处微和尚"中作："前后则且置，和尚还曾见未？"（第 427 页）

"则且置"省去"则"仅用"且置"，也应该是口语化程度提高的表现。

其三，《景德传灯录》没有《祖堂集》中可见到的"且致"，而出现了《祖堂集》所无的"不论"。不过，"不论"仅见 1 例，如下：

（17）若是福禄荣贵则且不论，只如当时受佛付嘱底事，还记得么？（卷十九，第 376 页，从展禅师）

其四，《景德传灯录》中有 7 例以"不问"为标记的转移话题复句，而《祖堂集》这种复句仅 1 例。《景德传灯录》中的用例如：

（18）问："学人不问诸余，如何是佛法大意?"师曰："三
枷五棒。"（卷二十，第393页，潜权禅师）

（19）僧问："农家击壤时如何?"师曰："僧家自有本分
事。"曰："不问僧家本分事，农家击壤时如何?"（卷二十六，
第531页，缘胜禅师）

在《景德传灯录》中，转移话题式复句有8例前一分句都是"诸
余即不问"，这与例（18）的区别只是"不问"的位置不同。

(三) 南宋

南宋初年的《古尊宿语要》中"即不问"式复句的使用情况如表
5-21所示：

表5-21　　　《古尊宿语要》"即不问"式复句使用情况表（单位：次）

标记		频率	合计	总计
"且置"类	且置	7	10	
	即且置	3		
"且致"类	且致	4	6	
	即且致	2		
"且从"类	且从	3	4	81
	即且从	1		
"不问"类	不问	1	57	
	则不问	6		
	即不问	50		
"且止"类	且止	1	4	
	则且止	1		
	即且止	2		

南宋晚期的《五灯会元》中"即不问"式复句的使用情况如
表5-22所示：

表 5-22　　　《五灯会元》"即不问"式复句使用情况表　（单位：次）

标记		频率	合计	总计
"且置"类	且置	28	46	168
	亦且置	1		
	即且置	13		
	则且置	4		
"不论"类	不论	1	1	
"且从"类	且从	7	9	
	即且从	2		
"不问"类	不问	9	108	
	则不问	8		
	即不问	91		
"且止"类	且止	2	4	
	即且止	2		

南宋的《古尊宿语要》《五灯会元》有四点值得关注：

首先，这两部禅录用得最多的标记是"即不问"，同于《景德传灯录》而不同于《祖堂集》，这显示了宋代禅录转移话题式复句在标记使用方面的一种共性，是宋代禅录不同于唐代禅录的一个特点。

其次，这两部禅录中出现了此前禅录（包括《景德传灯录》）中未见的"且止"类。"止"即"停止"，意谓"停止不说"。例如：

（20）风不鸣条、雨不破块即且止，作么生打得个翻车筋斗到梵天去？（《古尊宿语要》，第 10 页，神鼎和尚）

（21）林曰："剩栽无影树，留与后人看。"师曰："若是无影树，岂受栽邪？"林曰："不受栽且止，你曾见他枝叶么？"（《五灯会元》卷十三，第 840 页，石门献蕴禅师）

（22）以拄杖画一画，曰："这个即且止，宗门事作么生？"（《五灯会元》卷十六，第 1023 页，法昌倚遇禅师）

再次，《古尊宿语要》有 6 例"且致"类，唐宋其他禅录中只《祖堂集》有 1 例，这是该书的一个特别之处。例如：

（23）上堂举仰山三生话次，僧问："古人且致，和尚即今第几生中?"师云："快活，快活!"（《古尊宿语要》，第 19 页，石门和尚）

（24）泉云："浆水钱且致，草鞋钱教什么人还?"檗便休。（《古尊宿语要》，第 34 页，云峰和尚）

最后，"即不问"式复句各种标记一般都居前一分句句末。南宋之前的《祖堂集》仅有 1 例"也且从"居前一分句句中，《景德传灯录》也仅有"不问"1 例居前一分句句中。而南宋的这两部禅录标记居前一分句句中的《古尊宿语要》有 13 例，《五灯会元》有 10 例。《古尊宿语要》13 例后面带的宾语全为"你"；《五灯会元》10 例，后面带的宾语"你"5 例，"你诸人"1 例，"汝"1 例，"汝诸人"2 例，"他"1 例。例如：

（25）或云："出门一句不问你，万里无云道将一句来!"（《古尊宿语要》，第 12 页，智门和尚）

（26）师云："更有个汉子即不问你，文殊普贤又作么生?"主云："不会。"（《古尊宿语要》，第 21 页，睦州和尚）

（27）上堂："若欲正提纲，直须大地荒。欲来冲雪刃，未免露锋芒。当怎么时，释迦老子出头不得即不问你诸人，只如马镫里藏身，又作么生话会?"（《五灯会元》卷二十，第 1334 页，西禅守净禅师）

（28）示众曰："十五日已前不问汝，十五日已后道将一句来!"（《五灯会元》卷十五，第 928 页，云门文偃禅师）

这一类句子，有人可能认为"你""你诸人"等可下属，如例（27）中华书局 1984 年版苏渊雷点校本《五灯会元》第 1334 页就在"即不问"后点断，以"你诸人"下属。但大家只要看看例（26）就可知道，这类句子应将"你""你诸人"等视为前一分句的宾语。

唐宋禅宗语录中"即不问"转移话题式复句的使用情况可总结为表 5-23：

表5-23　唐宋禅宗语录"即不问"转移话题式复句使用情况总表

（单位：次）

文献	使用总次数	每万字使用次数	"且置"类				"且致"类		"且从"类				"不问"类			"不论"类	"且止"类		
			且置	则且置	即且置	亦且置	且致	即且致	且从	则且从	即且从	也且从	不问	则不问	即不问	不论	且止	则且止	即且止
祖堂集（约25万字）	52	2.08	3	12	1	0	1	0	2	3	1	4	1	22	2	0	0	0	0
景德传灯录（约42万字）	84	2.00	21	0	3	1	0	0	6	0	4	1	7	3	37	1	0	0	0
古尊宿语要（约20万字）	81	4.05	7	0	3	0	4	2	3	0	1	0	1	6	50	0	1	1	2
五灯会元（约78万字）	168	2.15	28	4	13	1	0	0	7	0	2	0	9	8	91	1	2	0	2
合计			59	16	20	2	5	2	18	3	8	5	18	39	180	2	3	1	4
总计			97				7		34				237			2	8		

195

纵观唐宋禅宗语录中"即不问"转移话题式复句的使用情况，可以看出：

晚唐五代的《祖堂集》有不少"即不问"转移话题式复句，此后直到南宋晚期，这种复句一直保持较高的使用频率，在南宋初年的《古尊宿语要》中，其使用频率达到最高峰。以《景德传灯录》与《古尊宿与要》相比，后者的篇幅不到前者的一半，但两书的使用次数却相差无几，可见《古尊宿与要》使用频率之高。到南宋晚期的《五灯会元》，这种复句的使用频率又降至《祖堂集》和《景德传灯录》的水平。

从晚唐五代到南宋晚期，各禅录中这种复句均各种标记并用。标记的使用似乎没有禅师个人风格的差异，因为同一禅师的语录中可见多种标记，甚至同一段话也存在标记并用的现象。例如：

（29）对曰："非但八个月踏碓，黄梅亦不曾到。"师曰："不到且从，从上如许多佛法，什摩处得来？"（《祖堂集》卷六，第178页，洞山和尚）

（30）师便问："道界佛界则不问，且说道界佛界是什摩人，只请一言。"（《祖堂集》卷六，第181页，洞山和尚）

（31）问："诸余即不问，如何是和尚家风？"师曰："家风即且置，阿那个是汝不问底诸余？"（《景德传灯录》卷二十四，第491页，潭州龙兴裕禅师）

（32）问："诸余即不问，向上宗乘亦且置，请师不答。"师曰："好个师僧子。"（《五灯会元》卷十，第582页，永明道潜禅师）

例（29）与例（30）均出自《祖堂集》卷六"洞山和尚"，都是洞山和尚说的话，一用"且从"，一用"则不问"。同样，上文所举例（3）与例（5）均出自《祖堂集》卷十一"保福和尚"，都是保福和尚说的话，一用"即且置"，一用"且从"。例（31）是师徒问答，僧徒问话用"即不问"，师答语用"即且置"。例（32）僧徒的问语是一个祈使句，这个祈使句是一个两重的转移话题式复句，第一分句用"即不问"，第二分句用"亦且置"。

唐宋禅宗语录转移话题式复句的标记总共有"且置""且致""且从""不问""不论""且止"6类，用得最多的是"不问"类，其次是"且置"类。就具体标记而言，用得最多的是"即不问"，其次是"且置"。重要的是，在历史发展过程中，"不问"类和"且置"类中占主导地位的具体标记曾分别发生了由"则不问"到"即不问"、由"则且置"到"且置"的转移，由于"则"的文言色彩较浓，这种转移体现了转移话题式复句口语化的进程。

二、相关问题讨论

(一)唐宋"即不问"转移话题式复句的历史来源及共时分布

为了弄清唐宋"即不问"转移话题式复句的历史来源及共时分布情况，我们就表5-23所列6类17种转移话题标记，穷尽检索了陕西师范大学历史文化学院"汉籍全文检索系统"的"先秦""秦汉""魏晋""南北朝""隋唐五代""宋辽金"6个部分，又就转移话题标记中主要的"不问"类、"且置"类抽查了中华电子佛典协会（CBETA）2010版电子佛典集成。检索所得显示，有两种情况值得注意：

其一，在唐宋禅宗语录较多使用"即不问"转移话题式复句之前，汉译佛经已有少量这类复句用例，中土文献中也可偶见这类复句的踪迹。

汉译佛经中的用例如：

（33）伤歌逻摩纳语曰："阿难！沙门瞿昙及阿难，我俱恭敬、尊重、奉祠。"尊者阿难复语曰："摩纳！我不问汝恭敬、尊重、奉祠谁，我但问汝此二道迹，何者最上、最妙、最胜耶？"（东晋·僧伽提婆《中阿含经》卷三十五）

（34）尊者阿难白曰："尊者舍梨子！我是学人，而不离欲。"尊者舍梨子复语曰："贤者阿难！我不问汝学以无学，我但问汝奉侍佛来二十五年，汝颇忆有起欲心耶？"（东晋·僧伽提婆《中阿含经》卷八）

（35）时彼比丘告梵王曰："我不问此事，自问四大，地、水、火、风，何由永灭？"（后秦·佛陀耶舍共竺佛念《佛说长阿含经》卷十六）

（36）佛言："我不问此识菩萨生，但问识为有为无？"答曰："识非有非无。"（后秦·竺佛念《菩萨璎珞经》卷五）

（37）问曰："且置成坏，但令有法有何咎？"答曰："若离于成坏，是亦无有法。若当离于法，亦无有成坏。"（后秦·鸠摩罗什《中论》卷三）

（38）佛告婆蹉："不但若一，若二、若三，乃至五百，有众多比丘于此法、律尽诸有漏，乃至不受后有。"婆蹉白佛："且置比丘，有一比丘尼于此法、律尽诸有漏，乃至不受后有不？"（南朝宋·求那跋陀罗《杂阿含经》卷三十四）

（39）问："且置真实义，云何名阿毗昙？云何名毗婆沙？"答："于牟尼所说等谛第一义谛甚深义味，宣畅显说真实性义，名阿毗昙。……"（南朝宋·僧伽跋摩等《杂阿毗昙心论》卷一）

（40）尔时微妙即告之曰："汝于三世，欲问何等？"诸比丘尼言："去来且置，愿说现在，解我疑结。"（北魏·慧觉等《贤愚经》卷三）

以上8例，前4例是"不问"的用例，后4例是"且置"的用例，均属转移话题式复句。前7例后面的分句是疑问句，后1例后面的分句是陈述句。值得注意的是，前7例"不问"和"且置"居前一分句的句中或句首，而后1例"且置"居前一分句句末，标记的位置与唐宋禅宗语录中转移话题式复句绝大多数标记的位置相同。

中土文献中"即不问"转移话题式复句在"汉籍全文检索系统"的"先秦""秦汉""魏晋""南北朝"4个部分偶见踪迹，请看下例：

（41）康（杨康）在京师露其事，太傅乃东取王凌。到寿春，固见太傅，太傅问曰："卿知其事为邪？"固对不知。太傅曰："且置近事，问卿，令狐及乎？"固又曰无。（《三国志》卷二八

《魏书·王凌传》"彪赐死，诸相连者悉夷三族"句下裴松之注引《魏略》)

此例说的是山阳人单固的事。王凌及其外甥兖州刺史令狐愚谋废立之事，太傅司马宣王讨平之，追究参与其事者。单固因父与令狐愚关系亲密，受母迫使，到令狐手下任职，受到牵连。太傅问他知王凌事否，他答曰不知。因令狐愚在王凌事败前已病死，故太傅又问曰："且置近事，问卿，令狐及乎?"意谓近来王凌的事就不问了，那么，早前时候，令狐愚参与阴谋了吗? 此例是典型的转移话题式复句。不过，"汉籍全文检索系统"中"先秦""秦汉""魏晋""南北朝"4 个时期的中土文献中，可视作转移话题式复句的仅此 1 例而已。

其二，唐宋时期，除禅宗语录较多使用"即不问"转移话题式复句之外，世俗文献也有少量这种复句的用例。就唐宋时期内部而言，"汉籍全文检索系统""隋唐五代"部分的世俗文献少见用例，"宋辽金"部分稍多见一些。例如:

(42)善庆说曰："涅槃经义，大无恐怖，但请安心，勿令怀忧虑。不问别余，即问上人，《涅槃经疏抄》，从甚处得来?"道安答曰："从庐山远大师处得来。"(《敦煌变文集》卷二《庐山远公话》)

(43)献臣甚喜，欲令左右延饭，乃问之曰："餐来未?"使臣误意"餐"者谓次公也，遽对曰："离长安日，都运制已治装。"献臣曰："不问孙待制，官人餐来未?"(北宋·沈括《梦溪笔谈》卷二十二)

(44)扬雄之迹，曲诣新室，议之者众矣，此置而不论，雄之心如何哉? 观《法言》之书，似未明乎大道之指也。(南宋·葛立方《韵语阳秋》卷八)

(45)文赋且不论，至如叔党此帖，其得意处，岂亦坡代书邪? 可以发一笑也。(金·元好问《跋苏叔党帖》，《元好问全集》卷四十)

（46）岁甲午，予所录《遗山新乐府》成，客有谓予者云：
"子故言宋人诗大概不及唐而乐府歌词过之，此论殊然。乐府
以来，东坡为第一，以后便到辛稼轩，此论亦然。东坡、稼轩
即不论，且问遗山得意时，自视秦、晁、贺、晏诸人为何
如?"予大笑，拊客背云："那知许事? 且噢蛤蜊。"（金·元好
问《遗山自题乐府引》，《元好问全集》卷四十五）

（47）蒲阿至，奏对之间不及此，止言大兵前锋忒木解统
之，将出冷水谷口，且当先御此军。上曰："朕不问此，只欲
问河中可捣否?"（元·脱脱等《金史》卷——四《白华传》）

例（42）虽出自世俗文献，但说的还是佛家之事，后 5 例则说
的纯然是世俗之事了。例（43）说的是李献臣和孙次公部下的事情。
孙次公的部下到郑州参见李献臣，献臣欲招待他吃饭。"孙待制"
即指孙次公，"官人"指孙次公的部下。例（44）是说撇开"扬之
迹"，要谈"扬之心"。例（47）虽出自元代脱脱等人编撰的《金史》，
但因为是皇帝之言，宜视为金代的用例。这 6 例中，例（44）（45）
（46）话题转移标记均居前面分句的句末，标记的位置与唐宋禅宗
语录中转移话题式复句绝大多数标记的位置相同。

曾有学者把"且置"式疑问句（即本节所说的"即不问"转移话题
式复句）归入禅宗语录的"同行语法"现象，即大致认为这种复句为
禅宗语录所独有①。根据上面论列的两种情况，我们认为，既然
唐宋之前汉译佛经和中土文献中已出现这种复句，而唐宋时期世
俗文献中也有这种复句的用例，那么唐宋禅宗语录中的"即不问"
转移话题式复句应是此前出现的这种复句的继承与发展，从历史
来源和共时分布两个角度看，这种复句都不是禅宗语录特有的
现象。

不过，唐宋以前这种复句用例很少，唐宋时期世俗文献这种复
句的用例也很有限，即如南宋的《朱子语类》，堪称鸿篇巨制，多

---

① 于谷：《禅宗语言和文献》，江西人民出版社 1995 年版，第 85~94
页。

是师徒问答，口语化程度也比较高，不少方面与《五灯会元》的口语现象可相互印证，但竟无 1 例"即不问"转移话题式复句。大量使用这种复句的确实还是禅宗语录，因此，将这种复句视为禅宗的"同行语法"现象有一定道理。当然，准确的表述应该是：多用"即不问"转移话题式复句是禅宗语录语法的一大特色。

（二）禅宗语录中"即不问"式复句两大特色的成因

对比唐宋以前各类文献和唐宋时期世俗文献的情况，我们可以明显地感觉到，唐宋禅宗语录中的"即不问"转移话题式复句有两大特色，一是话题转移标记绝大多数居于前一分句末，二是有较高的使用频率。下面依次谈谈这两大特色的成因。

上面唐宋之前的"即不问"式复句共举有 9 例，只有例（40）这 1 例"且置"居前一分句末；唐宋世俗文献"即不问"式复句举有 6 例，有 3 例"不论"居前面分句句末。而唐宋禅宗语录中的"即不问"式复句，话题转移标记绝大多数居于前一分句末。这一现象的形成，应该出于以下两个原因：

其一，随着时间的推移，这种复句使用渐多，于是构式化，逐渐成为一种固定的句式，推动了标记位置的统一和固定。

其二，这种句式的作用是表明话题的转移，把"即不问""且置"等置于前一分句末，让原话题处于前一分句主语位置，突显了原话题，更有效地显现了话题的转移。

禅宗语录中"即不问"式复句有较高使用频率，这与禅宗的修行理念和师徒互动方式有关。

禅宗的修行理念强调直下体悟，顿悟成佛，崇尚借助偶然的问答语句、举止动作、境况事件，猛然截断学人的思路语路，使其摆脱常情俗念，当下悟道。因此，在师徒互动方式方面，一是好用当头棒喝，截断众流；一是常指东说西，超常越轨。关于前者，《惟则语录》卷三《示心源聚维那》曰："夫欲识达心源，别无奇术，惟于念虑汹涌之际，用截流机，当头坐断。"关于后者，请看下面的例子：

（48）问："闭门造车，出门合辙。如何是闭门造车?"师曰："造车即不问，作么生是辙?"曰："学人不会，乞师指示。"师曰："巧匠施工，不露斤斧。"(《五灯会元》卷七，第428页，大钱从袭禅师)

(49)师曰："随我者随之南北，不随我者死住东西。"曰："随与不随且置，请师指出东西南北。"师便打。(《五灯会元》卷五，第281页，仙天禅师)

例(48)僧徒问的是"什么是闭门造车"，从袭禅师避而不答，却问"什么是车辙"。例(49)仙天禅师谈的是"随我""不随我"的问题，僧徒没有响应讨论这个问题，却请师指出"东西南北"。这两段对话都是一人指东，一人说西。其实，指东说西也有截断学人思路语路的用意。指东说西容易形成转移话题式复句，上举"造车即不问""随与不随且置"所在的句子都是转移话题式复句。因此，正是禅宗顿悟成佛的修行理念和好截断众流、指东说西的师徒互动方式造就了禅宗语录较多使用转移话题式复句的现象。

(三)唐宋以后转移话题式复句的走向

唐宋以后"即不问"转移话题式复句的走向可归纳为两个方面。

一方面，使用旧标记的复句仍继续使用，只不过用例不多。我们就"且置""即不问""则不问""且不问""即不论""且不论"6个标记，穷尽检索了"汉籍全文检索系统"的"元""明""清"3个部分(其他标记则抽查)，检索的结果是：元代仅有"且不问"句2例，明代仅有"且置"句2例，清代有"且置"句4例，"且不问"句5例，"且不论"句10例。例如：

(50)我且不问你别的，这香囊上绣着两个交颈鸳鸯儿，煞主何意思那? (元·郑光祖《㑇梅香骗翰林风月》第二折)

(51)你便是端云孩儿。我不问你别的，这药死公公，是你不是? (元·关汉卿《感天动地窦娥冤》第四折)

(52)次日，太宗设朝，问群臣曰："今突厥既亡，其部落逃散者，且置勿论；但来降之众，计有十万，将以何策处之?"群臣议论，纷纷不一。(明·澹圃主人《大唐秦王词话》第

六十四回)

(53)某观察道:"此刻且不问这些话,只问这提煤油的机器,要向那一国定买?"(清·吴趼人《二十年目睹之怪现状》第八十二回)

(54)众人复又大笑曰:"我等且不问你什么禅机禅性,欢喜忧愁咧,只问你近来可食酒肉否?"(清·佚名《三门街前后传》第一百六回)

(55)老蚌曰:"儿婿此次复官,又谁之力?"珠莲曰:"此皆郝相拜求严公荐剡耳。"老蚌曰:"他且不论,娘在衙中,儿何安置?"(清·魏文中《绣云阁》第四十四回)

(56)(善成)一日谓紫玉曰:"吾与尔在此洞内,正好苦用工夫,自有出期,毋庸忧虑也。"紫玉曰:"他且不论,妹问道兄,未从师时,何无妻妾?"(清·魏文中《绣云阁》第一三三回)

"即不问""且置"是唐宋禅宗语录使用最多的标记,"汉籍全文检索系统"的"明""清"又都收有非常多的小说,可是6个标记穷尽检索所得用例既少,而标记居前一分句末的又不多,即典型用例更少,这表明,元以后,使用旧标记的"即不问"转移话题式复句走向了衰落。

另一方面,明清时期出现了新标记"不表""不说",用于转移话题式复句。这是伴随白话小说的兴盛而出现的新变化。需要指出的是,明清用"不表""不说"的转移话题式复句,标记一般居前一分句句首,后面的分句一般是陈述句,与唐宋禅宗语录中"即不问"转移话题式复句颇有不同。例如:

(57)且不说东郑王朝事,再说秦王。(明·澹圃主人《大唐秦王词话》第十八回)

(58)且不说瞿天民丧事何如,单表刘总督自别了夫人登舟之后,不一日已到木马驿前。(明·方汝浩《禅真后史》第二十五回)

(59)不表子牙前来劫营,且言闻太师损兵折将,在帐中

独坐无言。(明·陆西星《封神演义》第五十一回)

(60)不说鲁翔改装赴任,且说吴成拜别家主,领了家书,又在驿中住了一日。(清·笔炼阁主人《八洞天》卷一)

(61)不说韩通受打,再说晋王柴荣奉旨调养姑母,代理监军。(清·吴璇《飞龙全传》第三十六回)

(62)不表必攘在家之事,且说念祖等一班四十余人,已届四年毕业之期。(清·陈天华《狮子吼》第五回)

进入现代,仍可见转移话题式复句,标记常见的是"就不说了"。例如:

(63)别的就不说了,上次我见你带的那把腰刀不错,可否送给小弟当见面礼?(北京语言大学 BCC 语料库"文学类")

(64)以前的咱们就不说了,不说了,现在既然刘平已经表态了,那么小丁,你什么意思啊?(北京语言大学 BCC 语料库"文学类")

(65)这汤怎么做就不说了,咱专说它怎么卖。(北京语言大学 BCC 语料库"报刊类")

这 3 例,标记均居前面的分句末,后面的分句前两例是疑问句,后一例是陈述句。

总起来说,"即不问"转移话题式复句在唐宋之前已经出现,在唐宋禅宗语录中发展到鼎盛阶段;元明以后,使用旧标记的这种复句走向衰落,出现了使用"不说""不表"等新标记的用例;到现代,这种复句以"就不说了"为常见标记,还在使用。现代汉语复句研究的一些代表性著作如邢福义《汉语复句研究》(商务印书馆 2001 年版)、王维贤等《现代汉语复句新解》(华东师范大学出版社 1994 年版)都没有列出这种转移话题式复句,我们认为,根据上面的研究,学者们在建立汉语复句类别系统时,应列出这种复句。

第四节 禅宗语录中"只这(个)是"
类强调式判断句的发展

禅宗语录中有一种表示强调的判断句,例如:

(1)师行脚时,到大安和尚处,便问:"夫法身者,理绝玄微,不堕是非之境,此是法身极则。如何是法身向上事?"安云:"只这个是。"(《祖堂集》卷八,第233页,疏山和尚)

(2)问:"众星攒月时如何?"师曰:"唤什么作月?"曰:"莫即这个便是也无?"师曰:"这个是什么?"(《景德传灯录》卷二十五,第514页,良匡禅师)

(3)问:"如何是承天家风?"师云:"胡饼日日新鲜,佛法年年依旧。"云:"只这便是,为别更有?"师云:"更有则错。"(《古尊宿语要》,第97页,承天和尚)

(4)问:"如何是佛?"师曰:"赞叹不及。"曰:"莫只这便是否?"师曰:"不劳赞叹。"(《五灯会元》卷十三,第796页,道膺禅师)

这种强调式判断句具有如下特点:

第一,主语由代词或由代词参与构成的短语充当,用得最多的是"这个""这";主语前有表示强调、意义相当于语气副词"就"的"只""即";使用判断词"是"(否定判断句可不用"是");绝大多数情况下句中不出现宾语。

第二,基本上只在对话语境中使用。

第三,可用于陈述句和疑问句;用于疑问句可以是测度问、选择问、反诘、是非询问,以测度问居多。

本节探讨这种强调式判断句在唐宋禅宗语录中的发展历程,并就其历史来源、在唐宋时期的共时分布以及在唐宋时期以后的走向等问题展开讨论。

一、发展历程

（一）唐、五代

初盛唐的《坛经》《神会和尚禅话录》里还没有出现这种强调式判断句。

晚唐五代的《祖堂集》中出现了这种判断句，共 34 例，具体情况是："只这……"20 例，"只与摩……"1 例，"即汝……"6 例，"即此……"4 例，"即这……"2 例，"即吾……"1 例。

《祖堂集》34 例强调式判断句的使用特点可总结为：

1. 主要用于陈述句，少量用于问句

主要用于陈述句，共 27 例；少量用于问句，其中测度问 4 例，反诘问 1 例，选择问 1 例，真性是非问 1 例。例如：

（5）师临迁化时，洞山问："和尚百年后，有人问：'还邈得师真也无？'，向他作摩生道？"师云："但向他道：'只这个汉是。'"（《祖堂集》卷五，第 148 页，云岩和尚）

（6）师果然是下来乞钱，赵州便出来把驻云："久向投子，莫只这个便是也无？"师才闻此语，便侧身退。（《祖堂集》卷六，第 167 页，投子和尚）

（7）后游上都，因行分卫，而造一门云："家常。"屏后有老女云："和尚太无厌生。"师闻其言异，探而拔之，云："饭犹未得，何责无厌？"女云："只这个，岂不是无厌？"（《祖堂集》卷十六，第 417 页，黄蘗和尚）

（8）惠明问云："上来密意，即这个是？为当别更有意旨？"（《祖堂集》卷十八，第 461 页，仰山和尚）

（9）师合掌顶戴。报慈拈问僧："只如洞山口里与摩道'合掌顶戴'，只与摩是合掌顶戴？"僧无对。（《祖堂集》卷六，第 183 页，洞山和尚）

例（5）"只这个汉是"是陈述句。例（6）"把驻"即"把住"，指赵州和尚扯住投子和尚，"莫只这个便是也无？"是测度问。例（7）"分卫"指乞讨食物,"家常"是僧人乞求布施之语,"只这个,岂不是无厌?"是反诘。这一例很特殊,不但是反诘,而且是否定判断句,否定加上反诘,变成肯定,是说讨饭就是贪得无厌。例(8)是选择问。例(9)"只与摩是合掌顶戴?"是真性是非问。

2. 绝大多数情况下句中不出现宾语,宾语多承前省略

34 例中有宾语的 7 例。值得注意的是,7 例中谓词性宾语居多,有 5 例,体词性宾语有 2 例。例如:

(10)师云:"虽则德山同根生,不与雪峰同枝死。汝欲识末后一句,只这个便是。"(《祖堂集》卷七,第 200 页,岩头和尚)

(11)自从过得石桥后,即此浮生是再生。(《祖堂集》卷七,第 206 页,雪峰和尚)

(12)祖曰:"即这个不污染底,是诸佛之所护念,汝亦如是,吾亦如是。……"(《祖堂集》卷三,第 111 页,怀让和尚)

例(10)"只这个便是"的宾语是"末后一句",承前一分句省略。例(11)"即此浮生是再生"的"再生"是谓词性宾语。例(12)"即这个不污染底,是诸佛之所护念"的宾语"诸佛之所护念"是"所"字结构,相当于一个名词。

3. 主语由代词或由代词参与构成的短语充当

代词可以是指示代词,也可以是人称代词。计"这个"15 例,"这个+名词性词语"5 例,"这+名词性或动词性词语"2 例;"此"1 例,"此+名词性词语"3 例;"与摩"1 例;"吾+名词性词语"1 例;"汝"1 例,"汝+名词性词语"5 例。例如:

(13)问:"如何是劈破底?"师云:"只这个是。"(《祖堂集》卷十三,第 353 页,福先招庆和尚)

(14)师恰得见庵前树上有青蛇开口,便指云:"汝若去大沩,只这青蛇是。"(《祖堂集》卷十九,第 487 页,观和尚)

(15)只认得驴前马后,将当自己眼目。佛法平沉,即此

便是。(《祖堂集》卷六，第 177 页，洞山和尚)

(16)四祖曰："欲识四祖，即吾身是。"(《祖堂集》卷三，第 82 页，牛头和尚)

(17)又问："如何是古佛心?"师云："即汝心是。"(《祖堂集》卷二十，第 510 页，兴平和尚)

例(13)的主语是"这个"，例(14)的主语是"这青蛇"，例(15)的主语是"此"，例(16)的主语是"吾身"，例(17)的主语是"汝心"。

4. 少数用例判断动词"是"前有副词"便"或"即"与句首"只"或"即"呼应，使句子强调的意味更浓

"是"前有"便"的 7 例，有"即"的 1 例。例如：

(18)遂辄申问："丹霞山在什摩处?"师指山曰："青青黯黯底是。"禅德曰："莫只这个便是不?"(《祖堂集》卷四，第 122 页，丹霞和尚)

(19)师礼而问曰："三乘至教，粗亦研穷。常闻禅门即心是佛，实未能了。伏愿指示。"马大师曰："即汝所不了心即是，更无别物。……"(《祖堂集》卷十五，第 396 页，汾州和尚)

例(18)"莫只这个便是不?"中"便"与"只"呼应。例(19)"即汝所不了心即是"更有特色，两个"即"前后呼应。

(二)北宋

北宋的《景德传灯录》"只这(个)是"类强调式判断句共 40 例，在适用的句类、是否带宾语、主语的构成、是否有副词"便""即"相呼应等方面基本格局同于《祖堂集》，但有一些值得注意的变化。

1. 由代词独立做主语的用例增多，比例明显提升

《祖堂集》中代词不加量词"个"或其他词语而独立做主语的仅 3 例，即"此"1 例、"与摩"1 例、"汝"1 例。《景德传灯录》中代词独立做主语的共 19 例，计"这"11 例、"者"2 例、"此"2 例、"汝"

4 例。例如：

（20）师曰："还将得马师真来否？"曰："只这是。"（《景德传灯录》卷五，第 84 页，慧忠国师）

（21）僧问："如何是祖师意？"师乃敲床脚。僧云："只这莫便是否？"师云："是即脱取去。"（《景德传灯录》卷十，第 156 页，从谂禅师）

（22）时竹上有一青蛇子，师指蛇云："欲识西院老野狐精，只这便是。"（《景德传灯录》卷十二，第 219 页，灵观禅师）

（23）僧问："如何是佛？"师曰："即汝是。"（《景德传灯录》卷二十三，第 470 页，智洪弘济大师）

《祖堂集》中"只这(个)是"类强调式判断句做主语最多的是"这个"，《景德传灯录》中这种强调式判断句做主语最多的是"这"；这种判断句中"这"单独做主语在《祖堂集》中未见 1 例，《景德传灯录》中有 11 例。这是很值得关注的现象。这说明，"这"早期只具有指示功能，后来才发展出称代功能，在北宋的《景德传灯录》中，这种称代功能已经具备，在强调式判断句中独立充当主语，称代性得到了突出表现。从语用的角度看，"这"单独做主语比"这个"或"这+其他词语"做主语节奏更紧凑，强调的力度加大。

2. 问句句末语气词有变化，出现了"么"

《祖堂集》7 例问句，反诘问、选择问、是非问句末皆无语气词；测度问 4 例，2 例句末用语气词"不"，2 例句末用语气词连用式"也无"①。《景德传灯录》中有问句 13 例，测度问句 11 例，句末

---

① 关于问句末"无"的语法性质，我们同意吴福祥的意见，认定测度问句中的"无"是语气词。参见吴福祥：《从"VP-neg"式反复问句的分化谈语气词"么"的产生》，《中国语文》1997 年第 1 期。关于问句末"不"的语法性质，我们除了同意吴福祥（1997）的意见即认为测度词和句尾否定词不允许共现，还进一步认为，"只这(个)是"类强调式判断句其测度问句中会有"只""便"呼应极力强调"是"，故句尾"不"不是例外，它不可能表否定而构成反复问从而形成测度问与反复问杂糅，也宜认作语气词。

为"否"的 4 例，为"也无"的 2 例，用"么"的 5 例；真性是非问句
2 例，1 例句末无语气词，1 例句末为"否"。句末用语气词"么"的
例子如：

    （24）仰山问："如何是西来意?"师云："大好灯笼。"仰山
云："莫只这个便是么?"师云："这个是什么?"仰山云："大好
灯笼。"（《景德传灯录》卷九，第 134 页，沩山灵祐禅师）

    （25）乃问："丹霞山向什么处去?"师指山曰："青黯黯
处。"僧曰："莫只这个便是么?"师曰："真师子儿，一拨便
转。"（《景德传灯录》卷十四，第 271 页，丹霞天然禅师）

    （26）僧问："如何是兴福主?"师曰："阇梨不识。"曰："莫只
这便是么?"（《景德传灯录》卷二六，第 529 页，可勋禅师）

问句句末语气词"吗"来源于"么"，"么"来源于"无"。问句末
用"么"较用"不""否""无"在语言本身是一种新发展，对记载的文
献来说，则体现口语化程度的提高。例（24）在《祖堂集》卷十六中
"沩山灵祐和尚"部分相应的句子作"莫只这个便是也无"，例（25）
在《祖堂集》卷四中"丹霞天然和尚"部分相应的句子作"莫只这个便
是不"，此 2 例在《景德传灯录》中句末由"也无"或"不"换成了
"么"，反映了语言的新发展。

（三）南宋

南宋的《古尊宿语要》中"只这（个）是"类强调式判断句共 16
例，具体情况是："只这……" 5 例，"只者……" 8 例，"只
你……" 1 例，"即者……" 1 例，"即汝……" 1 例。

南宋的《五灯会元》中"只这（个）是"类强调式判断句共 52 例，
具体情况是："只这……" 40 例，"只此……" 2 例，"只汝……" 1
例，"即此……" 5 例，"即汝……" 4 例。

南宋禅宗语录"只这（个）是"类强调式判断句的使用有三点值
得注意：

其一，由代词独立做主语的比例继续攀升。《祖堂集》中代词
独立做主语仅 3 例，占用例总数的 9%；《景德传灯录》中代词独立

做主语共 19 例，占用例总数的 48%。《古尊宿语要》中代词独立做主语 12 例，其中，"这"4 例，"者"6 例，"你"1 例，"汝"1 例，占用例总数的 75%；《五灯会元》中代词独立做主语共 34 例，其中，"这"27 例，"此"3 例，"汝"4 例，占用例总数的 65%。显然，南宋的两部禅录在《景德传灯录》的基础上比例又有提高，《古尊宿语要》提高的幅度尤大。这种句子中做主语的主体是"这(者)"，"这"单独作主语从晚唐五代到北宋再到南宋比例不断提升，表明它的独立性不断增强。

其二，句中有"便""即"呼应的用例比例继续提高。《祖堂集》中句中有"便""即"呼应的共 8 例，即"便"7 例，"即"1 例，占用例总数的 24%；《景德传灯录》中有"便""即"呼应的共 16 例，即"便"15 例，"即"1 例，占用例总数的 40%。《古尊宿语要》中有"便"呼应的共 10 例，占用例总数的 63%；《五灯会元》中有"便"呼应的共 24 例，占用例总数的 46%。可见，在句中有"便""即"呼应方面南宋的两部禅录在《景德传灯录》的基础上比例也有提高，同样是《古尊宿语要》中提高的幅度尤大。这方面的比例从晚唐五代到北宋再到南宋不断提升，表明这种句式对语义的强调力度不断增强。

其三，总体使用频率持续下降。从一万字中使用这种句式的次数来看，《祖堂集》是 1.36 次，《景德传灯录》是 0.95 次，《古尊宿语要》是 0.8 次，《五灯会元》是 0.67 次。看来，这种句式在晚唐五代使用最多，此后频率逐步下降。

唐宋禅宗语录中"只这(个)是"类强调式判断句的使用情况可总结为表 5-24：

表5-24 唐宋禅宗语录"只这(个)是"类强调式判断句使用情况总表

（单位：次）

文献	使用总次数	每万字使用次数	只这	只者	只此	只与摩	只你	只汝	即这	即者	即此	即吾	即汝
《坛经》（约1.4万字）	0	0	0	0	0	0	0	0	0	0	0	0	0

续表

文献	使用总次数	每万字使用次数	只这	只者	只此	只与摩	只你	只汝	即这	即者	即此	即吾	即汝
《神会和尚禅话录》（约4.1万字）	0	0	0	0	0	0	0	0	0	0	0	0	0
《祖堂集》（约25万字）	34	1.36	20	0	0	1	0	0	2	0	4	1	6
《景德传灯录》（约42万字）	40	0.95	19	2	2	0	0	0	5	1	4	1	6
《古尊宿语要》（约20万字）	16	0.8	5	8	0	0	1	0	0	1	0	0	1
《五灯会元》（约78万字）	52	0.67	40	0	2	0	0	1	0	0	5	0	4
总计			84	10	4	1	1	1	7	2	13	2	17

二、相关问题讨论

（一）"只这（个）是"类强调式判断句的历史来源

唐代禅宗语录中"只这（个）是"类强调式判断句是唐以前汉译佛经中同类句式的继承与发展。

张美兰（2003：59）在讨论《祖堂集》特殊的判断句式时曾谈到魏晋南北朝时期汉译佛经中有"此即无畏王子是也"一类判断句。曹广顺等（2011：365）也曾举出姚秦《大庄严论经》中的 1 例："一切施者，我身即是。"确实，唐以前的汉译佛经中已经有不少这样的判断句：判断动词后无宾语；主语是代词或由代词参与构成的短语，指示代词"此"和人称代词"我"常见；句中常有表强调的副词"即"或"则"。按"即"或"则"在句中的位置，这种判断句可别为两类：

一类表强调的"即"在主语后。例如：

(27)(鹿王)作是语已,即至王所,溺人见已寻示王言:"所言鹿王此即是也。"作是言已,两手落地。(三国·支谦《菩萨本缘经》卷下)

(28)帝释答曰:"大王!闻有天帝释耶?"答曰:"闻有帝释。"告曰:"我即是也。大王有大善利,有大功德。"(东晋·瞿昙僧伽提婆《中阿含经》卷第十四)

(29)"我闻此山中有仙人,名睒摩迦,慈仁孝顺,养盲父母,举世称叹。汝今非睒摩迦也?"答言:"我即是也。"(元魏·吉迦夜共昙曜《杂宝藏经》卷第一)

另一类表强调的"即""则"在主语前。例如:

(30)佛告诸比丘:"欲知尔时方迹王者,则此比丘是;那赖仙人者,则我身是。尔时相遭,今亦相遇。"(西晋·竺法护《生经》卷第一)

(31)阿难!汝欲知者,尔时,顶生王者岂异人乎?莫作是观。何以故?尔时王者,阿难!即我身是。(西晋·法炬《佛说顶生王故事经》)

(32)卿等欲见拘娑罗国王长寿儿长生童子者,即此是也。(东晋·僧伽提婆《中阿含经》卷第十七)

(33)尔时大典尊岂异人乎?莫造斯观,即我身是也。(后秦·佛陀耶舍共竺佛念《佛说长阿含经》卷第五)

(34)乃至今者,诸人相传,諸于此处为象堕坑,即此是也。(隋·阇那崛多《佛本行集经》卷第十三)

(35)尔时,佛告彼迦叶言:"……彼树上果,我今将来在此堂内。"指示迦叶:"彼阎浮果即此是也……"(隋·阇那崛多《佛本行集经》卷第四十一)

第一类与唐宋禅宗语录中的"只这(个)是"类强调式判断句已很接近,第二类就基本一致了,特别是第二类中的例(32)(34)(35),句中指示代词"此"单独作主语。在第二类基础上,句首表强调的副词换成"只"，主语部分的指示代词换成"这"，句中加上呼应的副词"便"，就成为唐宋典型的"只这(个)是"类强调式判断句了。

(二)唐宋时期"只这(个)是"类强调式判断句的共时分布

为了了解唐宋时期"只这(个)是"类强调式判断句的共时分布状况，我们对晚唐五代的《敦煌变文集》和南宋的《朱子语类》做了不完全调查。《敦煌变文集》电子版我们检索了"只这""只者""只遮""只此""只我""只吾""只你""只汝""即这""即者""即遮""即此""即我""即吾""即你""即汝""则这""则者""则遮""则此""则我""则吾""则你""则汝"，共检得9例，即"只这"3例，"只此"1例，"只我"2例，"只吾"1例，"只你"1例，"即我"1例。《朱子语类》我们检索了"只这""只者""只遮""只此""只我""即我"，共检得64例，即"只这"17例，"只此"47例。例如：

(36)善庆曰："若觅诸人，实当不是；若觅远公，只这贱奴便是。"(《敦煌变文集·庐山远公话》，第190页)

(37)我当初辞师之日，处分交代，逢庐即住，只此便是我山修道之处。(《敦煌变文集·庐山远公话》，第167页)

(38)难陀报天女曰："只我便是佛弟难陀。"(《敦煌变文集·难陀出家缘起》，第400页)

(39)彼时鸟者，即我身是。(《敦煌变文集·四兽因缘》，第855页)

(40)只这便是至善处。(《朱子语类》卷第十六，第319页)

(41)只这三者，便是涵养地头。(《朱子语类》卷第三十五，第915页)

(42)只此便是格物。(《朱子语类》卷第十五，第284页)

(43)如今俗语云"逢人只说三分话"，只此便是不忠。(《朱子语类》卷第二十一，第490页)

(44)所谓"易"者，只此便是。(《朱子语类》卷第六十五，第1615页)

由《敦煌变文集》和《朱子语类》的情况可见，唐宋时期，"只这(个)是"类强调式判断句的使用不局限于禅宗语录，其他文献也有使用，有些文献如《朱子语类》使用频率也比较高。不过，需要指出的是，《朱子语类》中的这类句子，"是"后多带宾语。

(三)唐宋时期以后"只这(个)是"类强调式判断句的走向

明代，我们对长篇小说《水浒传》和学者语录《传习录》做了不完全调查，检索了"只这""只者""只遮""只此""只我""只吾""只你""只汝""只他""即这""即者""即遮""即此""即我""即吾""即你""即汝""即他""则这""则者""则遮""则此"。在《水浒传》中共检得16例，即"只这"2例，"只此"9例(其中3例用"为"表判断)，"只我"4例，"只你"1例；在《传习录》中只检得"只此"3例。例如：

(45)只这个白胜家，便是我们安身处。(《水浒传》第十六回，第198页)

(46)他姓阮，他在石碣住，他是打鱼的，弟兄三个。只此是实。(《水浒传》第十八回，第238页)

(47)市镇上，诸行百艺都有。虽然比不得京师，只此也是人间天上。(《水浒传》第三十三回，第444页)

(48)宋江听了大喜，向前拖住道："有缘千里来会，无缘对面不相逢。只我便是黑三郎宋江。"(《水浒传》第三十五回，第475页)

(49)董平大笑，喝道："只你便是杀晚爷的大顽!"(《水浒传》第七十八回，第1071页)

(50)比如在此歌诗，你的心气和平，听者自然悦怿兴起，只此便是元声之始。(明·王阳明《传习录》卷下"黄省曾录"，第168页)

清代，我们对学者学术笔记《读四书大全说》和长篇小说《儒林外史》《红楼梦》做了不完全调查，检索了"只这""只者""只遮""只此""只我""只吾""只你""只汝""只他""即这""即者""即遮""即此""即我""即吾""即你""即汝""即他""则这""则者""则遮""则此"。在《读四书大全说》中共检得60例，即"只此"34例，"即此"26例；在《儒林外史》中只检得"只这"1例；在《红楼梦》中也只检得"即此"1例。例如：

（51）如人至京都，不能得见天子，却说所谓天子者只此宫殿嵯峨、号令赫奕者是。（清·王夫之《读四书大全说》卷十，第664页）

（52）只此身便是神明之舍，而岂心之谓与？（清·王夫之《读四书大全说》卷十，第713页）

（53）用力克去己私，即此便是英气。（清·王夫之《读四书大全说》卷五，第323页）

（54）只这申老爹的令郎，就是夏老爹的令婿；夏老爹时刻有县主老爷的牌票，也要人认得字。（《儒林外史》第二回，第17页）

（55）贾政即忙叩首拜谢，便说："老亲翁即此一行，必是上慰圣心，下安黎庶，诚哉莫大之功，正在此行。"（《红楼梦》第一一四回，第1566页）

从对明清部分文献的调查可知，明代"只这（个）是"类强调式判断句还有一定用例，到清代，这种判断句就很少见了。《水浒传》与《儒林外史》都有江淮官话的背景，两书相较，清代的衰微明显可见。王夫之《读四书大全说》中有多一些的用例，从其具体组合是"只此""即此"看，全用"此"，应属于学者仿古现象。

现代汉语方言中这种判断句是否还在使用，目前不得而知。现代汉语通语中有一种"就+代词"的判断句，是否是这种判断句呢？请看北京语言大学BCC语料库里的一些用例：

（56）再看他还把脸越拉越长，心里也窜火气：别人都是狼，就你是兔子？瞧这德性！你哪点比我强？

（57）这洪荒之中也就你是扫把星，光连累别人！

(58)庞星笑道:"大嫂! 咱们查遍南阳岛,就你是个人才! 你不当代司令,只能请湖中的大鲤鱼来当了!"

(59)看大街上人人都那么欢乐,成双成对的,不是情侣就是朋友。就我是一个人,我真迷茫了。

(60)全世界都是好人! 就我是坏人! 我活该死!!

(61)几代人都是大学生,就他是个高中生!

这种"就+代词"的判断句出现时间应该很晚。在"汉籍全文检索系统"的明、清两部分,我们检索"就你""就这是""就这个是",未见这种判断句①。这种"就+代词"的判断句表面上看似乎就是唐宋以来的"只这(个)是"类强调式判断句,仅由"就"替换了"只"。但仔细琢磨例(56)至例(61),我们便可发现,这种"就+代词"的判断句,其"就"的作用是确定范围,排斥其他,"就"是范围副词,而非表肯定的语气副词,而"只这(个)是"类强调式判断句中的"只"或"即"是表示肯定的语气副词。这样看来,"就+代词"判断句和"只这(个)是"类强调式判断句实际上是不一样的,"只这(个)是"类强调式判断句在现代汉语通语中已经消亡。

三、结语

综上所述,唐宋禅宗语录中,"只这(个)是"类强调式判断句晚唐五代使用最多,进入宋代其使用频率逐步下降,而从晚唐五代到南宋,这种判断句由代词独立做主语的比例不断提高,句中有"便""即"与句首"只""即"相呼应的用例比例也不断攀升,显示其强调的力度不断增强。这种判断句是唐以前汉译佛经中同类句式的继承与发展;唐宋时期,它的使用不局限于禅宗语录,世俗文献也使用不少;明清时期,这种判断句逐渐衰落,到现代汉语通语中就

---

① "汉籍全文检索系统"清代部分可见《九尾龟》第一百四十二回中的 1 例:"就你算是真的,我的不是,如何?"可上海古籍出版社 1994 年版"古本小说集成"本《九尾龟》第 660 页作:"就算你是真的,我的不是,如何?""汉籍全文检索系统"电子版输入有误。

彻底消亡了。

"只这(个)是"类判断句是汉语史上曾经存在过的一种具有强调作用的特殊判断句,我们在考察汉语判断句发展史的时候,应关注这样一些特殊的判断句式。

第五节　禅宗语录中"著"字祈使句的发展

"著"(有的文献写作"着")字祈使句是指以语气词"著"结句的祈使句。这种祈使句唐代开始出现,是汉语史上很重要的一种祈使句。唐宋禅宗语录在"著"字祈使句的使用方面有突出的表现,在"著"字祈使句发展史上有重要地位。本节梳理唐宋禅宗语录中"著"字祈使句的发展过程,就"著"字祈使句的历史来源、唐宋时期"著"字祈使句的共时分布、唐宋以后"著"字祈使句的走向等问题展开讨论。

一、发展历程

(一)晚唐五代

《坛经》《神会和尚禅话录》未见"著"字祈使句,到晚唐五代的《祖堂集》,这种祈使句才有一定数量的用例。

《祖堂集》中共有"著"字祈使句 13 例,其中 12 例表示命令。这其实很容易理解,因为这类祈使句多为禅师向僧徒发话,是会话中上对下的关系,故多命令之词。例如:

(1)师唤阿难,阿难应喏。师曰:"倒却门前刹竿著!"(《祖堂集》卷一,第 28 页,大迦叶尊者)

(2)师唤沙弥,沙弥应喏,师云:"添净瓶水著!"(《祖堂集》卷五,第 155 页,道吾和尚)

(3)夹山上堂,云:"前日到岩头、石霜底阿师出来,如法举著!"其僧才举了,夹山云:"大众还会摩?"众无对。(《祖堂集》卷七,第 201 页,岩头和尚)

(4)保福云:"谢和尚领话。"自云:"礼拜著!"(《祖堂集》

卷七，第 204 页，雪峰和尚)

（5）师问僧："你还有父母摩？"对云："有。"师云："吐却著！"别僧云："无。"师云："吐却著！"（《祖堂集》卷七，第 210页，雪峰和尚)

（6）师唤沙弥："拽出这个死尸著！"（《祖堂集》卷十六，第 422 页，石霜性空和尚)

例（3）里的"举"是"述说"的意思。例（4）里的"领话"是"承接、领会对方机语"的意思。

《祖堂集》里的"著"字祈使句有 1 例表示禁止。如下：

（7）隔数年后，仰山有语，举似师云："切忌勃素著！"（《祖堂集》卷十六，第 415 页，沩山和尚)

"勃素"是胡乱诉说之意。

从语法构成角度看，《祖堂集》这 13 例"著"字祈使句主语皆不出现，谓语部分或为单个动词，如例（4）；或为偏正短语，如例（3）；或为动宾短语，如例（1）、例（2）、例（6）、例（7）；或为动补短语，如例（5）两个"吐却"。

在《祖堂集》中，祈使句的语义分工大致是："著"字句多用于上对下，表示命令；下对上即僧徒对禅师多用"请"字句，表示请求；表禁止则有"莫"字句，以"莫"字句为主。下面略举几例"请"字句、"莫"字句：

（8）又问："请和尚安心。"师曰："将心来，与汝安心。"（《祖堂集》卷二，第 64 页，菩提达摩和尚)

（9）僧云："便请和尚语话。"师曰："青山绿水不相似。"（《祖堂集》卷四，第 127 页，丹霞和尚)

（10）问："大众云集，从上宗乘，请师举唱。"师云："不举唱。"（《祖堂集》卷十二，第 330 页，宝峰和尚)

（11）师云："你莫闹！我若称断，是你嘱我；你若称断，

我则嘱你。"(《祖堂集》卷二,第73页,弘忍和尚)

(12)问:"香烟匝地,大展法筵。从上宗乘,如何举唱?"师云:"莫错举似人。"(《祖堂集》卷十二,第331页,泐潭和尚)

(13)"古今事如何?"师云:"莫乱道。"(《祖堂集》卷十二,第335页,清平和尚)

(二)北宋

北宋的《景德传灯录》中,"著"字祈使句共出现33例。跟《祖堂集》一样,这些祈使句基本上都表示命令。不过,较之《祖堂集》,《景德传灯录》的"著"字祈使句有三点值得注意的变化。

第一,使用频率有提高。《祖堂集》篇幅约25万字,有"著"字祈使句13例,每万字0.52句;《景德传灯录》篇幅约42万字,有"著"字祈使句33例,每万字约0.79句。这表明,北宋"著"字祈使句有较大的发展。

第二,出现了带主语的"著"字祈使句。《祖堂集》13例"著"字祈使句主语皆不出现,《景德传灯录》中有4例"著"字祈使句句中出现了主语。如下:

(14)问:"如何是道?"师曰:"破草鞋与抛向湖里著!"(《景德传灯录》卷十六,第309页,岩头全豁禅师)

(15)僧问:"不因王请,不因众聚,请师直道西来的的意。"师曰:"那边师僧过遮边著!"(《景德传灯录》卷十九,第385页,大钱山从袭禅师)

(16)上堂,大众立久,师曰:"诸兄弟各诣山门来,主人口如匾担相似,莫成相违负也?无久在众,兄弟也未要怪讶著!若带参学眼,何烦久立?各自归堂,珍重。"(《景德传灯录》卷二十一,第427页,宝资晓悟大师)

(17)曰:"和尚怎么道,教学人如何扶持得?"师曰:"你急手托虚空著!"(《景德传灯录》卷二十八,第589页,南泉普愿和尚)

例(14)"破草鞋"是受事主语,后 3 例主语都是施事主语。例(16)"口如匾担"指闭口不说话,"莫成"是表测度的语气副词,"在众"指僧徒在大众之中一起参习,"珍重"是告别的客气话。此例宝资晓悟大师所言大意是说自己闭口不说话,僧徒无需在堂上听自己讲法。"著"字祈使句的主语"兄弟"是大师称自己门下的僧徒。例(17)主语是第二人称代词"你"。

第三,从语义上看,有几例祈使句有特色,值得注意。例如:

(18)问:"无弦琴请师音韵。"师良久,曰:"还闻么?"僧曰:"不闻。"师曰:"何不高声问著?"(《景德传灯录》卷十三,第 256 页,首山省念禅师)

(19)岩头云:"什么处去也?"师曰:"布袋里老鸦,虽活如死。"岩头云:"退后著,退后著!"(《景德传灯录》卷十七,第 340 页,钦山文邃禅师)

(20)问:"向上一路千圣不传,未审和尚如何传?"师曰:"且留口吃饭著。"(《景德传灯录》卷十九,第 373 页,弘瑫禅师)

例(18)是反诘句句末加语气词"著"表祈使,可视为反诘与祈使叠合表命令,提高了表达的语义强度。例(19)重复"退后著",亦强化了命令义。例(20)"且留口吃饭著"是表达劝诫义的祈使句,且表达的是自我劝诫。

(三)南宋

南宋初年的《古尊宿语要》"著"字祈使句的使用有两点值得注意:

第一,使用频率较《祖堂集》《景德传灯录》都有较大幅度提升。《古尊宿语要》有"著"字祈使句 31 例,按其书约 20 万的篇幅计算,每万字有"著"字祈使句 1.55 句。这差不多是《祖堂集》每万字 0.52 句的 3 倍,是《景德传灯录》每万字约 0.79 句的 2 倍,表明南宋"著"字祈使句进入盛用时期。

第二,语义上绝大多数还是表示命令,其中 2 例反诘与祈使叠合表命令,另有表禁止 1 例,表劝诫 1 例。还有 1 例是表提醒的,非常口语化：

（21）问一僧：“今日施主开经么？”僧云：“是。”师云：
“好生著，莫教错。”僧云：“某甲不教错。”师云：“入地狱如箭
射。”（《古尊宿语要》，第 17 页，睦州和尚）

“好生”是非常口语化的副词，由形容词“好”加上后缀“生”组
成，意思是“好好儿地”，多用于祈使句。《景德传灯录》中已见 1
例：“问：‘如何是凤山境？’师曰：‘好生看取！’”（卷二十三，第
474 页，归晓大师）《古尊宿语要》本书也有另 1 例“好生”：“初入
寺，升座，僧问：‘法席久虚师子吼，乞师方便震雷音。’师云：
‘好生听取！’”（第 16 页，云峰和尚）《五灯会元》有 2 例，1 例见于
卷十四第 861 页“归晓禅师”，与《景德传灯录》之例全同；另 1 例
是：“曰：‘即今又如何？’师曰：‘好生点茶來！’”（卷十四，第 869
页，石门筠首座）除例（21）外，其他几例“好生”虽都用于祈使，但
句末没有语气词“著”。还有一点，其他几例“好生”后面都跟动词
性成分，“好生”只是以状语身份起修饰作用，而例（21）“好生”加
上语气词“著”就成句表达祈使，这也是比较特别的。不过，这并
不奇怪。现代方言“好生”也可以这么用。如在黄梅方言中，小孩
从厨房端一大钵滚热鸡汤上餐桌，大人会叮嘱说：“好生得，莫炮
到掉！”（“得”是语气词，“炮”是烫的意思，“掉”相当于“了”）
南宋晚期的《五灯会元》“著”字祈使句的使用有如下几点值得
注意：
第一，全书共有“著”字祈使句 68 例，其书总篇幅约 78 万字，
每万字有“著”字祈使句约 0.87 句。这低于《古尊宿语要》的每万字
1.55 句，但高于《景德传灯录》的每万字 0.79 句，显示与北宋相
比，南宋禅宗语录“著”字祈使句的使用频率整体上处于提升态势。
第二，有 4 例“著”字祈使句句中出现主语。例如：

（22）有僧请益云门，门曰：“汝礼拜著！”僧礼拜起，门以
拄杖柽之。（《五灯会元》卷七，第 398 页，玄沙师备禅师）

(23)僧曰:"请和尚放下竹篦,即与和尚道。"师放下竹篦,僧拂袖便出。师曰:"侍者认取这僧著。"(《五灯会元》卷十九,第1278页,径山宗杲禅师)

例(22)中主语是第二人称代词"汝",例(23)主语是名词"侍者"。

第三,语义上仍然绝大多数表示命令,其中1例反诘与祈使叠合表命令,另有表劝诫1例。还有2例是表提醒的,非常口语化:

(24)师在沩山作典座,沩问:"今日吃甚菜?"师曰:"二年同一春。"沩曰:"好好修事著!"师曰:"龙宿凤巢。"(《五灯会元》卷五,第294页,夹山善会禅师)

(25)上堂,众集定,首座出礼拜。师曰:"好好问著!"座低头。问话次,师曰:"今日不答话。"便归方丈。(《五灯会元》卷十二,第719页,金山昙颖禅师)

这两例,"著"字祈使句都用"好好"作状语。

根据以上分析,我们可以对唐宋禅宗语录中"著"字祈使句的使用情况做出以下几点总结:

首先,基本上都用于表达命令,是语义强度高的一类祈使句,偶尔用于表达禁止、劝诫、提醒。

其次,晚唐五代禅宗语录"著"字祈使句中不出现主语,宋代禅宗语录中则有少量祈使句使用主语。主语可以是施事,也可以是受事;可以由第二人称代词充当,也可以由名词性成分充当。

最后,从晚唐五代到南宋,使用频率呈不断提升态势,北宋较晚唐五代有较大发展,南宋则进入鼎盛阶段。

二、相关问题讨论

(一)"著"字祈使句的历史来源

关于祈使语气词"著"的来源,学术界讨论得尚不充分,有以下几种初步的意见:

　　第一种意见：与语气词"者"为同一词气词的不同标写形式。吕叔湘(1941/1984：67~68)指出："是著、者、咱三字之为同一语助词之异式，已无疑义。""至于一般告语，则宋人参用者、著二字，而以著为多；金元者字转胜，又别增咱字。"

　　第二种意见：由动态助词进一步虚化而来。刘宁生(1985)认为，《敦煌变文集》中"著"的动态助词用法已趋向于成熟，且已有"井中水满钱尽，遣我出着"这样的"着"字祈使句，因此"'着'在时态助词的基础上发展出语气词的新用法"。孙朝奋(1997)把"你听着！"中的"着"称为"起始体"，可见他将祈使语气词纳入时体范畴，然后他以时体体系内部的延伸来解释起始体(祈使语气)的来源："著"由动词演化为"处所词""趋向词"，再虚化为非完成体(持续、进行)，由非完成体延伸就产生了起始体。

　　第三种意见：来源于六朝"动+宾+著+方位结构"中的"著"。罗骥(2003：160)推测，祈使语气词"著"可能来源于南北朝表处所的"著"，其大致演化过程是："附着"义动词用于"动+宾+著+方位结构"，宾语脱落后变成"动+著+方位结构"，"动+著+方位结构"中方位结构脱落或转移后变成"动+著"。这时，"著"进一步虚化，如果表动作行为的时体，就成为形尾(动态助词)；如果表达全句的事态，就成为语气词。"著"的动态助词用法和语气词用法是平行分化，二者之间不存在相互虚化的关系。曹广顺等(2011：349~350)也推测祈使语气词"著""和六朝时期的'动(宾)著+处所词'格式有关……这种格式中的'著'可以看作附着义动词；唐代以后，由于语用因素的诱发，处所词移置于'著'字之前(处所词或有介词'向'引导)，这样'著'字便处于句末，具备了虚化为语气词的句法条件"。

　　这三种说法中，第三种说法问题比较明显：只注意到同居句末这一语法位置因素，没有说明"附着"义动词"著"跟祈使义语气是如何建立语义联系的。"附着"义"著"是动态助词(持续体、进行体)"著"的来源很容易理解，但说它是祈使语气的源头缺乏语义根据。

　　第二种说法特别是孙朝奋的分析有一定道理，能自圆其说，但更多的是理论推测，尚缺乏实际语言史事实的支撑。

相对来说，第一种吕叔湘先生的意见还是比较可信的。理由是：

其一，"者"字在先秦就用作语气词，表示假设、疑问，也可表祈使。先秦两汉表祈使的用例有：

（26）桓公曰："定民之居若何？"管子对曰："制鄙。三十家为邑，邑有司；十邑为卒，卒有卒帅；十卒为乡，乡有乡帅；三乡为县，县有县帅；十县为属，属有大夫。五属，故立五大夫，各使治一属焉；立五正，各使听一属焉。是故正之政听属，牧政听县，下政听乡。"桓公曰："各保治尔所，无或淫怠而不听治者！"（《国语·齐语》，第83页）

（27）李兑舍人谓李兑曰："臣窃观君与苏公谈也，其辩过君，其博过君，君能听苏公之计乎？"李兑曰："不能。"舍人曰："君即不能，愿君坚塞两耳，无听其谈也。"明日复见，终日谈而去。舍人出送苏君，苏秦谓舍人曰："昨日我谈粗而君动，今日精而君不动，何也？"舍人曰："先生之计大而规高，吾君不能用也。乃我请君坚塞两耳，无听谈者。虽然，先生明日复来，吾请资先生厚用。"（《战国策·赵策一》，第897页）

（28）（解扬）将死，顾谓楚军曰："为人臣毋忘尽忠得死者！"楚王诸弟皆谏王赦之，于是赦解扬使归。（《史记·郑世家》，第211页第四栏）

（29）秦惠王车裂商君以徇，曰："莫如商鞅反者！"遂灭商君之家。（《史记·商君列传》，第255页第四栏）

（30）庄为太史，诫门下："客至，无贵贱无留门者！"执宾主之礼，以其贵下人。（《史记·汲郑列传》，第340页第二栏）

例（26）"听"是"审察、治理"的意思，"牧"指属大夫，"下政"指县帅，"各保治尔所，无或淫怠而不听治者！"是齐桓公对正、属大夫、县帅、乡帅等各级官员的命令，"者"为祈使语气词甚明。

例(27)前面舍人对李兑言"愿君坚塞两耳，无听其谈也"显然是祈使句，"也"为语气词，后面"乃我请君坚塞两耳，无听谈者"是舍人转述自己头一天所言，"者"对应"也"，应为祈使语气词。例(28)叙壮士解扬冒死欺骗楚王以完成晋君交付的使命，当楚王要杀掉他时，他对楚国的军队说："为人臣毋忘尽忠得死者!"这里的"者"应为语气词，表祈使。例(30)称颂郑庄(名"当时")乐于助人、谦恭有礼，说他曾告诫手下人，客人来投奔，无论贵贱，都要留下来招待，"客至，无贵贱无留门者!"是以语气词"者"结句的祈使句。这一句《汉书·郑当时传》亦见，作"客至，亡贵贱亡留门者"。

吕叔湘(1941/1984：71)基于"者"字表祈使用法起于何时"尚待详考"，因只见《史记·商君列传》"莫如商鞅反者"1例，所以未"遽为论断"，只言"著、者、咱三字之为同一语助词之异式"，未言"著"来源于"者"。现在我们根据以上所举例，结合后代特别是元代"者"大量用于祈使的事实向前反推，可以认为，祈使语气词"著"来源于语气词"者"。

其二，"著"从"者"得声。《说文》无"著"有"箸"，"著"是"箸"的分化字。先秦典籍中有"著"。郭锡良《汉字古音手册》(增订本)定"者"上古音为章母鱼部，"显著"义的"著"上古音为端母鱼部，"附着"义的"著"上古音为端母铎部。章母与端母有的学者认为应归为一类("照三归端")，有的学者认为不能归并但关系很近，鱼和铎有对转关系。因此，从语音的角度看，"著"来源于"者"没有问题。

(二)唐宋时期"著"字祈使句的共时分布

唐宋时期，世俗文献"著"字祈使句的情况如何呢?

初、盛唐时期，世俗文献中未见"著"字祈使句，所以罗骥(2003：142)指出祈使语气词"著"大约产生于中唐以后。《坛经》《神会和尚禅话录》中未见"著"字祈使句，这与初盛唐的世俗文献是同步的。

《全唐诗》中有"著"字祈使句3例，如下:

（31）丞相功高厌武名，牵将战马寄儒生。……劝君还却司空著，莫遣衙参傍子城。（元稹《酬张秘书因寄马赠诗》，《全唐诗》卷四二三，第1033页）

（32）前事不须问著，新诗且更吟看。（白居易《临都驿答梦得六言二首》其二，《全唐诗》卷四四八，第1127页）

（33）瘦尽宽衣带，啼多渍枕檀。试留青黛著，回日画眉看。（河北士人《寄内诗》，《全唐诗》卷七八四，第1929页）

元稹、白居易皆中唐时人；例（33）《寄内诗》，据《全唐诗》诗题下所引《本事诗》记载，其作者亦为中唐军阀朱滔时的河北士人。由此看来，就现有文献而言，"著"字祈使句最早见于中唐，但仅见零星用例。

《敦煌变文集》中有"著"字祈使句23例。例如：

（34）善庆又问曰："既言我佛慈悲为体，如何不度羼提众生？"道安答曰："汝缘不会，听我说著。……"（《敦煌变文集·庐山远公话》，第189页）

（35）各请敛心合手掌着，断除法相唱将来。（《敦煌变文集·金刚般若波罗蜜经讲经文》，第441页）

（36）老母坟前，殷勤为时日拜著。（《敦煌变文集·苏武李陵执别词》，第849页）

《敦煌变文集》与《祖堂集》同属晚唐五代的语料，前者基本上属于世俗文献，带北方方言色彩；后者属于佛教文献，带南方方言色彩。根据《敦煌变文集》与《祖堂集》"著"字祈使句的使用情况可知，晚唐五代时期，无论南北，无论禅宗语言社团还是世俗大众，"著"字祈使句都开始使用开来。

宋代，《全宋词》有"著"字祈使句22例，北宋中期的《河南程氏遗书》有2例，南宋中期的《朱子语类》有7例，南宋的《张协状元》有3例。例如：

（37）忍缓东风，耐烦迟日，休恁匆匆著。温存桃李，莫教一顿开却。（黄人杰〔念奴娇〕《游西湖》，《全宋词》，第2017页）

（38）世事翻腾谁认错，休话著，绿尊且举鸬鹚杓。（吴泳〔渔家傲〕《寿季武博》，《全宋词》，第2508页）

（39）帆且驻，试说著、羊裘钓雪今何许？（柴望〔摸鱼儿〕《丙午归田，严滩褚孺奇席上赋》，《全宋词》，第3025页）

（40）如说妄说幻为不好底性，则请别寻一个好底性来，换了此不好底性著。（《河南程氏遗书》第一，第1页）

（41）"必有事焉"，须把敬来做件事著。（《河南程氏遗书》第十五，第166页）

（42）权，是称量教子细著。（《朱子语类》卷三十七，第987页）

（43）今人呼墓地前为"明堂"。尝见伊川集中书为"券台"，不晓所以。南轩欲改之，某云：不可，且留著。（《朱子语类》卷九十七，第2505页）

（44）（净）来！你唤做劫贼。（末）莫要道着。（《张协状元》第八出，第520页）

（45）（丑白）孩儿且放心着，它那里去受差遣，爹爹乞判此一州，不到不对付得张叶。（《张协状元》第二十七出，第575页）

根据以上四种宋代世俗文献，我们可以总结出两点：

第一，《全宋词》和《全唐诗》相较，《全宋词》"著"字祈使句的使用频率显然高得多，这与禅宗语录内部宋代较晚唐五代有较大发展是一致的，这说明，汉语的"著"字祈使句整体而言从唐代到宋代有较大发展。

第二，就宋代而言，世俗文献与禅宗语录"著"字祈使句的使用频率有较大的差距。《全宋词》的篇幅基本上是《五灯会元》的2倍，但"著"字祈使句22例，与《五灯会元》的68例相比，差距不言而喻。特别是南宋中期的《朱子语类》，煌煌一百四十卷，竟只7例"著"字祈使句。这里的原因可能有二。一是可能与文献内容性质有关。《河南程氏遗书》《朱子语类》是学者讲论经典的记录，是学术性的师生对答，属于学术讨论，不是日常生活的对话，因此使用祈使句的机会少。而禅宗语录贴近日常生活，禅师要通过棒喝等手段使僧徒悟道，所以较多使用祈使句。二是"著"字祈使句确有使用群体的差别，禅宗语言社团中比较流行这种祈使句。因为南宋的《张协状元》也描写的是日常生活，且与禅宗语录一样带南方方言色彩，但篇幅近 7 万字却只有 3 例"著"字祈使句，每万字约 0.43 句，与南宋禅宗语录《古尊宿语要》《五灯会元》的差距很明显。这样看来，禅宗语录中使用"著"字祈使句较多，应有语言社团偏好的因素。

(三)唐宋以后"著"字祈使句的走向

元代，"著"字祈使句在文献中仍见使用。《元刊杂剧三十种》有 6 例"著"字祈使句，例如：

(46)(正末云:)婆婆，前面引着，喈吃斋去来!(《公孙汗衫记》第三折，《全元戏曲》第四卷，第 259 页)

(47)(正末云:)哥哥，你猜着。(《诸葛亮博望烧屯》第四折，《全元戏曲》第六卷，第 47 页)

(48)大嫂，这米将去舂得熟着，与母亲煎汤吃。(《小张屠焚儿救母》第一折，《全元戏曲》第六卷，第 70 页)

但是，要注意，在元代，祈使句用得最多的是"者"字句。如《元刊杂剧三十种》"者"字祈使句有 40 例，差不多是"著"字祈使句的 7 倍。

明清直至现代，书面文献中"著"字祈使句一直有一定数量的用例。《现代汉语虚词例释》列有现代用例"听着!""慢着!""你歇着吧!"

现代方言中，以语气词"著"结句的句子有两点值得注意：

第一，在较大范围内仍然使用。罗骥(2003:144)指出其分布范围有：

山西：以洪洞话为代表的中原官话汾河片全部、大同话；

宁夏：以中宁话为代表的兰银官话区银吴片；
陕西：西安话、宝鸡话、安康话、神木话；
青海：西宁话；
山东：寿光话、淄川话；
湖北：随州话、天门话、英山话、荆沙话、阳新话；
湖南：长沙话；
江西：南昌话、九江话、安义话；
福建：闽南话。

除了以上罗骥所统计的，据杨永龙（2002），使用句末语气词"著"的方言点还有湖北的武汉，四川的绵阳，贵州的贵阳、大方，陕西的清涧，山东的临朐，北京，江西的丰城、高安、临川、崇仁、宜春，湖南的益阳、祁阳、双峰，浙江的金华。另还有江苏溧阳河南话（吴健 2009）。

第二，除一部分地区表祈使语气与表先行语气并用外，不少地区只用于表达先行语气。

山西洪洞话、大同话"著"字句可兼表祈使、先行语气。大同话之例（黄伯荣 1996：589~591）：

（49）小心狼着。
（50）你慢点儿走，小心摔倒着。
（51）"你多会儿教我骑车子？""等你长大着。"
（52）你们先吃馒头着，过一会再吃面条儿。

前两例表祈使语气，后两例表先行语气。
湖北随州话只表先行语气，例如（黄伯荣 1996：575）：

（53）放到着（权且放下）。
（54）等他走了着。（权且等着，他走了再说。）
（55）吃了饭着。（别的权且不管，吃了饭再说。）

"著"表先行语气，不是现代汉语才有的现象，杨永龙（2002）

已经指出："表示先时、相当于'再说'的'着'在元末明初的《水浒传》中已能见到，在其后的《西游记》《拍案惊奇》《二刻拍案惊奇》《金瓶梅》等语料中已经相当常见了。"

"著"由祈使语气到先行语气，借鉴孙朝奋（1997）的思路，应该属于语气体系内部的延伸：由祈使语气发展出先行语气，当强调先做完一件事之后再做某事时，先行语气就产生了。杨永龙（2002）详细论证了这种发展过程。

第六节　禅宗语录中"在"字句的发展

这里的"在"字句是指以语气词"在"煞尾的句子。吕叔湘（1941/1984：59）《释〈景德传灯录〉中在、著二助词》一文最早探讨了语气词"在"，认为"其所表语气大致与今语之呢字相当"，"以祛疑树信为用"。包括唐诗在内的唐代一些世俗文献中有这种"在"字句的用例，宋儒语录中这种"在"字句用得较多，但总的说来，这种"在"字句使用最集中、出现频率最高的文献是唐宋禅宗语录。本节探讨唐宋禅宗语录中"在"字句的发展历程，并就"在"字句的来源及其形成机制、唐宋以后"在"字句的走向、现代方言中"在"字句的分布状况等问题展开讨论。

一、发展历程

(一)晚唐以前

初、盛唐时期的《坛经》《神会和尚禅话录》中各见 1 例"在"字句，如下：

　　(1)汝今悲泣，更有阿谁忧吾不知去处在？若不知去处，终不别汝。汝等悲泣，即不知吾去处；若知去处，即不悲泣。（《坛经》，第 100 页）
　　(2)禅师就坐，今日正是禅师辨邪正、定是非日。此间有四十馀个大德法师，为禅师作证义在。（《神会和尚禅话录》，第 21 页）

　　例（1）句中前有"有"字，但与句末"在"相隔较远，"有"后有兼语"阿谁"，"阿谁"的谓语是"忧"，构成兼语式的是"有阿谁忧"，"忧"后还有主谓词组"吾不知去处"作宾语，"在"在兼语式之外，不是兼语式的第二个动词，应该是语气词。另外，此例是疑问句，这是值得注意的。例（2）同例（1），句中也有"有"，但与"在"也相隔较远，"有"的宾语是"四十馀个大德法师"，构成兼语式的是"有四十馀个大德法师为禅师作证义"，"在"也在兼语式之外，不是兼语式第二个动词，也应该是语气词。

　　禅宗语录中句末有"在"（不包括兼语式之外确凿无疑是动词的"在"）的句子不少，"在"是否是语气词，情况实际上是比较复杂的，需要认真甄别。结合下面所考察的晚唐以后几部禅宗语录中出现的情况，这里，我们提出一些处理办法。我们先把唐宋禅宗语录中句末有"在"（不包括兼语式之外确凿无疑是动词的"在"）的句子别为"在"不与"有"同现和与"有"同现两大类，然后再细分为甲、乙、丙、丁、戊五式。其中，甲式"在"不与"有"同现，其他四式"在"均与"有"同现。五式各自的构成特点与我们的处理办法如下：

　　甲式。甲式的特点是，句中没有动词"有"同现，"在"本身又没有存在的动词义。这种"在"无疑可认定为语气词。

　　乙式。乙式的构成是"有+宾语+动词或动词性词组+在"，句子的核心是兼语式，但"在"在兼语式之外。这种"在"也可认定为语气词。上面的例（1）、例（2）即属这种情况。

　　丙式。丙式的构成是"否定词+有+宾语+在"，"有+宾语+在"部分很像兼语词组。丙式与下面的丁式"有+宾语+在"形式上最大的不同就在于丙式"有"前有否定词。我们认为，既用否定词否定了"有"，又再加与"有"同含"存在"义的"在"干什么呢？因此，这类格式中的"在"以认定为语气词为宜。

　　丁式。丁式的构成是"有+宾语+在"。形式上这是一个兼语式结构。"在"未产生语气词用法之前，这种格式无疑是真正的兼语式，"在"为动词。可是，当"在"已演化为语气词之后，这种格式中的"在"是动词还是语气词就很难判定。从理论上讲，在"在"已演化为语气词的大背景下，这种格式中的"在"也很有可能是语气词，但不可否认，直到今天，这种格式的用例比如"有你在，我就放心了"，其中的"在"还是动词。《坛经》中的"在"已有语气词用法，下文显示唐宋禅宗中语气词"在"使用颇多，因此，唐宋禅宗语录中的丁式，句中"在"应该有些已是语气词，有些还是动词。麻烦的是，不像丙式那样句中有否定词作形式标志且排斥句末再出现存在义的"在"，丁式没有形式标志显示语气词用法和动词用法的分野。如果仅凭感觉强行区分，定然不能避免"仁者见仁，智者见智"之病，有损研究工作的科学性。有鉴于此，我们姑且将丁式笼统地归为一类，仅作为参考项看待，不计入以语气词煞尾的"在"字句。这实属无奈之举，好在对纳入考察范围的禅宗语录我们采用的是统一的处理方法，应该不会影响相关考察结论的可靠性。

戊式。戊式的构成是"有+在"，"在"直接跟"有"。例如：

（3）学云："为复只是者个，别更有在？"（《古尊宿语要》，第 14 页，投子和尚）

（4）师云："作家宗师，天然有在。"（《古尊宿语要》，第 35 页，云峰和尚）

这种格式中的"在"似乎可认定为语气词，因为"存在"义已由"有"表达。曹广顺《近代汉语助词》第 171 页第 1 例"犹有在"（《太平广记》）、第 174 页第 31 例"那衣服倒也有在"（《金瓶梅词话》），曹氏都将例中"在"视为语气助词。本节下面的考察发现，东晋汉译佛经中已见"有在"，即本节后文所列例（37）、例（38）。"CBETA2010 电子佛典集成"的"阿含部""本缘部"包括例（37）、例（38）这两例在内，这种用法的"有在"共 8 例。"在"不可能在东晋就虚化为语气词。实际上，这 8 例"有在"从上下文语境和韵律音步看，应该都是"存在"意义上的同义连用。还有，后代包括元明时期仍常见句末"有在"，如《禅真逸史》中就有 7 例句末"有在"。因此，我们认为这些至迟在东晋就已出现、一直沿用到元明时期的"有在"宜看作一个长期使用的同义复合词，"在"不是语气词，戊式不是本节所说的"在"字句。

下文对"在"字句的考察，我们只计入甲、乙、丙三式，丁、戊二式仅作为参考项。

（二）晚唐五代

《祖堂集》中甲式 60 例，乙式 4 例，丙式 1 例，共 65 例。

《祖堂集》65 例"在"字句，从语义的角度看，可大略别为四种情况：

第一，"在"用于肯定句，句子表示事象现时存在、依然存在。例如：

> （5）石头云："大庚岭头一铺功德，还成就也无?"对曰："诸事已备，只欠点眼在。"石头曰："莫要点眼不?"对曰："便请点眼。"（《祖堂集》卷五，第 142 页，长髭和尚）

> （6）大师问："秀才什摩处去?"云："入京选官去。"大师云："秀才，太远在。"（《祖堂集》卷十五，第 386 页，五洩和尚）

> （7）师曰："不可口吃东西风也。"对曰："莫错，和尚! 自有人把匙筋在。"（《祖堂集》卷四，第 131 页，药山和尚）

> （8）师曰："将得何物来?"会遂震身而示。师曰："犹持瓦砾在。"（《祖堂集》卷三，第 91 页，靖居和尚）

例（5）"只欠点眼在"后面"点眼"又出现了两次，均不再跟"在"，"在"的语气词身份很明显。例（7）是乙式，"把"是动词，"握持"的意思，"有人把匙筋"是兼语式，"在"在兼语式之外。例（8）句中有"犹"，强调事象依然存在。

第二，"在"用于肯定句，句子表示假设，表示事象将然，句中常有表示将来时间的词语，"在"前有时还有表将然的语气词"去"。例如：

> （9）每日在长连床上，恰似漆村里土地相似，他时后日魔魅人家男女去在。（《祖堂集》卷七，第 199 页，岩头和尚）

（10）明眼人笑你，久后总被俗汉弄将去在。（《祖堂集》卷十六，第418页，黄蘖和尚）

（11）师云："向后有多口阿师与你点破在。"（《祖堂集》卷二十，第506页，宝寿和尚）

例（9）"长连床"指寺院僧堂中供僧徒们坐禅休息之用的大床，例（10）"弄"是"糊弄"之意。这两例，句中有表将来时间的"他时后日""久后"，"在"前还有"去"。例（11）"阿师"指僧人，此例是乙式，"在"在兼语式"有多口阿师与你点破"之外。

第三，"在"用于否定句，句子表示事象未然，否定词多为"未"，亦用"不"。例如：

（12）师曰："大与摩多知生！"对曰："舌头不曾染著在！"（《祖堂集》卷五，第143页，长髭和尚）

（13）有人举似云岩，云岩云："这个人未出家在。"（《祖堂集》卷六，第172页，神山和尚）

（14）峰以手点胸云："某甲这里未稳在，不敢自谩。"（《祖堂集》卷七，第199页，岩头和尚）

第四，"在"用于问句，句子表示反诘，仅1例，如下：

（15）云："心如工技儿，意如和技者，争解讲得经论在？"（《祖堂集》卷十四，第360页，江西马祖）

此例有疑问代词"争"，意为"怎么"，全句通过反诘表否定，是说用"心"是讲不了经论的。

"在"于前三种用法中明显都是表达肯定语气，"祛疑树信"，第四种用法虽是用于问句，但"在"仍有肯定意味，与疑问语气词"么"有别。

从语法构成的角度看，《祖堂集》大多数"在"字句其谓语部分是由一般动词构成的动词性词组充当的，有少数用例其谓语中心由形容词充当，如上面的例（6）、例（14）。此外，还有两类特殊情况。

一是谓语中心由助动词"可"充当。共 3 例，例如：

（16）师语神光云："诸佛菩萨求法，不以身为身，不以命为命。汝虽断臂求法，亦可在。"（《祖堂集》卷二，第 64 页，达摩和尚）

（17）学云："承和尚有言：'向宗乘中置问来'，请和尚答。"师云："与摩也可在。"（《祖堂集》卷十三，第 351 页，福先招庆和尚）

例（16）述二祖惠可（原名神光）于达摩处断臂求法之事，"可"意为"可以"，"在"为语气词。达摩这段话的大意是：诸佛菩萨求法是超越身命的，神光断臂求法与此不太符合，但因体现出了极大的诚意，也是可以的。例（17）"也可"也是略有保留的肯定。

一是谓语部分仅出现否定副词"未"。共 4 例，例如：

（18）和尚拈起和痒子曰："彼中还有这个也无？"对曰："非但彼中，西天亦无。"和尚曰："你应到西天也无？"对曰："若到即有也。"和尚曰："未在，更道。"（《祖堂集》卷四，第 114 页，石头和尚）

（19）问云居："你爱色不？"对曰："不爱。"师曰："你未在，好与。"云居却问："和尚还爱色不？"师曰："爱。"居曰："正与摩见色时作摩生？"师曰："如似一团铁。"（《祖堂集》卷六，第 180 页，洞山和尚）

例（18）"未"是说僧徒对问题没有答好，因此要求"更道"，"未"后实际有省略，"在"是语气词。例（19），张美兰《祖堂集校注》第 182 页注⑤曰："未在，表示没有得到禅师印可……好与：叮嘱之词。"此例"未"后省略了"你没有弄懂这个道理"之类的内容，"在"也是语气词。

《祖堂集》中"在"字句已比较多，且谓语中心可由形容词、助动词甚至单独一个否定副词充当，这说明"在"字句已发育成熟，"在"作为语气词虚化的程度已比较高。

（三）北宋

《景德传灯录》中甲式 78 例，乙式 8 例，丙式 1 例，共 87 例。

语义方面，《景德传灯录》沿袭了《祖堂集》"在"字句的四种情况，即"在"可用于肯定句，句子表示事象现时存在、依然存在；可用于肯定句，句子表示假设，表示事象将然；可用于否定句，句子表示事象未然；可用于问句，句子表示反诘。

《景德传灯录》"在"字句值得注意的是：乙式的使用频率有提高。乙式《祖堂集》4 例，而《景德传灯录》有 8 例。例如：

> （20）祐曰："今日南山大有人刈茅在。"（《景德传灯录》卷十一，第 171 页，仰山慧寂禅师）
>
> （21）师曰："和尚怎么语话，诸方大有人不肯在。"（《景德传灯录》卷十六，第 322 页，黄山月轮禅师）

例（20）"有人刈"是兼语式，"刈"还有宾语"茅"，"在"在兼语式之外。例（21）"肯"意为"赞同"，"有人不肯"是兼语式，"在"也在兼语式之外。

（四）南宋

南宋初年的《古尊宿语要》甲式 43 例，乙式 7 例，丙式 4 例，共 54 例。

南宋晚期的《五灯会元》甲式 190 例，乙式 9 例，丙式 5 例，共 204 例。

语义方面，《古尊宿语要》《五灯会元》仍然沿袭了《祖堂集》的四种情况。

南宋这两部禅录的"在"字句与此前禅录相较，有三点值得注意。

一是判断句。《坛经》等北宋以前四部禅录的"在"字句大多数是叙述句，有少量描写句，未见判断句。《古尊宿语要》有 3 例判断句，《五灯会元》有 2 例判断句，去除二书重出的 1 例，共 4 例，如下：

(22) 问："净地不止是什么人?"师云："你未是其中人在。"云："如何是其中人?"师云："止也。"(《古尊宿语要》，第 11 页，赵州和尚［中］)

(23) 如此见解，是街头巷尾打铁磬、轮木槵数珠、念喝罗怛那行者辈见解在。(《古尊宿语要》，第 17 页，洞山和尚)

(24) 黄檗与师为首座。一日，捧钵向师位上坐。师入堂见，乃问曰："长老甚么年中行道?"檗曰："威音王已前。"师曰："犹是王老师儿孙在。下去!"(《五灯会元》卷三，第 138 页，南泉普愿禅师)

(25) 上堂："五千教典，诸佛常谈；八万尘劳，众生妙用；犹未是金刚眼睛在。如何是金刚眼睛?"良久曰："瞎。"(《五灯会元》卷十二，第 720 页，金山昙颖禅师)

例(24)南泉普愿禅师俗姓王，黄檗禅师称自己在威音王以前行道，南泉说：那你还是我的儿孙辈。例(25)"金刚眼睛"指禅悟者的智慧眼、法眼。这 4 例都是典型的判断句，句中均有判断动词"是"，"是"后的宾语都是名词性的。"在"的语气词性质在例(25)中可看得很清楚，因为"犹未是金刚眼睛在"之后紧接问"如何是金刚眼睛"，用的也是判断句，却没有用"在"，可见"在"不是实义成分。

二是以否定副词充当谓语中心的句子。前面已经谈到，《祖堂集》中谓语部分仅出现否定副词"未"的特殊句子有 4 例。这种以否定副词充当谓语中心的句子《景德传灯录》中有 6 例，使用频率为 0.14 次/每万字，与《祖堂集》0.16 次/每万字的使用频率差不多。到南宋，《古尊宿语要》中有 7 例，使用频率为 0.35 次/每万字；《五灯会元》中有 25 例，使用频率为 0.32 次/每万字。南宋两部禅录这种句子的使用频率比《祖堂集》《景德传灯录》至少提高了 1 倍，且跟《祖堂集》稍有不同，这两部禅录"未"前还可加别的状语。

例如：

（26）问："如何是祖师西来意？"师云："如你不唤作祖师意，犹未在。"（《古尊宿语要》，第5页，赵州和尚[中]）

（27）张居士问："争奈老何？"师曰："年多少？"张曰："八十也。"师曰："可谓老也。"曰："究竟如何？"师曰："直至千岁也未在。"（《五灯会元》卷四，第244页，光孝慧觉禅师）

（28）师于是大疑，私自计曰："既悟了，说亦说得，明亦明得，如何却未在？"遂参究累日，忽然省悟。（《五灯会元》卷十九，第1240页，五祖法演禅师）

例（26）"未"大概是指对佛法未入门之类，"未"前有状语"犹"。例（27）"未"指不算老，"未"前有状语"也"。例（28）"未"指没有完全领悟，"未"前有状语"如何""却"。

三是丙式。《坛经》《神会和尚禅话录》无丙式，《祖堂集》和《景德传灯录》丙式皆1例。《古尊宿语要》的篇幅不到《景德传灯录》的一半，而丙式有4例；《五灯会元》丙式有5例。可见，南宋禅宗语录中，丙式稍多见一些。

丙式例如：

（29）问僧："你是行脚僧，是否？"僧云："诺。"师云："筑著便虾蟆叫。"僧云："某甲未曾有语在。"（《古尊宿语要》，第12页，睦州和尚）

（30）上堂，举雪窦和尚云："一问一答，总未有事在。……"（《古尊宿语要》，第2页，大愚和尚）

（31）师闻乃打首座七棒。座曰："某甲恁么道，未有过在，乱打作么？"师曰："枉吃我多少盐酱。"又打七棒。（《五灯会元》卷八，第496页，枣树二世和尚）

（32）若向这里辨得缁素，许你诸人东西南北，如云似鹤。于此不明，踏破草鞋，未有了日在。（《五灯会元》卷十五，第1003页，鹿苑圭禅师）

例(29)的"筑"是"撞击"的意思，例(31)的"过"指"过错"，例(32)的"了"是"完结"的意思。这4例，句中用"未曾""未"否定"有"，"在"表肯定语气。

唐宋禅宗语录中"在"字句的使用情况可总结为表5-25：

表 5-25　　　　**唐宋禅宗语录"在"字句使用情况总表**　　（单位：次）

文献	使用总次数	每万字使用次数	甲式	乙式	丙式	供参考	
						丁式	戊式
《坛经》（约1.4万字）	1	0.71	0	1	0	0	0
《神会和尚禅话录》（约4.1万字）	1	0.24	0	1	0	1	0
《祖堂集》（约25万字）	65	2.6	60	4	1	30	0
《景德传灯录》（约42万字）	87	2.10	78	8	1	28	1
《古尊宿语要》（约20万字）	54	2.7	43	7	4	24	4
《五灯会元》（约78万字）	204	2.62	190	9	5	64	6
总计			371	30	11	147	11

根据以上分析和表 5-25 中的数据，对唐宋禅宗语录中"在"字句的发展，我们可以获得如下认识：

第一，"在"字句在初盛唐时期的禅录中只有零星用例，从晚唐五代开始到南宋晚期，"在"字句在禅录中一直使用较多，除《景德传灯录》使用频率稍低一点外，晚唐以后的其他三部禅录使用频率基本持平。

第二，语义方面，《祖堂集》以后的四部禅录基本格局相沿不变，即均有四种情况：表事象现时存在、依然存在；表将然；表未然；表反诘。

第三，在具体格式方面，《祖堂集》以后，句中没有"有"同现的甲式一直占绝对优势。不过，这方面还是有发展，一是甲式中以否定副词充当谓语中心的句子到南宋后使用频率有较大提高，二是到南宋后丙式稍多见一些。

第四，句类分布方面，南宋有新的发展，由叙述句、描写句扩展到判断句。

二、相关问题讨论

(一)"在"字句的来源及其形成机制

"在"字句的始见时间，一般认为是唐代，但黄晓雪(2007)举出了东晋僧伽提婆所译《增壹阿含经》中的1例，如下：

(33)诸佛神力咸使出此山在。(《增壹阿含经》卷四八)

黄晓雪认为例中的"在"已是句末语气词，这提醒我们注意：唐代以前的汉译佛经中是否已出现"在"字句？

我们穷尽检索了台湾地区"中华电子佛典协会""CBETA2010电子佛典集成"光盘中口语程度高的"阿含部""本缘部"，从中发现除黄晓雪已举出的用例外，还有以下几个用例疑似：

(34)佛已说如是，从坐起，入寺室，顷思惟在。(东汉·安世高《佛说四谛经》)

(35)一时，佛在拘留国行治处名为法。时，拘留国人会在。时，佛告："诸比丘!"比丘应："唯然。"(东汉·安世高《佛说漏分布经》)

(36)佛未周旋，人坐迹旁悲思泪出，道路行者来问此人："为持果坐此悲耶?"答言："守此无极尊迹，待留神人冀其当还，欲以此果自归上之，迟见光颜未得如愿，自鄙薄祐是故悲

241

耳。"行路问者聚观如云，岂怪此人谓之狂痴，讵知行者还在，何斯欲待之乎？（旧题吴·康僧会《旧杂譬喻经》卷下）

（37）今以坏贼功劳有在，欢喜踊跃，不能自胜，故来至拜跪觐省。设我昨夜不即兴兵者，则不获贼。（东晋·僧伽提婆《增壹阿含经》卷二十）

（38）非欲之所处者，著欲之人心意有在，犹人堕罪闭在牢狱，官不决断遂经年岁，望欲求出良难得矣。（姚秦·竺佛念《出曜经》卷二十六）

（39）此法今出已，牟尼正法海，不久当枯竭，正法今少在。恶人复来灭，毁坏我正法。（南朝宋·求那跋陀罗《杂阿含经》卷二十五）

（40）于是父母，临当弃去，儿自思惟："我命少在，唯愿父母，向所有肉，可以少许还用见施。"父母不违，即作三分，二分自食，余有一分，并残肌肉眼舌之等悉以施之。于是别去。（元魏·慧觉等《贤愚经》卷一）

这7例，例（34）、例（35）两例皆出自东汉安世高译经，安世高这两部译经荷兰许理和（1991/2001）认为是可靠的。例（34）"思惟"一词，佛经常用，"思考"之意。例（35）"会"佛经中常用为动词表"集会""聚集"，亦用为名词"集会"义，此处应为动词。这两例，"在"都在动词后，似乎没有实义，可理解为语气词。但在东汉这么早的时候，"在"就虚化成了语气词，这种可能性是微乎其微的。下面的例子可为我们理解这两例提供参考：

（41）贤者阿难，睹其如是，常怀怨恨，思惟在意，从座而起，偏袒右肩，长跪合掌，叹说是事。（元魏·慧觉等《贤愚经》卷九）

（42）于时众人无央数千，皆来集会在于佛所。（西晋·竺法护《生经》卷四）

（43）皆来集会，在于佛所。（唐·实叉难陀《大方广佛华严经》卷二十三）

看来，例(34)"思惟在"可能是"思惟在意"的省说，例(35)"会在"可能是"集会在于佛所"的省说。例(36)"还"是"返回"的意思。此例说的是：有一贫苦人感慕佛陀留下的足迹，守在足迹旁等待佛陀返回原处，意欲将自己从他国获得的一枚珍稀甘果献上，但迟迟不见佛陀来还。据"CBETA2010 电子佛典集成"，这段话最后一句"何"在别的版本作"何所"，据此，最后两句的标点或许应该是"讵知行者还在何所，斯欲待之乎"。例(37)"坏"是"破获"之义。例(37)、例(38)两例都是"有在"并用居句末。"CBETA2010 电子佛典集成"的"阿含部""本缘部"这种用法的"有在"除这两例外，还有 6 例。8 例"有在"从上下文语境和韵律音步看，应该都是"存在"意义上的同义连用。例(39)、例(40)都是"少在"的用例。例(39)从"正法海""不久当枯竭"和"复来灭""毁坏我正法"的前后文看，中间的"少在"宜理解为"较少存在"。例(40)说的是：国王善住遭追杀，携妻及七岁小儿善生逃往他国，由于粮食准备不足，又走错了路，饥饿欲死之际，善生执意舍身救父母，坚请父母日日割食自己身上之肉。当剔下最后一点肉后，父母准备离开，善生思惟"我命少在"，希望父母留一点肉给自己。"我命少在"宜理解为：我的命还有一点点存在。总之，上举 7 例应该都不是"在"为语气词的"在"字句。

再回头看看黄晓雪所举东晋例。此例上文谈到，不同世代的佛出现于世，都有一座名叫耆阇崛山的山。据"CBETA2010 电子佛典集成"，"咸使出此山在"之"出"有的版本无此字。如果无"出"字，"在"的动词义"存在"就很明显。其实，即使有"出"，"在"仍可理解为"存在"。这样看来，这一例也不能算作"在"字句用例。

因此，"在"可确信的用为语气词的用例还是始见于唐代。初唐《坛经》中的用例已见上，初唐《游仙窟》中的例子如：

(44)五嫂咏曰："他家解事在，未肯辄相嗔。径须刚捉著，遮莫造精神。"(《游仙窟》，第 29 页)

(45)五嫂咏曰："巧将衣障口，能用被遮身。定知心肯在，方便故邀人。"(《游仙窟》，第 29 页)

盛唐以后,诗作中时常可见用例。吕叔湘(1941/1984:59)、曹广顺(1995:171～172)、孙锡信(1999:88)、李小军(2011)举出李白、杜甫、白居易、杜荀鹤诗中比较可靠的用例共十几个,现再举几例:

(46)登庐山,观瀑布,海风吹不断,江月照还空,余爱此两句;登天台,望渤海,云垂大鹏飞,山压巨鳌背,斯言亦好在。(任华《寄李白》,《全唐诗》卷二六一,第651页)

(47)计日西归在,休为泽畔吟。(戎昱《送郑炼师贬辰州》,《全唐诗》卷二七〇,第674页)

(48)金英分蕊细,玉露结房稠。黄雀知恩在,衔飞亦上楼。(卢纶《九日奉陪令公登白楼同咏菊》,《全唐诗》卷二七九,第706页)

(49)半月悠悠在广陵,何楼何塔不同登?共怜筋力犹堪在,上到栖灵第九层。(白居易《与梦得同登栖灵塔》,《全唐诗》卷四四七,第1124页)

(50)含歌媚盼如桃叶,妙舞轻盈似柳枝。年几未多犹怯在,些些私语怕人疑。(方干《赠美人四首》之二,《全唐诗》卷六五一,第1643页)

(51)霜白山村月落时,一声鸡后又登岐。居人犹自掩关在,行客已愁驱马迟。(罗邺《早发宜陵即事》,《全唐诗》卷六五四,第1651页)

这6例,时间跨盛唐、中唐、晚唐。例(46)谓语中心是形容词"好"。例(49)"堪"意为"可以,不错"。例(50)"年几"即"年纪,岁数"。例(51)"关"指"门闩"。

唐代诗人中白居易的诗作"在"字句较多,有10余例,这与他的诗作较通俗有关。晚唐五代的《祖堂集》中"在"字句达65例,说明至迟到晚唐五代,"在"字句已比较流行。

根据语法化斜坡理论,共时状况往往可以反映历时演变。从上面对唐宋六部禅宗语录的分析中可以看出,与甲、乙、丙三式同时并用的还有"有+宾语+在"的丁式。《祖堂集》以下的四部禅录，丁式的使用频率不低，仅次于甲式。乙、丙二式句中其实也都同时含有"有"与"在"。丁式有些用例应该还是兼语式，有些用例的句末"在"则理解为语气词亦无不可，例如：

(52)师曰："犹有这个纹彩在。"(《祖堂集》卷二，第 71 页，道信和尚)

(53)莫轻园头，他日座下有五百人在。(《五灯会元》卷六，第 343 页，永安善静禅师)

这两例，理解为兼语式和"在"为语气词的"在"字句两可。例(52)孙锡信(1999：88)就列为语气词"在"的用例，张美兰《祖堂集校注》注释曰："'在'用于句末，无实义，句末语气词。"这些情况告诉我们，"在"字句的产生应与表存在的兼语式"有……在"("余……在")关系密切，"在"应该就是以"有……在"("余……在")兼语式为依托逐步虚化为句末语气词的。

自先秦开始，汉语中就存在"有……在"("余……在")兼语式，例如：

(54)犹有晋在，焉得定功？(《左传·宣公十二年》)

(55)排闼说屡于户内者，一人而已矣。有尊长在则否。(《礼记·少仪》)

(56)足供六年，死亡者众，惟王单己所食谷分，有二升在。(三国吴·支谦《撰集百缘经》卷四)

(57)肌肉都尽，唯馀骨在，便去尽。(西晋·张华《博物志》卷二)

(58)汝等今者勿生忧恼，我于生死无量劫来，今者唯有此一生在，不久当得离于诸行。(南朝宋·求那跋陀罗《过去现在因果经》卷一)

(59)但有子孙在，带经还荷锄。(唐·许浑《题倪处士旧居》，《全唐诗》卷五三〇，第 1342 页)

"有……在"("余……在")兼语式中的"在"逐渐虚化为语气词，其促发因素应该有如下数端：

第一，句法语义基础。"有……在"("余……在")兼语式中，"有"("余")和"在"都表存在，语义功能有重叠，"在"为次要动词，居于后特别是居于句末。这种"在"非语义核心，没有也可以；非句法核心，是语气词的常见位置。这些就构成了"在"虚化为语气词的句法语义基础。

第二，"有……在"("余……在")这种句法框架，当要说明"有"后的兼语除存在之外的其他动作行为，就会在兼语和"在"之间加上动词或动词性词组，构成"有+宾语+动词或动词性词组+在"，这样就引发重新分析，"在"前部分构成兼语式，"在"被挤出了兼语式，虚化为表语气的成分。本节所说的乙式就是这种情况。

第三，"有"后的宾语范围拓展，由表具体事物的词语拓展到表抽象事物的词语。当宾语为表具体事物的词语时，"在"字的意义比较实在；但当宾语为表抽象事物的词语时，"在"的意义比较虚灵，逐渐引发重新分析，成为语气词。例如：

(60)僧曰："与摩则更有向上事在。"(《祖堂集》卷十，第275页，镜清和尚)

(61)阳曰："汝但将去，有用处在。"(《五灯会元》卷十二，第714页，龙潭智圆禅师)

这两例，"有"后的宾语"向上事""用处"表抽象事物，"在"意义较虚，理解为动词、语气词均可。这种情况促使"在"逐渐虚化为语气词。

第四，当"在"虚化为语气词后，句中动词不再限于"有"，其他动词均可入句，就形成了本节所说的甲式。

(二)唐宋以后"在"字句的走向

从元代开始，文献中语气词"在"开始衰落。

胡竹安先生(1958)曾指出元剧中只找到一例这种"在"：

我可敢滴溜扑活撺在。(《燕青》一折)

这一例其实是有问题的。今王学奇主编《元曲选校注》第一册下卷、王季思主编《全元戏曲》第三卷《同乐院燕青博鱼》第一折这一句均作:"我可敢滴溜扑活撺那厮在马直下。"意思是说:我敢抓起那杨衙内,迅速旋转,一下子把他活活撺在马脚下。"在"不在句末,明显是介词,不是语气词。

我们穷尽检索了"汉籍全文检索系统"元代部分的"全元杂剧"、《元刊杂剧三十种》、"全元南戏""全元散曲"、《类聚名贤乐府群玉》《五代史平话》《元刊全相平话五种》《归潜志》《揭傒斯全集》《北巡私记》《南村辍耕录》《元代白话碑集录》,还随机挑出《元诗选》初集的"甲集""丁集""戊集""辛集"、二集的"丙集""戊集""己集""庚集""辛集"、三集的"乙集""己集"进行了穷尽检索。检索所得,比较可靠的语气词"在"大约有20例左右①,例如:

(62)(外郎云)大人,听知的新官下马,你慢在。张千,跟着我接新官去来。(外郎同张千下)(关汉卿《钱大尹智勘绯衣梦》第二折,《全元戏曲》第一卷,第167页)

(63)店家不下单客,我做保人知在。(郑廷玉《宋上皇御断金凤钗》第三折,《全元戏曲》第四卷,第18页)

(64)(吕云)你是山妖木怪地鬼么?(末唱)不是山妖地鬼人间怪。(吕云)你可是甚么妖精?(末唱)俺则是多年枯木英灵在。(贾仲明《吕洞宾桃柳升仙梦》第一折,《全元戏曲》第五卷,第516~517页)

(65)繁花满目开,锦被空闲在,劣性冤家误得人忒毒害,前生少欠他今世里相思债。〔王德信[南吕·四块玉(北)],《全元散曲》,第294页〕

---

① 《元诗选初集·甲集》有元好问《梦归》一例:"残年兄弟相逢在,随分虀盐万事休。"但元好问卒于1257年,其时南宋还未灭亡,故归入宋金时期合理一些。

（66）独上危楼愁无奈，起西风一片离怀。白衣未来，东篱好在，黄菊先开。（张可久［中吕·普天乐］《秋怀》，《全元散曲》，第780页）

（67）有错真成六州铁，欲还空说大刀头。悠悠且付天公在，未必苍生待尔忧。（刘因《夜坐有怀寄故人》，《元诗选初集·甲集》，第181页）

（68）庭前桧竹阴阴在，陈迹如今岂可寻？（刘诜《忆凤》二首之一，《元诗选二集·己集》，第828页）

（69）湖上美人弹玉筝，小莺飞度绿窗楞。沈郎虽病多情在，倦倚屏山不厌听。（萨都剌《竹枝词》，《元诗选初集·戊集》，第1255页）

（70）蜜满蜂登课，泥香燕作家。物情犹好在，人事益纷挐。（陈德永《暮春》，《元诗选三集·己集》，第297页）

（71）三吴歌盛美，百辟仰辉光。士竞歌麟趾，人争睹凤凰。小儒狂斐在，有颂继《甘棠》。（成廷圭《上丞相朵儿只国王》，《元诗选二集·戊集》，第664页）

（72）风篁岭头西日晖，青龙港口新月微。放船过去还早在，待取一通夜歌归。（郯韶《西湖竹枝词》六首之三，《元诗选二集·辛集》，第1154页）

（73）南州孺子为民在，愧忝黄琼太尉知。（王逢《舟过吴门感怀二首》，《元诗选初集·辛集》，第2239页）

例（62）是外郎对刚断完案件的祥符县理刑官贾虚说的话，他叫贾虚"慢点"，然后他唤张千一起去接新上任的府尹。"慢"是形容词，"在"为语气词无疑。例（63）是说旅店不接待单客，我做个保人来担保。"知"有"管、过问"义，此应指"担保"；"在"应为语气词。例（64）四个句子都是含"是"的判断句，柳树自称自己是多年枯木的英灵，故吕洞宾会一步步度脱他成仙，"在"显然无实义。例（65）"空闲"是形容词，"在"只表确认语气。例（66）"白衣"指送酒的人，"在"居形容词"好"后，也只起肯定作用。例（67）"六州铁"是用典，铸成大错的意思；"大刀头"意谓刀头上有刀环，用作

"还"的隐语;"付"是交付的意思。"在"居动宾"付天公"后,无实义。例(68)至例(72)"在"都跟在形容词后,"在"为语气词都比较明显。其中例(70)同于例(66),都是"好在",不过,它们一为散曲,一为五言诗,且例(70)较之例(66),"在"用作语气词更具典型性。例(73)"南州孺子"是作者自称;作者一生不仕,故言"为民";东汉黄琼曾任太尉,很有名望,作者这里用以代指本诗所歌颂的张士诚,因张降元后被封为太尉。例中最后一句是说自己愧对张士诚知遇之恩,前面一句中的"在"居动宾"为民"后,无实义。

这12例,戏曲3例,散曲2例,诗7例。我们之所以不厌其烦地举出这么多例子,是想说明:一方面,元代世俗文献中语气词"在"确实用得不是很多,与唐宋相比大为衰退,例如同为世俗文献,南宋的《朱子语类》140卷中的前30卷就有语气词"在"34例;但另一方面,衰落的程度并不像此前学术界所认为的那样严重,无论是在新兴文学样式杂剧、散曲之中,还是在传统文学样式诗之中,都还是有一定数量的用例。

明清时期"在"字句的使用情况在不同性质的文献中有所不同,我们将文献别为通俗性文献和非通俗性文献两大类分别考察,情况是:

其一,在面向大众的通俗性文献中用例非常少见。通俗性文献明代我们穷尽检索了《水浒传》《金瓶梅词话》《包龙图判百家公案》《西游记》《封神演义》《欢喜冤家》《禅真逸史》《型世言》《拍案惊奇》《二刻拍案惊奇》这10部小说和《老乞大》《朴通事》这两种会话书,仅小说中见1例;清代我们穷尽检索了《醒世姻缘传》《玉支玑》《女仙外史》《儒林外史》《红楼梦》《绿野仙踪》《歧路灯》《野叟曝言》《镜花缘》《荡寇志》《跻春台》《儿女英雄传》《官场现形记》这13部小说和剧本《长生殿》,亦仅在小说中见到1例。现将明清小说中的这两例列举如下:

(74)你此来不好。你年命未尽,想为对事而来。却是在世为恶无比,所杀害生命千千万万,冤家多在。今忽到此,有何计较可以相救?(《拍案惊奇》卷三十七,第1606页)

（75）并引红红、亭亭将车内如何运动钥匙之处交代明白，道声"慢在"，轻轻上了前面飞车。（《镜花缘》第九十四回，第721页）

例（74）是死后在阴间做判官的张安对妻侄屈突仲任说的话。屈突仲任为满足口腹之欲，酷杀禽兽无数，一日被抓到阴间，碰到姑父张安。张安责骂他在世作恶太多，"冤家多在"是就仲任在世间而非在阴间的情况说的，"在"不能理解为"存在"，只是个语气词。例（75）"慢在"是临别的客气话，"慢点"之意，同于前面例（62）。

在明清两代26部口语化程度高的小说、会话书和剧本中，用例如此之少，可见大众口语中"在"字句已比较罕见了。

其二，在学者学术性著作和传统文学样式诗中还有一定数量的用例。非通俗性文献，明代我们穷尽检索了《元朝秘史》《正统临戎录》《传习录》《明诗别裁集》，发现《传习录》中有8例，《明诗别裁集》中有2例；清代我们穷尽检索了《池北偶谈》《读通鉴论》《读四书大全说》《清诗别裁集》，发现《读四书大全说》中有27例，《清诗别裁集》中有5例，《池北偶谈》中有1例。《池北偶谈》中的1例实际是作者王士禛《阆中怀沈绎堂》一诗中的句子，应归为诗歌用例。现举明清学者学术性著作和诗中数例如下：

（76）心犹镜也。圣人心如明镜，常人心如昏镜。近世格物之说，如以镜照物，照上用功。不知镜尚昏在，何能照？（明·王阳明《传习录》上"陆澄录"，第34页）

（77）一日，王汝止出游归，先生问曰："游何见？"对曰："见满街人都是圣人。"先生曰："你看满街人是圣人，满街人到看你是圣人在。"（明·王阳明《传习录》下"黄省曾录"，第172页）

（78）吹笛袁生应好在，怀予堪和武溪吟。（徐中行《盘江驿阻雨，寄门人汪维》，《明诗别裁集》卷九，第227页）

（79）行遁山河改，归来松菊荒。尚馀三亩宅，无复万家

旁。祈死烦宗祝，偷生愧国殇。但依亲陇在，含笑此高冈。（陈子龙《庐居》，《明诗别裁集》卷十，第 280 页）

　　（80）忠信之所得，骄泰之所失，章句以天理存亡言之，极不易晓。双峰早已自惑乱在。（清·王夫之《读四书大全说》卷一《传第十章》，第 50 页）

　　（81）以浅言之，如陶靖节一流，要他大段不昧此心却易，到造次、颠沛时，未免弱在。（清·王夫之《读四书大全说》卷四《里仁篇》，第 238 页）

　　（82）湖上好山无恙在，独持卮酒对群鸥。（顾有孝《寄赠沈留侯偕小阮北上》，《清诗别裁集》卷十四，第 241 页）

　　（83）通门老友无多在，往事闲追首漫搔。（戴鉴《孙若望谢珙县归过访话旧有感》，《清诗别裁集》卷二十六，第 473~474 页）

　　例（79）的"陇"指坟墓，"亲陇"即父母祖辈的坟墓。例（80）的"双峰"指南宋学者、人称"双峰先生"的饶鲁。例（83）"通门"意谓"同出一师门下"。

　　明清学者学术性著作和传统文学样式诗中还有一定数量的"在"字句用例，对这种现象应该如何认识呢？我们认为，这种现象的存在一方面是承袭前代用法的结果，是前代同类文献的惯性使然。上面已经谈到，唐诗中时常可见"在"字句，元诗中也有一定数量的用例，明清文人诗作是沿袭"在"的这种用法。至于学者的语录和学术笔记，承袭前代的痕迹更加明显。南宋的《朱子语类》140 卷中有 52 卷是谈四书的，体裁是问答式语录体，书中"在"字句使用频率颇高。《传习录》是王阳明的哲学语录，共 3 卷，多有讨论四书的内容，除收在卷中的书信外，卷上、卷下多为问答体；《读四书大全说》是王夫之读《四书大全》的学术笔记，共 10 卷。这两部书与《朱子语类》有相同的讨论对象，且都对朱熹学说提出批判，《传习录》还用的也是问答体，二书中的"在"字句无疑是对《朱子语类》"在"字句的承袭。这里还有一种情况可为佐证。《读通鉴论》亦为王夫之所著，可是 50 卷中竟无 1 例"在"字句，可证《读四书大全说》中用"在"字句无疑是受《朱子语类》的影响。当然，另一方面，我们又应该认识到，明清学者学术性著作和诗作中的"在"字句似乎又不宜看作仿古。因为"在"字句毕竟是唐代才产生的新现象，下文将谈到，这种"在"字句直到现代方言还广泛使用，况且《传习录》的 8 例都是现实场景中面对面的问答，因此以"仿古"来解释恐怕说不通。另外，虽然《朱子语类》《传习录》《读四书大全说》的作者者都是南方人，但明清使用了"在"字句的几位诗人有山东山西两省的，这样看来，也不能把明清学者学术性著作和诗作中"在"字句的使用归结为南方方言现象。较合理的解释是，虽然就明清通语而言，大众交际场景中"在"字句已不大使用，但文人群体在一定场合还是会使用这种句子。

总的说来，就通语而言，明清时期"在"字句处于衰落状态，但是，它并没有消亡，在学者学术性著作和传统文学样式诗中还有一定数量的用例，学术界此前对这个问题的看法是不准确的。

（三）现代方言中"在"字句的分布状况

较早时候，学术界认为"在"字句只在现代闽方言等少数方言中保留，近二三十年来，越来越多的方言研究成果告诉我们：现代方言中"在"字句有广泛的分布。表 5-26 所列为一些重要方言点"在"字句的使用情况：

表 5-26 现代汉语方言"在"字句分布情况

方言归属	方言点	用法（由调查者总结）	例句	调查者
西南官话	蜀语	语尾助词。仅限于与"到"（相当于"着"）相连。	（1）睡到在。 （2）忙到在。	吕叔湘（1941 年）
西南官话	成都	"语气助词"，"相当于普通话中表示肯定语气的语气助词'呢'"。（1）表达确信无疑和叙实的语气；（2）表达夸饰和申辩的语气，"祛疑树信"；（3）动作正在进行或状态正在持续。	（1）人还多起在。 （2）路远起在。 （3）都十点多钟了，他还睡到在。 （4）你不晓得我忙起在？（"起""到"都相当于"着"）	鲜丽霞（2002 年）

续表

方言归属	方言点	用法(由调查者总结)	例句	调查者
西南官话	湖北宜都	"助词"。"属时体范畴"。"不表达语气,只表示状态持续"。	(1)帽子挂底(相当于"在")墙上在。 (2)门关倒(相当于"着")在。	李崇兴(1996年)
西南官话	湖北武汉	"助词,用在句子末尾"。"体标记成分"。"表示动作的进行","表示状态的持续"。	(1)妈妈打电话在。/在打电话在。 (2)旧报纸放在柜子里在。 (3)窗户开倒在。	汪国胜(1999年)
西南官话	湖北仙桃	用在动词或动词词组的后面,表示一种状态继续保持或者一个动作仍在持续,"既是动态助词,同时还兼表语气"。	(1)我吃饭在。 (2)我正看电视在。 (3)衣服晒倒在。 (4)我手里拿倒东西在。	陈秀(2015年)
江淮官话	湖北英山	"助词"。"跟'倒'结合,用在动词后,表动作正在持续"。	(1)他睏倒在。 (2)杯子装倒酒在。	陈淑梅(1989年)
江淮官话	安徽巢县	句尾成分,表示持续意义的语法标记。	(1)爹爹坐门口在。 (2)人还没来齐在。	罗自群(1999年)
中原官话	陕西安康	句末助词,"兼有表示进行体、持续体、先行体的体意义及表示肯定的语气"。常常同时具备体意义和表肯定语气功能,但有的用例"体意义较微弱"。可用于陈述句、感叹句、疑问句、反问句。句中可用副词"在"或持续体标记"到",与句末"在"同现。"在"后常常还可加上语气词"的"。	(1)他接电话在。(陈述句) (2)你藏到这儿在!(感叹句) (3)存折搁哪儿在?(疑问句) (4)你不知道他住院在?(反问句) (5)先不急问他,等他想清楚了在。(表先行义)	杨静(2012年)

续表

方言归属	方言点	用法(由调查者总结)	例句	调查者
晋语	山西五寨	语气词。(1)表示动作正在进行,可用于选择问句;(2)表存现,表某物在某处;(3)表状态的持续;(4)表将来,常用于疑问语气,可用于祈使语气。	(1)吃饭(着)哩在。/睡觉哩做作业哩在?(选择问) (2)车子下头哩在。 (3)大门口站着哩在。 (4)不应瞎说了在!	孙彩萍(2009年)
闽方言	闽南方言	表示确信。可用于问句,多以陈述作反诘。可以和语气词"里"连用(两语气相加)。	(1)阿庆去公园在? (2)我一部《红楼梦》是不是你提去在里?	黄丁华(1958年)
闽方言	福建漳州	用于句末,表示"呢"或"着呢"的语气。	(1)我家离市场远在。 (2)还无见过这么恶毒的人在。	李少丹(黄伯荣1996:632页)
湘方言	湖南辰溪	语气助词。表示动作正在进行或状态正在持续,必定出现在进行体助词"哒"或"起"后面。	(1)书放哒桌子高头在(书正放在桌子上)。 (2)这半日了面巴还红起在(这半天了脸还红着)。	谢伯端(1991年)
赣方言	鄂南	表示肯定语气。(另有"到",是进行体助词。)	(1)一双手托到在。 (2)存到银行里在。	陈有恒(1982年)
赣方言	安徽宿松	对事态出现某种变化加以确认。	(1)佢买一件衣裳在。 (2)鞋洗干净在。 (3)要落雨在。	黄晓雪(2007年)
粤方言	广西玉林	助词,表示动作行为正在进行或状态在持续,也可以表示确定语气。(另有动态助词"住"。)	(1)佢做住作业在(他正在做作业)。 (2)佢有吃饭在(他还没有吃饭)。 (3)兀只牛能行住吃草在(那头牛还能边走路边吃草)。	梁忠东(2009年)

使用句末语气词"在"的方言点除表中列出的方言点外，还有不少。据罗自群（1999）统计，西南官话还有湖北的襄樊、荆沙、荆门、长阳、通城、随州、阳新、通山①，湖南的华容；江淮官话还有安徽的合肥、霍邱；赣方言还有江西的丰城，湖北的嘉鱼（簰洲）、蒲圻；湘方言还有湖南的岳阳。据孙彩萍（2009）调查，晋语还有代县、石楼、偏关。另外，西南官话还有四川西昌（郑琳，2010），江淮官话还有湖北蕲春（杨凯，2008）、湖北麻城（夏中华，2010）、湖北孝感（王求是，2007），中原官话还有河南固始（叶祖贵，2009）、河南光山（吴早生，2008），闽方言还有海南乐东县黄流话（邢福义，1995）。

总起来看，句末语气词"在"在现代汉语方言中分布颇广，主要分布区域是西南官话区和江淮官话区，中原官话区、晋语区以及闽、湘、赣、粤等方言区也都有一些方言点使用这个词。

上述方言点的调查者对句末"在"的语法性质的认定大致有三种情况：有的笼统称为"助词"，有的称为"语气词"或"语气助词"，有的径直称为"体标记"。笼统称为"助词"的，有的实际指的是语气词，如吕叔湘；有的实际指的是体标记，如李崇兴、汪国胜。但无论对其语法性质如何认定，大多数学者都认为这种"在"的语法意义是表示动作正在进行或状态正在持续，很少有人认为它纯表肯定语气。看来，方言中这种"在"的语法性质和语法意义问题，有必要在此略加讨论。

吕叔湘先生（1941/1984：61～62）谈语气词"在"，曾指出："此一语助词，当以在里为最完具之形式，唐人多单言在，以在概里；宋人多单言里，以里概在。"他还认为"在里"一词是"由处所副词变而为纯语助词"的。近二十多年来，多位学者研究过句末语气词"在"，目前学界已形成比较一致的看法："在"唐代就已用为语气词，而"在里"作为语气词宋代才出现，因此"在"不可能来源于"在里"；"在"自唐至清，在文献里，确为"祛疑树信"的语气词，即其语法意义是表达肯定。从这些事实和认识出发，我们认为：现

---

① 现一般把通城、阳新、通山归入赣语区。

代方言中的"在"应该就是唐代始见并一直在文献中使用的句末语气词"在"，是该语气词在现代方言中的存留；现代方言中的"在"虽然有所发展，但就总体而言，其基本作用仍然是表肯定语气。主要理由有三：

其一，现代方言中的"在"可用于否定句，例如表 5-26 中的安徽巢县话例(2)、山西五寨话例(4)、福建漳州话例(2)、广西玉林话例(2)，下面再举 3 例：

> (84)吃饱非？否饱在。(海南黄流，邢福义，1995)
> (85)伊还未起在。(福建漳州，李少丹，见黄伯荣，1996：632)
> (86)学校还没放假在。(安徽巢县，罗自群，1999)

否定与进行态、持续态在语义上是不相容的，这说明这些"在"不表进行或持续，只是像唐代至清代一样，表达肯定语气。

其二，上述各方言点"在"的用例，大多数在句中另有表进行态、持续态的动态助词(或曰体标记)"倒(到)""哒""起""住"。许宝华、宫田一郎主编的《汉语方言大词典》将汉语方言中句末"在"的助词用法区分为"着""吗""呢"三个义项，"着"义项下引西南官话和闽语，西南官话的 3 个例子句中都另有表持续的助词"倒"：

> (87)他在门口站倒起在。(四川成都)
> (88)门开倒在。(湖北武汉)
> (89)钱攒倒在。(湖北武汉)

显而易见，这些用例表进行态或持续态，实际上是"倒(到)""哒""起""住"等动态助词在发挥作用，处于句末、与谓语动词或形容词隔开的"在"不太可能是叠用的另一个动态助词，它应该是语气词，只是表达肯定语气，如王求是(2007)所说，是"对动作行为持续或完成状态的肯定"。

不过，这里有一个问题需要特别提出来加以讨论。现代方言中的"在"字句表进行态或持续态时并非所有用例都有动态助词同现，表 5-26 各方言点所列例句，"在"是否与动态助词同现，有三种情况：一是全部例句皆有动态助词与"在"同现，如"蜀语""湖北英山""湖南辰溪"三个方言点，这三个方言点其调查者明确指出句中必有动态助词；二是有的用例句中有动态助词，有的用例句中没有动态助词，如"湖北宜都""湖北武汉""湖北仙桃""鄂南"等方言点；三是全部用例句中都没有动态助词，如"安徽巢县""陕西安康"等方言点。那么，对第二种、第三种情况我们该怎样认识呢？

第二种情况比较好处理。同一方言点中同一用法的"在"语法性质应该具有同一性，既然有些用例"在"与动态助词同现，说明这个方言点的"在"肯定有语气词用法，这样，将"在"统一认定为语气词是没有问题的。

对于第三种情况，我们认为可以从两个方面展开思考。一方面，我们应该承认，即使一种方言表进行态或持续态的"在"字句都不用动态助词，但从历史来源考虑，从现代汉语各方言都同处于一个共时层面考虑，从"在"作为结句虚词的语法位置考虑，这种方言的"在"就算还有别的功能，它应该仍然有表语气的作用。另一方面，我们也应该看到，这类方言的"在"字句没有动态助词，仅凭"在"而表进行态或持续态，这表明"在"已经不单纯是句末语气词，它具有动态助词或体标记的功用。之所以会出现这种情况，我们推测，也许是因为在现代方言中"在"字句主要用于表进行态或持续态，而现代汉语表进行或持续时又常常用时间副词"在"，因此有一些方言点，人们以为句末与时间副词"在"同形的语气词"在"可表进行或持续，从而在句中不再用别的表进行或持续的成分，仅用句末"在"。这样看来，这类方言的"在"可视为语气词和动态成分的融合物。这应该是语气词"在"在现代方言中的新发展，第三种情况的方言完成了这种新发展，而第二种情况的方言则处于发展过程之中，因此有的用例仅用句末"在"，有的用例句中仍有动态助词与"在"同现。

综合三种情况，我们认为，现代方言"在"字句中的"在"从根本上说不是表进行态、持续态的体标记或动态助词，它总体上看还是表肯定语气的语气词，只是在一些方言点有新的发展，吸纳了表动态的元素，可以不依赖别的表动态成分而兼表进行态或持续态。

　　其三，语气词"在"自唐产生，在文献中一直绵延到清代。吕叔湘先生（1941/1984：58~59）曾将《景德传灯录》中语气词"在"的用法别为四种（四组），其中的 C 组是"表某种事象之依然存在"，这一组的第 3 例"先师迁化，肉犹暖在"实际上就是表"暖"的状态持续。这种表进行或持续的例子从唐代开始就有，唐宋禅宗语录中并不少见，如：

　　　　(90)晚风犹冷在，夜火且留看。（白居易《别春炉》，《全唐诗》卷四四六，第 1120 页）

　　　　(91)沩山云："若与摩，汝智眼犹浊在。未得法眼力人，何以知我浮沤中事？"（《祖堂集》卷十八，第 464 页，仰山和尚）

　　　　(92)光问："什么处来？"师曰："犹待答话在。"（《景德传灯录》卷二十三，第 468 页，西川慧禅师）

　　　　(93)问："心又不停不住时如何？"师云："是活物，是者个正被心识使在。"（《古尊宿语要》，第 13 页，赵州和尚[中]）

　　　　(94)问："迷子未归家时如何？"师曰："不在途。"曰："归后如何？"师曰："正迷在。"（《五灯会元》卷七，第 422 页，智孚禅师）

　　这些用例中的"在"能认作动态助词或体标记吗？我们认为：不能。因为显而易见，这些用例中都有表示持续或进行的副词"犹"或"正"，表持续或进行的应该是这两个副词；更重要的是，用在表持续或进行义的句子末尾只是唐宋至清文献中"在"多种用法中的一种，我们应该综合句末"在"的各种用法，从语言实际着眼，从语言的系统性出发，对这多种用法的"在"作统一的处理。可能正是基于这些考虑，吕叔湘先生（1941/1984：58~59）统一将各种用法的句末"在"认定为语气助词，定其语气为"祛疑树信"的肯定语气。明确了这一点，我们就可以进一步明白，现代方言中的"在"其实就是唐宋以来句末语气词"在"的延续，只不过使用范围缩小，主要用于有持续或进行义的句子。吕叔湘先生（1941/1984：62）就明确认为现代蜀语句末的"在"是唐宋语尾助词"在"的延续，称蜀语"迄今仍以在字为语尾助词"。

　　总而言之，唐代始见的句末语气词"在"虽然在现代汉语普通话中已经消亡，但仍然保存在不少方言中。明清文献中"在"字句并未彻底消失，与现代方言的这种情况相映照，双方都可以得到合理解释：唐代产生的语气词"在"虽然在元以后处于衰落状态，但直到清也没有消亡，现代方言中的语气词"在"没有历史断层；通语及其文献中的"在"虽然经历了从唐宋盛用到元明清衰退到现代消亡的过程，但方言中的"在"在比较广的范围内仍延续了下来。

第六章　修辞表达的历时变迁

修辞学研究曾有一段时间特别关注修辞格的探讨，后来，研究视野拓展，逐渐重视句式、篇章、语体、风格。本章结合古代文献，讨论比拟句式、话题转移、语体特征等问题，注意对历时变迁情况进行考察。

第一节　《五灯会元》中的比拟句式

比拟句式既是语法学关注的格式，也是修辞学关注的现象。关于汉语的比拟句式，学术界已获得了一些基本共识：

首先，比拟式和比较句是两种不同的句法现象。"第一，比较在同类事物之间进行，比拟在不同类事物之间进行。第二，比较是在参与比较的两项中作出异同高下的权衡与仲裁，比拟是甲喻乙；比较主要是述实，比拟主要是想象。"（李崇兴、丁勇，2008）

其次，比拟式应该有形式标志，形式标志包括像义动词和比拟助词。这两种标记可以同时出现，也可以只出现一种（李崇兴、丁勇，2008）。汉语的比拟式一般有比拟助词，也有不用比拟助词的（江蓝生，1999；王琴，2008），其典型格式是：本体+像义动词+喻体+比拟助词。

江蓝生（1999）对先秦至明代汉语比拟式的发展历程进行了概貌式梳理，文章指出：先秦的比拟式常见的比拟助词有"然""者"，构成"如/若……然""似……者"式；两汉的比拟式跟先秦基本相同，偶见"若……焉"式；魏晋南北朝出现了新的比拟助词"馨"，构成"如……馨"式；唐宋时出现了新的比拟助词"相似"。本节选取南宋禅宗语录《五灯会元》，对书中的比拟式进行具体深入的考察，揭示该书比拟式的使用特点和在汉语比拟式发展史上的地位。

一、"似"字句

"似"字句指含有"似"字的比拟式，"似"或充当像义动词，或与"相"组合为"相似"充任比拟助词。"相似"是唐宋时期逐渐发展起来的比拟助词，因此这类比拟式是《五灯会元》中体现唐宋时期比拟式新面貌的一类。《五灯会元》中共有"似"字比拟式 289 例，按是否使用比拟助词"相似"可别为两大类。

(一) 使用比拟助词"相似"者

《五灯会元》中使用比拟助词"相似"的比拟式共 43 例，大部分使用全式，格式为：本体+像义动词+喻体+比拟助词；小部分使用简式，句中不出现像义动词，格式为：本体+喻体+比拟助词。

1. 本体+像义动词+喻体+相似

比拟式中的本体，或者在本句出现，或承前省略，或为语境所隐含。《五灯会元》中这种全式的比拟式共 37 例，句中像义动词有"如""似""有若""是"四个。

第一，本体+如+喻体+相似。

以"如"为像义动词的共 28 例，在全式中使用次数最多。喻体可以是名词或名词性短语，可以是动词性短语，还可以是主谓短语。例如：

(1)夜夜抱佛眠，朝朝还共起。起坐镇相随，语默同居止。纤毫不相离，如身影相似。(《五灯会元》卷二，第 119 页，双林善慧大士)

(2)若能一生心如木石相似，不被阴界五欲八风之所漂溺，即生死因断，去住自由。(《五灯会元》卷三，第 134 页，百丈怀海禅师)

(3)如羊相似，乱拾物安向口里。(《五灯会元》卷四，第 200 页，赵州从谂禅师)

(4)师曰："汝当时作么生会?"曰："某甲当时如在灯影里行相似。"(《五灯会元》卷十一，第 664 页，南院慧颙禅师)

（5）雪峰和尚为人，如金翅鸟入海取龙相似。（《五灯会元》卷十三，第819页，曹山光慧禅师）

（6）直得水洒不着，风吹不入，如个无孔铁锤相似。（《五灯会元》卷十六，第1023页，法昌倚遇禅师）

例（5）以主谓短语"金翅鸟入海取龙"为喻体。

第二，本体+似+喻体+相似。

这种格式共7例。格式中有两个"似"，前一个"似"是像义动词，后一个"似"与"相"组合成"相似"，居句末，充任比拟助词。例如：

（7）师同明和尚到淮河，见人牵网，有鱼从网透出。师曰："明兄俊哉！一似个衲僧相似。"明曰："虽然如此，争如当初不撞入网罗好！"（《五灯会元》卷十五，第943页，奉先深禅师）

（8）大丈夫儿，须是当众决择，莫背地里似水底按葫芦相似，当众引验，莫便面赤。（《五灯会元》卷十九，第1230页，杨歧方会禅师）

（9）参禅学道，大似井底叫渴相似，殊不知塞耳塞眼，回避不及。（《五灯会元》卷二十，第1323页，石头自回禅师）

例（7）"一"是完全的意思，"一似个衲僧相似"是说从渔网逃脱的鱼完全像衲僧。

第三，本体+有若+喻体+相似。

这种格式仅1例，句中的像义动词是双音的"有若"。例见下：

（10）山僧二十余年，挑囊负钵，向寰海之内，参善知识十数余人，自家并无个见处，有若顽石相似。（《五灯会元》卷十九，第1237页，保宁仁勇禅师）

第四，本体+是+喻体+相似。

这种格式亦仅 1 例，句中的动词是"是"，这里的"是"功能相当于像义动词。例见下：

(11) 才见老和尚开口，便好把特石蓦口塞，便是屎上青蝇相似，斗嗖将去，三个五个，聚头商量，苦屈兄弟。(《五灯会元》卷十五，第 925 页，云门文偃禅师)

2. 本体+喻体+相似

这是简式，句中不出现像义动词，共 6 例。例如：

(12) 汝今既已剃发披衣，为沙门相，即便有自利利他分。如今看着，尽黑漫漫地墨汁相似。自救尚不得，争解为得人？(《五灯会元》卷七，第 393 页，玄沙师备禅师)

(13) 皆是粥饭将养得汝，烂冬瓜相似变将去，土里埋将去。(《五灯会元》卷七，第 395 页，玄沙师备禅师)

(14) 古人留下一言半句，未透时撞着铁壁相似，忽然一日觑得透后，方知自己便是铁壁。(《五灯会元》卷十九，第 1235 页，白云守端禅师)

例 (13) 特别值得注意，"烂冬瓜相似"在句中作状语。《五灯会元》中其他的"似"字比拟式都作谓语，作状语的仅此一例。

(二) 不使用比拟助词"相似"者

《五灯会元》中的这类比拟式，句末没有比拟助词"相似"，也没有其他的比拟助词，共 246 例。具体可别为三种情况：

1. 本体+似+喻体

这种格式只有本体、像义动词"似"、喻体三项。例如：

(15) 身似临崖树，心如念水龟。(《五灯会元》卷二，第 119 页，双林善慧大士)

(16) 师劈胸与一踏。山曰："团！直下似个大虫。"自此诸方称为岑大虫。(《五灯会元》卷四，第 210 页，长沙景岑禅

师）

（17）仰山问："佛之与道，相去几何?"师曰："道如展手，佛似握拳。"（《五灯会元》卷五，第285页，石室善道禅师）

（18）少林冷坐，门人各说异端，大似众盲摸象。（《五灯会元》卷十八，第1187页，黄龙道震禅师）

前两例喻体是体词性成分，后两例喻体是谓词性成分，例（18）喻体"众盲摸象"是主谓短语。

2. 本体+比拟属性+似+喻体

这种格式里出现了比拟属性一项，位居像义动词和喻体之前。比拟属性有的学者称为"比拟结果"（高育花，2016），一般由形容词性成分充当。例如：

（19）曰："如何是炭库里藏身?"师曰："我道汝黑似漆。"（《五灯会元》卷五，第298页，投子大同禅师）

（20）德山老人一条脊梁骨硬似铁，拗不折。（《五灯会元》卷七，第373页，德山宣鉴禅师）

（21）碧潭清似镜，蟠龙何处安?（《五灯会元》卷十三，第847页，紫陵匡一禅师）

这3例，比拟属性分别由"黑""硬""清"表达。

3. 本体+似+喻体+比拟属性

这种格式比拟属性居喻体之后。例如：

（22）佛也安，祖也安，衲僧肚皮似海宽。（《五灯会元》卷十六，第1028页，智海本逸禅师）

（23）涧水如蓝碧，山花似火红。（《五灯会元》卷十六，第1079页，云峯志璇禅师）

（24）性似寒潭彻底清，是何境界?（《五灯会元》卷十七，第1128页，兴国契雅禅师）

（25）坦然归去付春风，体似虚空终不坏。（《五灯会元》卷

十八，第 1179 页，性空妙普庵主）

例(22)、例(23)比拟属性分别由"宽""红"表达，例(24)表达比拟属性的是形容词性短语"彻底清"，例(25)表达比拟属性的是动词短语"终不坏"。

二、"般"字句

"般"字句指以"般"和"一般"为比拟助词的比拟式，这也是唐宋时期新出现的一类比拟格式。《五灯会元》中"般"未见作比拟助词的，"一般"作比拟助词的也仅见 1 例，如下：

(26)古德尚云，犹如梦事瘝语一般。且道据甚么道理便怎么道？（《五灯会元》卷十，第 617 页，龙华慧居禅师）

这一例，像义动词"犹如"与比拟助词"一般"配合使用。

三、"许"字句

"许"字句是以"许"为比拟助词的比拟式，这也是体现唐宋比拟式新面貌的一类格式。《五灯会元》中"许"字比拟式共 11 例，可分为两种具体情况：

1. 本体+像义动词+喻体+许

这种情况有 3 例，句中有像义动词与"许"配合使用，像义动词有"若""如"。如下：

(27)汝但无事于心，无心于事，则虚而灵，空而妙。若毛端许，言之本末者，皆为自欺。（《五灯会元》卷七，第 372 页，德山宣鉴禅师）

(28)才起一念追求如微尘许，便隔十生五生。（《五灯会元》卷十八，第 1168 页，荐福道英禅师）

(29)若有一疑如芥子许，是汝真善知识。（《五灯会元》卷十八，第 1193~1194 页，圆通道旻禅师）

2. 本体+喻体+许

这种情况有 8 例，句中无像义动词。例如：

（30）尽十方世界，无一微尘许法，与汝作见闻觉知，还信么？（《五灯会元》卷十，第 588 页，罗汉智依禅师）

（31）放光动地，触处露现，实无丝头许法可作隔碍。（《五灯会元》卷十，第 596 页，般若敬遵禅师）

（32）三乘十二分教，横说竖说，天下老和尚纵横十字说，与我拈针锋许说底道理来看，怎么道，早是作死马医。（《五灯会元》卷十五，第 924 页，云门文偃禅师）

（33）适寒夜孤坐，拨炉见火一豆许，恍然自喜曰："深深拨，有些子。平生事，只如此。"（《五灯会元》卷十九，第 1261 页，龙门清远禅师）

这里特别值得注意的是，前 3 例比拟式"一微尘许""丝头许""针锋许"作定语，这体现了比拟式句法功能的拓展。

四、"像"字句

"象""像"用于比拟式作像义动词晚于"如""若""似"。《五灯会元》没有以"象"为像义动词的比拟式，以"像"为像义动词的比拟式仅见 1 例，如下：

（34）头圆像天，足方似地。（《五灯会元》卷十六，第 1037 页，惠林宗本禅师）

这一例，"像""似"对举，均充当比拟式中的像义动词。

五、"如"字句

"如"字句是指像义动词为"如"或"犹如""譬如""如同"的比拟式。这里的"如"字句不包含上文已经讨论过的 28 例"如……相似"、1 例"犹如……一般"、2 例"如……许"。《五灯会元》中"如"

字比拟式数量较多，我们抽查其第十卷，得"如"字比拟式 27 例，由此估算，二十卷的《五灯会元》全书应有"如"字比拟式 500 例左右，其中"犹如"除去 1 例"犹如……一般"，有 27 例，"譬如"有 23 例，"如同"有 5 例。具体情况主要有三种：

1. 本体+像义动词+喻体

"如"字句这种格式用例最多。例如：

（35）身如聚沫心如风，幻出无根无实性。（《五灯会元》卷一，第 1~2 页，尸弃佛）

（36）古圣方便犹如河沙，祖师道非风幡动，仁者心动，斯乃无上心印法门。（《五灯会元》卷十，第 567 页，天台德韶国师）

（37）若向这里辨得缁素，许你诸人东西南北，如云似鹤。（《五灯会元》卷十五，第 1003 页，鹿苑圭禅师）

（38）诸人向这里承当得，尽是二头三首，譬如金屑虽贵，眼里着不得。（《五灯会元》卷十五，第 1007 页，育王怀琏禅师）

（39）无言时，觌露机锋，如同电拂。（《五灯会元》卷十九，第 1292 页，华严祖觉禅师）

这 5 例，句中的像义动词有"如""犹如""譬如""如同"；喻体前 3 例是体词性的，后 2 例是谓词性的，例（38）且是复句形式。

2. 本体+比拟属性+像义动词+喻体

（40）问："如何是沙门眼？"师曰："黑如漆。"（《五灯会元》卷十，第 568 页，天台德韶国师）

（41）阇维舌根不坏，柔软如红莲华，藏于普贤道场。（《五灯会元》卷十，第 609 页，报恩永安禅师）

（42）长江莹如练，清风来不歇。（《五灯会元》卷十六，第 1039 页，慧林若冲禅师）

（43）日头东畔出，月向西边没。来去急如梭，催人成白

骨。(《五灯会元》卷十六，第 1070 页，乾明广禅师)

这 4 例，表达比拟属性的依次是"黑""柔软""莹""急"，居像义动词前。

3. 本体+像义动词+喻体+比拟属性

(44)尧仁况是如天阔，应任孤云自在飞。(《五灯会元》卷十五，第 1006 页，育王怀琏禅师)

(45)一得永得，辰锦朱砂如墨黑。(《五灯会元》卷十八，第 1223 页，万年昙贯禅师)

(46)乡里三钱买一片鱼鲊，如手掌大。(《五灯会元》卷十八，第 1228 页，大沩鉴禅师)

这 3 例，比拟属性依次用"阔""黑""大"表达，居句末。

六、"若"字句

"若"字句指像义动词为"若""犹若"的比拟式。这里的"若"字句不包含上文已经讨论过的"有若……相似"1 例(全书"有若"比拟式仅此 1 例)、"若……许"1 例。我们抽查《五灯会元》第十卷，得"若"字比拟式 1 例，由此估算，二十卷的《五灯会元》全书"若"字比拟式不多，20 例左右。具体情况主要有两种：

1. 本体+像义动词+喻体

(47)彼即褰衣蹑波，若履平地。(《五灯会元》卷四，第 188 页，黄檗希运禅师)

(48)四时若箭，两曜如梭。(《五灯会元》卷十七，第 1148 页，兜率从悦禅师)

(49)举古举今，犹若残羹馊饭。(《五灯会元》卷二十，第 1359 页，慧通清旦禅师)

这 3 例，例(47)的喻体"履平地"是谓词性成分，后两例喻体

"箭""残羹馊饭"皆为体词性成分。

　　2. 本体+比拟属性+像义动词+喻体

　　（50）荼毗日，祥云五色，异香四彻，所获舍利璨若珠玉。（《五灯会元》卷三，第 164 页，汾州无业国师）

　　（51）殿阁凌空，丽若神仙洞府。（《五灯会元》卷十六，第 1040 页，长芦应夫禅师）

　　（52）总似今日，灵山慧命，殆若悬丝；少室家风，危如累卵。（《五灯会元》卷十六，第 1077 页，雪峯思慧禅师）

　　这 3 例，比拟属性分别由形容词"璨""丽""殆"表达，居像义动词"若"之前。

七、"犹"字句

　　"犹"字句指像义动词为"犹"的比拟式。这里的"犹"字句不包括 28 例"犹如"比拟式和 4 例"犹若"比拟式。《五灯会元》有"犹"字比拟式 6 例，例如：

　　（53）释其旨趣，自浅之深，犹贯珠焉。（《五灯会元》卷四，第 221 页，白居易侍郎）

　　（54）去妙悟而事空言，其犹逐臭耳。（《五灯会元》卷十六，第 1090 页，报恩觉然禅师）

　　（55）先行不到，若须弥立乎巨川；末后太过，犹猛士发乎狂矢。（《五灯会元》卷十七，第 1144 页，万杉绍慈禅师）

　　这 3 例，喻体分别是"贯珠""逐臭""猛士发乎狂矢"，都是谓词性的。

　　《五灯会元》比拟式使用情况可总结为表 6-1。

表6-1　　　《五灯会元》比拟式使用情况表　　　（单位：次）

类别				数量	小计	合计
"似"字句	使用比拟助词"相似"	本体+像义动词+喻体+相似	本体+如+喻体+相似	28	43	289
			本体+似+喻体+相似	7		
			本体+有若+喻体+相似	1		
			本体+是+喻体+相似	1		
		本体+喻体+相似		6		
	不使用比拟助词"相似"	本体+似+喻体		246	246	
		本体+比拟属性+似+喻体				
		本体+似+喻体+比拟属性				
"般"字句	本体+像义动词+喻体+一般			1	1	1
"许"字句	本体+像义动词+喻体+许			3	11	11
	本体+喻体+许			8		
"像"字句	本体+比拟属性+像+喻体			1	1	1
"如"字句	本体+像义动词+喻体			500（估数）	500（估数）	500（估数）
	本体+比拟属性+像义动词+喻体					
	本体+像义动词+喻体+比拟属性					
"若"字句	本体+像义动词+喻体			20（估数）	20（估数）	20（估数）
	本体+比拟属性+像义动词+喻体					
"犹"字句	本体+像义动词+喻体			6	6	6

根据表中的数据和上面的分析，我们可以对《五灯会元》的比拟句式获得如下认识：

其一，"如"字仍是使用最多的像义动词。朱冠明（2000）指出，"如"从先秦起一直就是很常用的比喻词。据杨翠（2012：67）统计，从《诗经》《左传》到《敦煌变文集》《祖堂集》，绝大多数文献"如"都压倒"若""似"，是位居第一的像义动词。《五灯会元》中，"如"字句使用频率最高，与其他像义动词比，优势很明显。此后，元代，

《小孙屠》《宦门子弟错立身》《琵琶记》《直说通略》《通制条格》《元典章》《直说大学要略》《大学直解》8 种文献"如"字句使用频率居首位(李崇兴、丁勇,2008);明代,《水浒传》《金瓶梅》"如"压倒"若""似"位居第一(杨翠,2012:67);清代,《儒林外史》《红楼梦》《儿女英雄传》《官场现形记》《老残游记》"如"字句的使用频率均超过"似"字句、"像"字句(朱冠明,2000)。看来,"像"字成为最主要的像义动词是比较晚的事情。

其二,较多使用了"似"字句。朱冠明(2000)指出,"似"作为像义动词,《论衡》《百喻经》《世说新语》各仅有 1 例,王梵志诗有25 例,寒山诗有 22 例,白居易诗中用例非常多,它是从唐代开始大量运用的。《五灯会元》中,"似"字句使用频率仅次于"如"字句,这体现了唐宋时期比拟句式的新面貌。值得注意的是,书中较多使用了比拟助词"相似",有全式,也有简式;多与"如"配合,也有与"似"配合的。比拟助词"相似"虽然魏晋南北朝已出现(魏培泉,2009),但较多使用是在唐宋。且据李思明(1998)、杨翠(2012:70)的统计,元代以后,比拟助词方面有两点变化:一是新的比拟助词"似""也似""似的""也似的"兴起;二是"似""般"两系比拟助词相较,"般"系("一般""般")由晚唐宋代居少数变为占多数。根据这些情况看来,《五灯会元》较多使用比拟助词"相似",既体现了唐宋比拟助词的新面貌,也显现了唐宋比拟助词使用的特点。换句话说,以比拟助词论,唐宋是以"相似"为代表的时代,元以后进入以"似""也似""似的""也似的""一般""般"为代表的时代。

附带说一句,《五灯会元》还没有"一样"充当比拟助词的比拟式。

其三,从句法功能的角度看,比拟式从先秦到唐宋"几乎清一色做谓语",金、元时期,比拟式开始较多充当定语、状语(江蓝生,1999:173)。《五灯会元》中,"似"字句中有 1 例即本节例(13)作状语,"许"字句有 3 例即本节例(30)~(32)作定语,虽然数量不多,但体现了六朝之后、金元之前比拟式句法功能开始拓展的状况,值得注意。尤其是定语用例在唐宋时期文献中不多见,因此这 3 例定语用例更显珍贵。

其四，"若"字句、"犹"字句已经衰落。"若""犹"在先秦的《尚书》《庄子》《孟子》《荀子》中是很常用的像义动词(杨翠，2012：67)；"犹"在东汉以后开始从口语中淡出，"若"晚唐开始从口语中淡出(朱冠明，2000)。《敦煌变文集》中"若"使用71次，"犹"使用47次；《祖堂集》中"若"使用25次，"犹"使用54次(杨翠，2012：67)。《五灯会元》中，"若""犹若"加上"有若……相似"1例、"若……许"1例共22例左右，"犹"加上28例"犹如"比拟式和4例"犹若"比拟式共38例，《五灯会元》的篇幅比《敦煌变文集》和《祖堂集》都大，这样看来，《五灯会元中》中"若"字句、"犹"字句较之《敦煌变文集》和《祖堂集》是进一步衰落了。

第二节　禅家会话过程中转移话题的艺术

西天的佛教，传入中土，在中国文化的土壤里，与本土文化交汇融合，形成了众多的中国化的派别。禅宗是其中影响最大的一派，它以大众化为特色，影响面广，流行久远。禅宗于唐至南宋十分发达，元代以后逐渐衰退，至当代又呈现复苏气象，且二次世界大战后，在欧美也获得了很好的发展。

禅宗鼎盛期的唐宋，留有大量鲜活的语录。禅宗语录中，会话占相当大的比重。唐宋禅宗语录的会话，常常发生话题转移现象，禅家师徒有很高的话题转移艺术。本节对这种话题转移艺术进行探讨。

唐宋禅宗语录的话题转移艺术可总结为三个方面。

一、丰富多彩的话题转移标记

禅家师徒在会话过程中，常常会有意识地转移话题，而且常常会使用话题转移标记。这种标记用得最多的是"即不问""且置"，它们一般被置于前一分句之末，表示把某一话题搁置起来，后面的分句则提出另一话题以供谈论。唐宋时期的《祖堂集》《景德传灯录》《古尊宿语要》《五灯会元》4部禅宗语录话题转移标记非常丰富，总共有"且置(且致)""且从""不问""不论""且止"5类，具体标记有15种，各标记使用情况见表6-2：

表6-2　唐宋4部禅宗语录总集集话题转移标记使用情况总表

（单位：次）

文献	"且置（且致）"类				"且从"类				"不同"类			"不论"类	"且止"类		
	且置（且致）	则且置	即且置（即且致）	亦且置	且从	则且从	即且从	也且从	不同	则不同	即不同	且不论	且止	则且止	即且止
《祖堂集》	3（1）	12	1	0	2	3	1	4	1	22	2	0	0	0	0
《景德传灯录》	21	0	3	1	6	0	4	1	7	3	37	1	0	0	0
《古尊宿语要》	7（4）	0	3（2）	0	3	0	1	0	1	6	50	0	1	1	2
《五灯会元》	28	4	13	1	7	0	2	0	9	8	91	1	2	0	2

(一)"且置(且致)"类

"且置(且致)"类话题转移标记具体有"且置(且致)""则且置""即且置(即且致)""亦且置"4 种。"且"义为"姑且","置"是"搁置"、"放下不管"的意思;"致",清惠栋《惠氏读说文记》卷一"蓙"字下曰:"致与置通。《后汉书》置字皆作致。"故"且致"即"且置","即且致"即"即且置"。例如:

(1)问:"达磨未来此土时,还有佛法也无?"师曰:"未来且置,即今事作么生?"曰:"某甲不会,乞师指示。"师曰:"万古长空,一朝风月。"僧无语。(《五灯会元》卷二,第 66 页,天柱崇慧禅师)

(2)上堂云:"凤凰山下,钟鼓喧轰。石门家风,朝朝举唱。大众上来,宾主已分。开口动舌,照用俱了。若怎么荐得,甚处有佛祖?若未荐得,凭何过日?荐得荐不得即且致,作么生是无佛祖底句?"良久,敲禅床下座。(《古尊宿语要》,第 6 页,石门和尚)

例(1)中,僧徒问达磨没有来到中土时中土有无佛法,崇慧禅师的答语用"且置"撇开了"未来",而提出"即今事"进行讨论。例(2)是石门和尚上法堂向僧徒说法之语。"荐得"是"理解""领会"的意思。石门和尚先谈到"荐得""未荐得"都有问题,然后用"即且致"撇开"荐得荐不得"的问题,而提出"什么是无佛祖的句子"以供讨论。不过,未等僧徒回答,他沉默了一会,就敲了敲禅床,走下了法座。

(二)"且从"类

"且从"类话题转移标记具体有"且从""则且从""即且从""也且从"4 种。"从"是"听从""听任不管"之意;"也"是语气副词,"就"的意思。例如:

(3)又问僧:"张王李赵不是汝本来姓,汝本来姓个甚么?"曰:"与和尚同姓。"师曰:"同姓即且从,汝本来姓个甚

么?"曰:"待汉水逆流,却向和尚道。"(《五灯会元》卷十三,第846页,含珠审哲禅师)

这一例,审哲禅师问僧徒姓什么,僧徒没有直接回答,却说"与和尚同姓";审哲禅师用"即且从"撇开"同姓"问题,把话题拉回到"汝本来姓个甚么"。

(三)"不问"类

"不问"类话题转移标记具体有"不问""则不问""即不问"三种。"问"就是"询问"的意思。这一类是用得最多的。例如:

> (4)谓众曰:"是汝诸人本分事,若教老僧道,即与蛇画足。此是顿教诸上座。"有僧便问:"与蛇画足即不问,如何是本分事?"师云:"阇梨试道看。"其僧拟再问,师曰:"画足作么?"(《景德传灯录》卷十,第157页,池州灵鹫闲禅师)

此例僧徒用"即不问"撇开灵鹫闲禅师所说的"与蛇画足",询问禅师:"什么是本分事?"禅师要僧徒自己回答看,还没等僧徒回答,禅师就责备说:你画蛇添足干什么?

(四)"不论"类

"不论"类话题转移标记具体只有"且不论"一种,且在《祖堂集》《景德传灯录》《古尊宿语要》《五灯会元》4部禅宗语录中只《景德传灯录》和《五灯会元》各有1例。"论"是"谈论"的意思。例如:

> (5)然佛法付嘱,国王、大臣、郡守昔同佛会,今方如是。若是福禄荣贵则且不论,只如当时受佛付嘱底事,还记得么?(《五灯会元》卷七,第406页,保福从展禅师)

此例是从展禅师对僧徒的谈话,他用"且不论"撇开"福禄荣贵",提出"当时受佛付嘱底事,还记得么"的问题以供讨论。

(五)"且止"类

"且止"类话题转移标记具体有"且止""则且止""即且止"3种。

"止"即"停止"，意谓"停止不说"。例如：

> （6）师曰："这般汉有甚共语处？"英曰："自缘根力浅，莫怨太阳春。"却画一画，曰："宗门事且止，这个事作么生？"师便掌。英曰："这漳州子，莫无去就。"师曰："你这般见解，不打更待何时？"又打。英曰："也是老僧招得。"（《五灯会元》卷十六，第1023页，法昌倚遇禅师）

此例是倚遇禅师与英首座过招。前面倚遇禅师曾说："这个即且止，宗门事作么生？"这里，英首座反其道而行之，用"且止"撇开"宗门事"，要谈论"这个事"，结果招来掌掴。

由上可见，唐宋禅宗语录中话题转移标记众多，多种具体标记并用，异彩纷呈。这些标记使禅家师徒会话过程中的话题转移有明显的形式标志，增强了表达效果。

二、以原话题为受事主语的语法选择

会话过程中转移话题，原话题的语法位置，可以有不同的安排。请看以下用例：

> （7）佛告婆罗门："且置汝年少弟子知天文、族姓。我今问汝，随汝意答。婆罗门！于意云何？色本无种耶？"（南朝宋·求那跋陀罗《杂阿含经》卷二）
>
> （8）（佛言：）"不空见！且置是事。假使世间聪明智慧第一算师尽其智力及以算术，颇能称量，颇能思察，复能数知世界数不？"不空见言："无也，世尊！无也，世尊！……"（隋·达摩笈多《大方等大集经菩萨念佛三昧分》卷九）
>
> （9）王曰："是何沙门？"答曰："释迦子。"问言："汝得阿罗汉果耶？"答言："不得。""汝得不还一来预流果耶？"答言："不得。""且置斯事，汝得初定乃至四定？"答："并不得。"（唐·义净《根本说一切有部毗奈耶杂事》卷三）
>
> （10）复次胜华藏，且置是事，汝观东方为有何相？（赵

宋·施护等《佛说如幻三摩地无量印法门经》卷中)

（11）高仁听了，道："阿弟，我且不问你别的，只就你说落在人后的耻辱何说?"（明·方汝浩《东度记》第八十四回)

（12）燕王因说道："你这和尚专说大话，寡人且不问你那高远之事，只出一个对，看你对得来否?"（清·空谷老人《续英烈传》第五回)

例（7）原话题是"汝年少弟子知天文、族姓"，要谈论的话题是"色本无种耶"；例（8）原话题是"是事"，要谈论的话题是算师"复能数知世界数不"；例（9）原话题是"斯事"，要谈论的话题是"汝得初定乃至四定"；例（10）原话题是"是事"，要谈论的话题是"汝观东方为有何相"。例（7）至例（10），话题转移标记都是"且置"，原话题均作"置"的宾语。例（11）原话题是"别的"，要谈论的话题是"落在人后的耻辱何说"；例（12）原话题是"那高远之事"，要谈论的话题是"（出一副对联）你对得来否"。例（11）和例（12），话题转移标记都是"且不问"，原话题均作"问"的宾语。

这6例，例（7）、例（8）是唐宋禅宗语录之前的用例，例（9）、例（10）是与唐宋禅宗语录同时的用例，例（11）、例（12）是唐宋禅宗语录之后的用例，这6例原话题均作宾语。据此可知，唐宋禅宗语录前后的文献，以及与其同时的文献，会话过程中转移话题时，原话题都有置于宾语位置的用例。

唐宋禅家会话过程中转移话题则选择了另一种处理方法，即绝大多数用例是将原话题置于主语位置，作"置""问""从""止"等谓语中心的受事主语。例如：

（13）进曰："不唱目前则且置，宗乘中事如何言论?"师云："待虚空落地则向道者道。"（《祖堂集》卷九，第252页，涌泉和尚)

（14）一日长庆问："见色便见心，还见船子么?"师曰："见。"曰："船子且置，作么生是心?"师却指船子。（《景德传灯录》卷十九，第375页，从展禅师)

(15)问：“闲言长语即不问，适来问底，和尚道什么？”师云：“闲言长语。”(《古尊宿语要》，第8页，投子和尚)

(16)一日，因一婆抱一孩儿来，乃曰：“呈桡舞棹即不问，且道婆手中儿甚处得来？”师便打。(《五灯会元》卷七，第376页，岩头全奯禅师)

例(13)的原话题是“不唱目前”，例(14)的原话题是“船子”，例(15)的原话题是“闲言长语”，例(16)的原话题是“呈桡舞棹”。这4例，话题转移标记“则且置”“且置”“即不问”均居前一分句句末，原话题都被置于前一分句主语的位置。

会话过程中让原话题处于前一分句主语位置，突显了原话题，更有效地显现了话题的转移。

三、多种多样的话题转移技巧

唐宋禅宗语录中师徒在会话时转移话题，其方式、技巧多种多样，大致可归纳为：

(一)平行转移式

这种方式是指，两个话题在语义上是平行关系，禅家师徒在会话时，撇开一个话题，拈出另一个话题供谈论。例如：

(17)僧云：“深领尊慈，师意如何？”师云：“我则且置，汝适来作摩生？”(《祖堂集》卷十三，第353页，福先招庆和尚)

(18)山辞，师曰：“多学佛法，广作利益。”山曰：“多学佛法即不问，如何是广作利益？”师曰：“一物莫违。”(《五灯会元》卷三，第161页，南源道明禅师)

例(17)有禅师意见和僧徒行为两个平行话题，僧徒询问“师意如何”，招庆和尚推开“我”，转问僧徒：“你刚才什么情况？”例(18)洞山和尚辞别，道明禅师嘱咐“多学佛法，广作利益”，这两项嘱咐是平行的；洞山和尚撇开“多学佛法”，询问：“什么是广作利益?"

(二)关联转移式

这种方式是指,两个话题之间有事实与结果、本体与特性等各种关联,禅家师徒撇开关联中的一项,拈出另一项以供谈论。例如:

甲、置结果问事实:

> (19)有人便问:"承师有言:'是你诸人著力,须得趁著始得;若不趁者,丧身失命。'直得趁著,还不丧身失命也无?"师云:"失不失即且置,是你还趁著也无?"对曰:"若道趁不著,招人怪笑。"(《祖堂集》卷十一,第298页,保福和尚)

"趁著"是"追赶上"的意思,"直得"是"如果"的意思。僧徒询问:如果没追赶上,就会丧身失命;那么,如果追赶上了,是不是就不丧身失命了呢?保福和尚"失不失即且置"撇开是否丧身失命这个结果不论,而就前提事实提出话题:"你追赶上了吗?"

乙、置背景问状况:

> (20)问:"诸圣会中还有不排位者也无?"师云:"诸圣会中则且置,唤什摩作不排位?"(《祖堂集》卷十一,第304页,齐云和尚)

僧徒的问语中,"诸圣会中"是背景,"不排位"是状况。齐云和尚撇开背景,拈出状况供谈论。

丙、置特性问本体:

> (21)问云:"夜中树决定信有。其树影,为有为无?"仰山云:"有无且置,汝今见树不?……"(《祖堂集》卷十八,第467页,仰山和尚)

此例中，"夜中树"是本体，其有无"树影"是特性。仰山和尚撇开有无树影的问题，而就本体夜里的树提问："你现今看见树了吗？"

丁、置前问后或置后问前：

(22) 问："四十九年前即不问，四十九年后事如何？"师云："句超方外，千圣难追。"(《古尊宿语要》，第 6 页，鼓山和尚)

(23) 问："达磨来时即不问，如何是未来时事？"师曰："亲遇梁王。"(《五灯会元》卷八，第 451 页，国泰院瑫禅师)

(24) 时有虎头招上座出众云："树上即不问，未上树时请和尚道。"师乃呵呵大笑。(《五灯会元》卷九，第 538 页，香严智闲禅师)

例(22)明显是置前问后。例(23)撇开达磨已来中土的事不问，而问其没来时候的事，是置后问前。例(24)撇开已在树上的情况不问，而要求智闲禅师谈没有上树时的情况，也是置后问前。

(三)反向转移式

这种方式是指，两个话题在语义上是相反关系，禅家师徒在会话时，撇开一个话题，拈出一个相反的话题供谈论。例如：

(25) 师示众云："与摩时且置，不与摩时作摩生？"有人举似沩山，沩山云："寂子为人太早。"(《祖堂集》卷十八，第 458 页，仰山和尚)

(26) 问："以一重去一重即不问，不以一重去一重时如何？"师曰："昨朝栽茄子，今日种冬瓜。"(《五灯会元》卷四，第 231 页，睦州陈尊宿)

(27) 僧问石霜："万户俱闭即不问，万户俱开时如何？"霜曰："堂中事作么生？"僧无对。(《五灯会元》卷六，第 308 页，云盖志元禅师)

例(25)"与摩"是代词,"这样"的意思;"作摩生"也是代词,这里是"怎么办"的意思;"为人"指"接引、启悟学人"。此例与例(26)都是撇开肯定性话题,转向以"不"引导的相反话题。例(27)"闭"与"开"相反,撇开"万户俱闭"而问"万户俱开"。

(四)拆分转移式

这种方式是指,面对一个完整的概念,禅家师徒将其生硬地拆开,分成两半,撇开一半,询问另一半。这是禅宗崇尚超常越轨理念的体现。例如:

(28)泉曰:"今时人,须向异类中行始得。"师曰:"异即不问,如何是类?"(《五灯会元》卷四,第199页,赵州从谂禅师)

(29)住景德日,僧问:"南有景德,北有景德。德即不问,如何是景?"师曰:"颈在项上。"(《五灯会元》卷十七,第1160页,清凉慧洪禅师)

例(28)拆分"异类"一词为"异"和"类",例(29)将寺名"景德"拆分为"景"和"德"。从常规角度看,这种拆分匪夷所思,但这恰就是禅家语言。

(五)截断语路式

禅家说法有一特点,就是提倡猛然截断思路语路,使人摆脱常情俗念,当下悟道。截断语路式话题转移方式就是这一特点的典型体现。例如:

(30)问:"三乘十二分教即不问,请师开口不答话。"师曰:"宝华台上定古今。"(《景德传灯录》卷十二,第241页,义初禅师)

(31)问:"诸余即不问,向上宗乘亦且置,请师不答。"师曰:"好个师僧子。"(《景德传灯录》卷二十五,第513页,道潜禅师)

这两例，僧徒本来已用"即不问""亦且置"撇开了"三乘十二分教""诸余""向上宗乘"等话题，按惯例应提出一个话题以供谈论，但僧徒都是"请师不答"，这就截断了语路，要彼此归于静默。

唐宋禅宗语录中转移话题的方式和技巧主要有以上几种，也许还能归纳出一些。不过，仅就以上5种就可见其丰富，且有些技巧特色非常突出。

下面简要谈谈禅家转移话题艺术的成因。

禅宗语录中转移话题现象较其他文献多见，且有丰富多样的话题转移技巧，这与禅宗的修行理念和师徒互动方式有关。

禅宗认为即心是佛，人人具足佛性，修行的途径是拂尘看净，明见自性，直下体悟，顿悟成佛。与这种修行理念相联系，禅家师徒有两种互动方式很特别：一是好用当头棒喝，截断众流，即崇尚借助偶然的问答语句、举止动作、境况事件，猛然截断学人的思路语路，使其摆脱常情俗念，当下悟道。这也就是《惟则语录》卷三《示心源聚维那》所说："夫欲识达心源，别无奇术，惟于念虑汹涌之际，用截流机，当头坐断。"一是好指东说西，超常越轨，即违反会话的合作原则，一人指东，一人说西，答非所问，双方所言似乎没有逻辑联系，叫人摸不着头脑。这种指东说西实际上也有截断学人思路语路的用意。

好指东说西造成转移话题现象较其他文献多见，好指东说西与好截断众流结合造就了各种奇特的话题转移方式。

唐宋禅宗语录转移话题现象多见，话题转移技巧丰富且特色突出，是研究话题转移现象的珍贵语料，值得我们关注。

第三节　语体语法：从"在"字句的语体特征说开去

本节所说的"在"字句是指以语气词"在"煞尾的句子，这种"在"是表达肯定语气的。吕叔湘(1941)《释〈景德传灯录〉中在、著二助词》一文最早探讨了语气词"在"，认为"其所表语气大致与今语之呢字相当"，"以祛疑树信为用"①。

这种"在"字句自唐代开始出现，唐宋时期多见，其用法大致可别为4种：

第一，"在"用于肯定句，句子表示事象现时存在、依然存在。例如：

(1)沩山云："若与摩，汝智眼犹浊在。未得法眼力人，何以知我浮沤中事？"(《祖堂集》卷十八，第464页，仰山和尚)

(2)聚徒一千二千，说法如云如雨，讲得天华乱坠，只成个邪说，争竞是非，去佛法大远在。(《五灯会元》卷五，第296页，清平令遵禅师)

(3)然亦不止就贫富上说，讲学皆如此，天下道理更阔在。(《朱子语类》卷二十二，第530页)

这3例，谓语中心分别是"浊""远""阔"，都是形容词，"在"字很明显是语气词。例(1)句中有"犹"，强调事象依然存在。

第二，"在"用于肯定句，句子表示假设，表示事象将然，句中常有表示将来时间的词语，"在"前有时还有表将然的语气词"去"。例如：

(4)沩山云："寂子此语，迷却天下人去在。"(《祖堂集》卷十八，第458页，仰山和尚)

(5)他时向孤峰顶上立吾道在。(《景德传灯录》卷十五，第287页，德山宣鉴禅师)

(6)已后为一株大树，覆荫天下人去在。(《五灯会元》卷

---

① 吕叔湘：《释〈景德传灯录〉中在、著二助词》，《华西协合大学中国文化研究所集刊》1941年第1卷。

十一，第 642 页，临济义玄禅师）

例(4)"寂子"指仰山和尚，仰山和尚名慧寂。例(4)、例(6)
"在"前有"去"，例(5)、例(6)句中有表将来时间的"他时""已
后"。

第三，"在"用于否定句，句子表示事象未然，否定词多为
"未"，亦用"不"。例如：

(7)有恒沙无漏戒定慧门，都未涉一毫在。(《祖堂集》卷
十四，第 373 页，百丈和尚)

(8)师曰："老和尚脚跟犹未点地在。"(《五灯会元》卷七，
第 392 页，玄沙师备禅师)

(9)此一段文意，公不曾识得它源头在，只要硬去捺他，
所以错了。(《朱子语类》卷十六，第 337 页)

例(7)"恒沙"即"恒河(在印度)之沙"，形容数量非常多。例
(9)"捺"是"强压、抑制"的意思。

第四，"在"用于问句，句子表示反诘或真性询问。例如：

(10)云："心如工技儿，意如和技者，争解讲得经论在?"
(《祖堂集》卷十四，第 360 页，江西马祖)

(11)不见古人唤作食疮脓鬼，吃涕唾鬼，吃不净鬼，未
唤作人在? (《古尊宿语要》，第 10 页，鼓山和尚)

(12)澄一禅客逢见行婆，便问："怎生是南泉犹少机关
在?"(《五灯会元》卷三，第 184 页，浮盃和尚)

例(12)"南泉"指南泉普愿和尚，"机关"指机谋。例(10)、例
(11)表反诘，例(12)是真性询问。

从语体的角度观察，这种"在"字句有两点值得注意：一是它

有语体分布差异，主要用于谈话语体；二是它的语体特征古今发生了变化，古代它主要用于禅家、学者的专业性谈话，今天它主要用于方言区平民的日常口语。下面就这两点展开讨论。

关于语体的分类，学术界意见颇不一致。最粗略的有"口头语体"与"书面语体"之二分；也有学者强调"对话语体"与"叙事语体"之别；张弓（1963）将语体先别为"口头语体"与"书面语体"两大类，再将书面语体区分为文艺语体、科学语体、政论语体、公文语体①；袁晖、李熙宗（2005）将语体分为谈话语体、公文语体、科技语体、新闻语体、文艺语体和综合语体，再进行下位分类②。"在"字句古今都主要用于谈话语体。

自唐代以迄清代，"在"字句主要用于禅家、学者的专业性谈话，叙事性语体中很少见到。

唐宋时期，"在"字句主要见于禅宗语录和宋儒语录，这两类都是"语录"，是典型的谈话体，前者是禅家师徒的现场对话，后者是儒家师生的现场学术互动。请看表6-3：

表6-3　　唐宋禅宗语录、宋儒语录"在"字句使用情况表

（单位：次）

文献	《祖堂集》（约25万字）	《景德传灯录》（约42万字）	《古尊宿语要》（约20万字）	《五灯会元》（约78万字）	《上蔡语录》（约1.8万字）	《朱子语类》（前30卷，约45万字）
使用总次数	65	87	54	204	2	34
每万字使用次数	2.6	2.1	2.7	2.62	1.11	0.76

---

① 张弓：《现代汉语修辞学》，天津人民出版社1963年版。
② 袁晖、李熙宗：《汉语语体概论》，商务印书馆2005年版。

再看看唐宋叙事类语体中"在"字句使用情况,如表6-4所示:

表6-4 **唐宋叙事类语体"在"字句使用情况表** (单位:次)

朝代	文　献	使用总次数
唐	《游仙窟》(约1万字)	2
	《朝野佥载》(约7万字)	1
	《南史》(唐·李延寿,80卷)	0
	《隋书》(唐·魏徵等,85卷)	0
	《敦煌变文集》(约31万字)	0
宋	《新唐书》(宋·欧阳修等,225卷)	0
	《旧五代史》(宋·薛居正等,150卷)	0
	《太平广记》(500卷)	6
	《三朝北盟会编》(节选6种①,近6万字)	0

对照表6-3和表6-4,我们应注意以下几点:

其一,表6-4中9种文献有史籍、有小说、有说唱文学,其中《新唐书》《旧五代史》《太平广记》篇幅很大,《游仙窟》《敦煌变文集》《太平广记》《三朝北盟会编(节选6种)》口语成分较多。而9种文献中有6种"在"字句数量为0,这其中就有口语成分较多的《敦煌变文集》和《三朝北盟会编(节选6种)》,其他3种用例也很少,总体上跟表6-3相比悬殊,特别典型的是,《太平广记》500卷仅6例,而《朱子语类》前30卷就有34例。凡此均可证唐宋时期"在"字句主要用于谈话体。

其二,表6-4中3种文献的9例"在"字句(《太平广记》有1例即《朝野佥载》中的那1例),实际上全部出现在对话中,并非叙事

①　这6种是:《燕云奉使录》《茅斋自叙》《靖康城下奉使录》《靖康大金山西军前和议录》《绍兴甲寅通和录》《采石战胜录》。

语言，也就是说，实际上，表6-4的9种文献叙事语言中无1例"在"字句，这更进一步证明唐宋时期"在"字句主要用于谈话体。

其三，表6-3中《上蔡语录》的作者谢良佐是今河南上蔡人，表6-4中《游仙窟》的作者张文成是今河北深县人，还有白居易祖籍太原，后迁居下邽（今陕西渭南东北），他的诗作中有10余例"在"字句，可见"在"字句不限于禅宗语录和朱熹《朱子语类》这些有南方方言背景的文献，北方作者也会用。由此可知，"在"字句在文献中分布的差异不是方言之别，合理的解释只能是语体之异。

唐宋诗词中也有一些"在"字句用例，但总的说来，与表6-3中谈话体文献在使用频率方面相差甚远，"在"字句主要用于谈话体殆无疑义。

元明清"在"字句衰落，但三个朝代都还有一定量的用例，并没有消亡。明清时期"在"字句仍主要用于谈话体。请看表6-5和表6-6：

表6-5　　　　　　　**明清叙事类语体"在"字句使用情况表**　　　（单位：次）

朝代	文献	使用总次数
明	《水浒传》	0
	《金瓶梅》	0
	《包龙图判百家公案》	0
	《西游记》	0
	《封神演义》	0
	《欢喜冤家》	0
	《禅真逸史》	0
	《型世言》	0
	《拍案惊奇》	1
	《二刻拍案惊奇》	0

续表

朝代	文献	使用总次数
清	《醒世姻缘传》	0
	《玉支玑》	0
	《女仙外史》	0
	《儒林外史》	0
	《红楼梦》	0
	《绿野仙踪》	0
	《歧路灯》	0
	《野叟曝言》	0
	《镜花缘》	1
	《荡寇志》	0
	《跻春台》	0
	《儿女英雄传》	0
	《官场现形记》	0
	《长生殿》	0

　　表6-5 中共23 部小说，1 个剧本，小说都是白话小说，语料总规模不小，但仅见2 例"在"字句，且这2 例都是对话。

表6-6　　　**明清学者语录"在"字句使用情况表**　　（单位：次）

朝代	文献	使用总次数
明	《传习录》(3 卷，约5.5 万字)	8
清	《读四书大全说》(10 卷，约37 万字)	27

　　表6-6 中，《传习录》是王阳明的哲学语录，多有讨论四书的内容，除收在卷中的书信外，卷上、卷下多为问答体。《读四书大全说》是王夫之读《四书大全》的学术笔记，虽不是明显的语录体，但

与语录体相近。其一，《四书大全》收录各家之说，王夫之就"四书"的具体词句、具体观点对各家的解释进行评议，提出自己的看法，实际上是有潜在对象的学术对话。其二，王夫之评议的主要对象是朱熹，这部书与《朱子语类》有相同的讨论对象，语言风格明显受《朱子语类》影响，承袭《朱子语类》遣词造句之迹显而易见，而《朱子语类》是典型的语录体。下面看看《传习录》和《读四书大全说》中的几例：

（13）曰："……若靠那宁静，不惟渐有喜静厌动之弊，中间许多病痛，只是潜伏在，终不能绝去，遇事依旧滋长。……"（《传习录》上"陆澄录"，第 21 页）

（14）一日，王汝止出游归，先生问曰："游何见？"对曰："见满街人都是圣人。"先生曰："你看满街人是圣人，满街人到看你是圣人在。"（《传习录》下"黄省曾录"，第 172 页）

（15）集注云："凡云'在其中'者，皆不求而自至之辞"，此语亦未圆在。（《读四书大全说》卷四，第 219 页）

（16）问者曰："无事而思，则莫是妄想？"如此而问，卤莽杀人！夫唯忿与见得，则因事而有；疑之思问，且不因事而起。若视听容貌，则未尝有一刻离著在。（《读四书大全说》卷七，第 463 页）

对照表6-5、表6-6可知，在明清"在"字句总体衰落的大背景下，专业性谈话体中有相对多一些的"在"字句用例，其语体特征与唐宋一致。

进入现代，"在"字句的语体特征发生了变化，在通语书面文献中它已消亡，只见于方言，活跃于方言区百姓的口语中。

不过，较早时候，学术界认为"在"字句只在现代闽方言等少数方言中保留，可近二三十年来，越来越多的方言研究成果告诉我们：现代方言中"在"字句有广泛的分布。

西南官话：四川成都、西昌；湖北宜都、武汉、仙桃、襄樊、荆沙、荆门、长阳、随州；湖南的华容。

　　江淮官话：湖北英山、蕲春、麻城、孝感；安徽巢县、合肥、霍邱。

　　赣方言：江西丰城；湖北嘉鱼（簰洲）、蒲圻、通城、阳新、通山；安徽宿松；广西玉林。

　　湘方言：湖南辰溪、岳阳。

　　晋语：山西五寨、代县、石楼、偏关。

　　中原官话：陕西安康；河南固始、光山。

　　闽方言：福建闽南地区、漳州；海南乐东县黄流话。

　　下面举几个现代方言的例句：

　　湖北武汉话（汪国胜，1999，西南官话①）：

　　　　（17）车子停在门口在。

　　　　（18）爸爸在办公室等倒在。

　　　　（19）他坐倒在。

　　广西玉林话（梁忠东，2009，粤方言②）：

　　　　（20）佢吃饭在，冇要喊佢。

　　　　（21）我开住会在，你先去啰！

　　　　（22）老师企在讲台在。

　　总起来看，句末语气词"在"在现代汉语方言中分布颇广，主要分布区域是西南官话区和江淮官话区，中原官话区、晋语区以及闽、湘、赣、粤等方言区也都有一些方言点使用这个词。

　　虽然现代"在"字句已从古代的主要用于专业性谈话转为只用于方言区百姓的日常口语，但总的还是属于谈话体范围。

　　为什么古今"在"字句都主要用于谈话体呢？这跟语气词"在"

---

　　①　汪国胜：《湖北方言的"在"和"在里"》，《方言》1999年第2期。

　　②　梁忠东：《玉林话"在"字的意义及其用法》，《泰山学院学报》2009年第2期。例（21）中的"住"是表持续的动态助词。

的语法意义有关。

方梅《语体动因对句法的塑造》一文认为，语体差异可以从功能类型角度去认识，"着眼于功能类型，叙事语篇与非叙事语篇的差异是基本的差异"，相对于叙事语篇，"对话语篇的时间连续性不强，动作主体特征也因谈话内容而异，现场性和评论性更为突出"。① 这就是说，对话语篇或曰谈话体有两个突出特征，即"现场性"和"评论性"。语气词"在"表达的是肯定语气，具有评论性，因此适合用于谈话语体。古今"在"字句主要用于谈话语体，原因就在这里。

语体语法是近年来日益受到重视的研究领域，它是修辞学和语法学的交叉学科，注重从语体的角度观察语法现象，认识语法规律，揭示语法事实的语体层次与语体成因。在这方面，朱德熙、胡明扬、陶红印、张伯江、方梅、冯胜利有较大贡献。

从反面角度来看，语体语法学认为，语法研究离开了语体区分，所总结出的规律往往不准确，会有偏差。比如胡明扬(1993)就曾指出：很多语法学家认为形容词的主要功能是作谓语，作定语并不是形容词区别于其他词类的主要语法功能。实际上，就口语而言，形容词的主要语法功能是作谓语，作定语不是主要的功能；"但是书面语的情况就不同了"，"就书面语而言，形容词用作定语是一项主要语法功能，至少用作定语的机会比用作谓语的机会多"。② 在胡明扬看来，形容词的主要语法功能是作谓语还是作定语，必须区分语体，不能一概而论。

从正面角度来看，语体语法学认为，"任何一种语体因素的介入都会带来语言特征的相应变化"(张伯江，2007)③，"语法研究必须以具体的语体为中心"(陶红印，1999)④，结合语体研究语法，

---

① 方梅：《语体动因对句法的塑造》，《修辞学习》2007 年第 6 期。
② 胡明扬：《语体和语法》，《汉语学习》1993 年第 2 期。
③ 张伯江：《语体差异和语法规律》，《修辞学习》2007 年第 2 期。
④ 陶红印：《试论语体分类的语法学意义》，《当代语言学》1999 年第 3期。

可以发现重要的语法事实，总结出切合实际的语法规则，获得对语法事实的科学解释。比如，关于处置式"将"字句，以前研究现代汉语共时语法的学者几乎无例外地认为"把"字句应用范围广，频率高，"将"字句只用于书面语，而研究历史语法的学者都认为"将"字句早于"把"字句，但后来"把"字句取代了"将"字句。可是，陶红印(1999)的研究表明，仅说"将"字句只用于书面语是不够的，太笼统，因为同样是书面语，社论和菜谱中"将"字句的使用差别是很大的：《人民日报》1997年的49篇社论，近10万字，"将"字句使用7次，"把"字句使用145次，二者比例约为1∶20；而206个菜谱，近5万字，"将"字句使用372次，"把"字句使用166次，二者比例超过为2∶1。同为书面语，情况相反，这说明"将"字句和"把"字句的区别不是靠"书面语"与"口语"的区分能解释的，必须在书面语的范围之内寻找另外的解释。张伯江(2007)就这种区别根据沈家煊关于"把"字句主观性的研究，引入"主观语体"和"客观语体"这一语体分类角度，指出：现代汉语共时系统中，"把"字句的表达特征是主观表达，"将"字句的表达特征是客观表达，而社论属于典型的主观语体，菜谱是典型的说明性语体，属于客观语体范畴，因此，社论多用"把"字句，菜谱多用"将"字句。陶红印和张伯江的研究从语体角度出发，不仅揭示了人们以前认识有误的语法事实，而且对其作出了令人信服的全新解释。另外，他们的研究也让我们认识到，现代汉语中"把"字句并没有完全取代"将"字句，"将"字句在说明性语体中仍很活跃。总之，他们关于"将"字句和"把"字句的这一研究彰显了语体语法学的威力。

我们以上关于"在"字句的研究说明，在历史语法研究中，语体角度也是非常重要的，同时这种角度的研究也是可行的。语体语法由于着眼于修辞学和语法学的交叉融合，给语言研究提供了一个新的视角，能促进修辞学研究领域的拓展，能推动语法研究的精密化、科学化，有很好的发展前景。

主要引用书目

爱月主人：《比目鱼》，《古本小说集成》，上海古籍出版社1990年版。

安遇时：《包龙图判百家公案》，《中国古典精华文库》，外语教学与研究出版社2008年版。

八宝王郎：《冷眼观》，沈阳出版社1994年版。

包恢：《敝帚稿略》，《文渊阁四库全书》第1178册，台湾"商务印书馆"1986年版。

不肖生：《留东外史续集》，中国华侨出版社1998年版。

蔡绦：《铁围山丛谈》，中华书局1983年版。

曹去晶：《姑妄言》，中国文联出版公司1999年版。

曹雪芹、高鹗：《红楼梦》，人民文学出版社1982年版。

曹寅、彭定求等编：《全唐诗》，上海古籍出版社1986年版。

陈建功、赵大年：《皇城根》，作家出版社1992年版。

陈莲痕：《乾隆休妻》，收入《清宫四大丑闻》，群众出版社1993年版。

陈敏政：《新安文献志》，《文渊阁四库全书》第1375册，台湾"商务印书馆"1986年版。

陈忠实：《白鹿原》，北京十月文艺出版社2008年版。

程颢、程颐：《河南程氏遗书》，《国学基本丛书》本，商务印书馆1935年版。

池莉：《池莉近作精选》，长江文艺出版社2003年版。

崔象川：《白圭志》，春风文艺出版社1985年版。

道原编：《景德传灯录》，日本京都禅文化研究所1990年版。

董诰等编：《全唐文》，清嘉庆内府刻本。

范晔：《后汉书》，《二十五史》，上海古籍出版社、上海书店1986年版。

方汝浩：《禅真逸史》，上海古籍出版社1996年版。

方闻一编：《大易粹言》，《文渊阁四库全书》第15册，台湾"商务印书馆"1986年版。

冯梦龙编：《醒世恒言》，人民文学出版社1956年版。

傅泽洪：《行水金鉴》，《文渊阁四库全书》第581册，台湾"商务印书馆"1986年版。

高宇泰：《雪交亭正义录》，四明丛书本。

戈守智：《汉溪书法通解》，乾隆霁云阁刻本。

顾嗣立编：《元诗选》初集、二集、三集，中华书局1987年版。

《国语》，上海书店1987年版。

邗上蒙人：《风月梦》，《古本小说集成》，上海古籍出版社1990年版。

《韩非子》，《诸子集成》本第五册，中华书局1954年版。

何孟春：《余冬序录摘抄内外篇》，《丛书集成初编》第337册，商务印书馆1937年版。

洪昇：《长生殿》，人民文学出版社1983年版。

胡建伟：《澎湖纪略》，《台湾文献史料丛刊》第一辑，台湾大通书局1984年版。

《皇明诏令》，《近代汉语语法资料汇编·元代明代卷》，商务印书馆1995年版。

黄小配：《廿载繁华梦》，收入《晚清文学丛钞·小说三卷》下册，中华书局1960年版。

黄震：《黄氏日抄》，《文渊阁四库全书》第708册，台湾"商务印书馆"1986年版。

慧能：《坛经》，郭朋校释，中华书局1983年版。

金庸：《神雕侠侣》（评点本），文化艺术出版社1998年版。

静、筠二禅师编：《祖堂集》，张美兰校注，商务印书馆2009年版。

兰陵笑笑生：《金瓶梅词话》，白维国、卜键校注，岳麓书社1995年版。

老舍：《四世同堂》，收入《老舍文集》第六卷，人民文学出版社1984年版。

老舍：《赵子曰》，文汇出版社2008年版。

李百川：《绿野仙踪》，时代文艺出版社2003年版。

李伯元：《官场现形记》，人民文学出版社1957年版。

李伯元：《活地狱》，上海文化出版社1956年版。

李伯元：《文明小史》，上海古籍出版社1982年新1版。

李昉等编：《太平广记》，中华书局1961年新1版。

李涵秋：《广陵潮》，凤凰出版社2014年版。

李亮丞：《热血痕》，华夏出版社2013年版。

李绿园：《歧路灯》，时代文艺出版社2003年版。

李祁：《云阳集》，《文渊阁四库全书》第1219册，台湾"商务印书馆"1986年版。

李汝珍：《镜花缘》，人民文学出版社1955年版。

李渔：《连城璧》，《古本小说集成》，上海古籍出版社1990年版。

凌濛初：《拍案惊奇》，《古本小说集成》，上海古籍出版社1990年版。

凌濛初：《二刻拍案惊奇》，三秦出版社1993年版。

刘安：《淮南子》，《诸子集成》本第五册，中华书局1954年版。

刘昌诗：《芦浦笔记》，中华书局1986年版。

刘鹗：《老残游记》，人民文学出版社1957年版。

刘武：《庄子集解内篇补正》，古籍出版社1958年版。

刘昫等：《旧唐书》，《二十五史》，上海古籍出版社、上海书店1986年版。

刘岳申：《申斋集》，《文渊阁四库全书》第1204册，台湾"商务印书馆"1986年版。

刘璋：《斩鬼传》，《古本小说集成》，上海古籍出版社1990

年版。

陆德明：《经典释文》，中华书局 1983 年版。

陆西星：《封神演义》，人民文学出版社 1973 年新 1 版。

陆贽：《焚书　续焚书》，中华书局 2009 年第 2 版。

吕熊：《女仙外史》，《古本小说集成》，上海古籍出版社 1990 年版。

吕祖谦：《东莱外集》，《文渊阁四库全书》第 1150 册，台湾"商务印书馆"1986 年版。

旅生：《痴人说梦记》，《中国近代小说大系》，江西人民出版社 1989 年版。

马端临：《文献通考》，《文渊阁四库全书》第 613 册，台湾"商务印书馆"1986 年版。

梦梦先生：《红楼圆梦》，北京大学出版社 1988 年版。

《明实录》，台北"中研院"历史语言研究所校印本 1962 年版。

南岳道人：《蝴蝶媒》，《古本小说集成》，上海古籍出版社 1990 年版。

欧阳钜源：《负曝闲谈》，《中国近代小说大系》，江西人民出版社 1988 年版。

普济编：《五灯会元》，中华书局 1984 年版。

齐东野人：《隋炀帝艳史》，长江文艺出版社 1985 年版。

神会：《神会和尚禅话录》，杨曾文编校，中华书局 1996 年版。

沈从文：《沈从文全集》，北岳文艺出版社 2009 年第 2 版。

沈德潜等编：《明诗别裁集》，上海古籍出版社 2013 年版。

沈德潜编：《清诗别裁集》，中华书局 1975 年版。

沈括：《梦溪笔谈》，胡道静校证，上海人民出版社 2011 年版。

沈懋德：《红楼梦补》，凤凰出版社 2011 年版。

施耐庵、罗贯中：《水浒全传》，中华书局 1961 年版。

施耐庵、罗贯中：《水浒传》，人民文学出版社 1975 年版。

时澜：《增修东莱书说》，《文渊阁四库全书》第 57 册，台湾

"商务印书馆"1986年版。

司马迁:《史记》,《二十五史》,上海古籍出版社、上海书店1986年版。

苏辙:《栾城集》,上海古籍出版社2009年第2版。

隋树森编:《全元散曲》,中华书局1964年版。

谭嗣同:《谭嗣同全集》(增订本),蔡尚思、方行编,中华书局1981年版。

唐圭璋编:《全宋词》,中华书局1965年版。

天花藏主人:《玉娇梨》,《古本小说集成》,上海古籍出版社1994年版。

汪梦斗:《北游集》,《文渊阁四库全书》第1187册,台湾"商务印书馆"1986年版。

汪森编:《粤西通载》,广西师范大学出版社2012年版。

王充耘:《书义矜式》,《文渊阁四库全书》第68册,台湾"商务印书馆"1986年版。

王夫之:《读四书大全说》,中华书局1975年版。

王季思主编:《全元戏曲》,人民文学出版社1990~1999年版。

王小波:《革命时期的爱情》,收入《王小波经典作品》(小说卷),当代世界出版社2005年版。

王小波:《未来世界》,收入《王小波全集》第七卷,北京理工大学出版社2009年版。

王学奇主编:《元曲选校注》,河北教育出版社1994年版。

王阳明:《王阳明全集》,上海古籍出版社2011年版。

王阳明:《传习录》,萧无陂校释,岳麓书社2012年版。

王铚:《默记》,中华书局1981年版。

王重民等编:《敦煌变文集》,人民文学出版社1957年版。

魏齐贤、叶棻合编:《五百家播芳大全文粹》,《文渊阁四库全书》第1353册,台湾"商务印书馆"1986年版。

魏收:《魏书》,《二十五史》,上海古籍出版社、上海书店1986年版。

魏天应编选：《论学绳尺》，《文渊阁四库全书》第 1358 册，台湾"商务印书馆"1986 年版。

魏文中：《绣云阁》，《古本小说集成》，上海古籍出版社 1990 年版。

文康：《儿女英雄传》，上海书店 1993 年版。

文天祥：《文山集》，《文渊阁四库全书》第 1184 册，台湾"商务印书馆"1986 年版。

无垢道人：《八仙全传》，三秦出版社 1988 年版。

吴承恩：《西游记》，人民文学出版社 1980 年第 2 版。

吴澄：《吴文正集》，《文渊阁四库全书》第 1197 册，台湾"商务印书馆"1986 年版。

吴敬梓：《儒林外史》，人民文学出版社 1958 年版。

吴趼人：《二十年目睹之怪现状》，人民文学出版社 1959 年版。

吴趼人：《九命奇冤》，上海古籍出版社 1987 年版。

吴贻先：《风月鉴》，时代文艺出版社 2003 年版。

西泠野樵：《绘芳录》，吉林文史出版社 1988 年版。

西周生：《醒世姻缘传》，上海古籍出版社 1981 年版。

夏敬渠：《野叟曝言》，时代文艺出版社 2003 年版。

萧统：《昭明文选》，中华书局 1977 年版。

谢冕主编：《中国新诗总系》，人民文学出版社 2010 年版。

徐梦莘：《三朝北盟会编》，上海古籍出版社 2008 年第 2 版。

徐硕：《嘉禾志》，《中国方志丛书·华中地方》第 566 号，台北成文出版社 1983 年版。

烟水散人：《玉支玑》，时代文艺出版社 2003 年版。

《晏子春秋》，《诸子集成》本第五册，中华书局 1954 年版。

杨绛：《干校六记》，生活·读书·新知三联书店 2010 年版。

姚铉编：《唐文粹》，四部丛刊景元翻宋小字本。

叶紫：《叶紫文集》，线装书局 2009 年版。

佚名：《安平县杂记》，《台湾文献史料丛刊》第二辑（35），台湾大通书局 1984 年版。

佚名：《痴人福》，《古本小说集成》，上海古籍出版社 1994 年版。

佚名：《金钟传》，《古本小说集成》，上海古籍出版社 1994 年版。

佚名：《梼杌闲评》，《古本小说集成》，上海古籍出版社 1990 年版。

佚名：《无锡县志》，《文渊阁四库全书》第 492 册，台湾"商务印书馆"1986 年版。

佚名：《小五义》，上海古籍出版社 2000 年版。

饮霞居士：《熙朝快史》，内蒙古人民出版社 1998 年版。

俞万春：《荡寇志》，人民文学出版社 1981 年版。

庾岭劳人：《蜃楼志》，漓江出版社 1994 年版。

袁枚：《小仓山房集》，清乾隆刻增修本。

颐藏主编：《古尊宿语要》，日本京都中文出版社 1973 年版。

《战国策》，诸祖耿集注汇考，江苏古籍出版社 1985 年版。

湛若水：《春秋正传》，《文渊阁四库全书》第 167 册，台湾"商务印书馆"1986 年版。

张洁：《无字》(第一部)，人民文学出版社 2011 年版。

张栻：《癸巳论语解》，《文渊阁四库全书》第 199 册，台湾"商务印书馆"1986 年版。

张栻：《癸巳孟子说》，《文渊阁四库全书》第 199 册，台湾"商务印书馆"1986 年版。

张文成：《游仙窟》，李时人、詹绪左校注，中华书局 2010 年版。

《张协状元》，《近代汉语语法资料汇编·宋代卷》，商务印书馆 1992 年版。

张燮：《东西洋考》，中华书局 1981 年版。

郑思肖：《郑所南先生文集》，《丛书集成初编》，中华书局 1985 年新 1 版。

郑侠：《西塘集》，《文渊阁四库全书》第 1117 册，台湾"商务印书馆"1986 年版。

《中国共产党章程汇编》（一大—十八大），中共中央党校出版社 2013 年版。

朱瘦菊：《歇浦潮》，上海古籍出版社 1991 年版。

朱熹：《晦庵集》，四部丛刊景明嘉靖本。

朱熹：《朱子语类》，黎靖德编，中华书局 1994 年版。

邹弢：《海上尘天影》，《古本小说集成》，上海古籍出版社 1990 年版。

醉月山人：《狐狸缘全传》，《古本小说集成》，上海古籍出版社 1990 年版。

《左传》，《十三经注疏》本，中华书局 1980 年版。

台湾地区"中华电子佛典协会""CBETA2010 电子佛典集成"。

参 考 文 献

北京大学中文系 1955、1957 级语言班：《现代汉语虚词例释》，商务印书馆 1982 年版。

曹广顺：《近代汉语助词》，语文出版社 1995 年版。

曹广顺等：《〈祖堂集〉语法研究》，河南大学出版社 2011 年版。

长文：《关于"曝光"之"曝"的读音》，《语文建设》2000 年第 5 期。

陈宝勤：《语气助词"在""有"的产生与消亡》，《汉字文化》2004 年第 4 期。

陈克炯：《左传详解词典》，中州古籍出版社 2004 年版。

陈然：《"暴光"与"曝光"溯源》，《现代语文》2006 年第 2 期。

陈淑梅：《湖北英山方言志》，华中师范大学出版社 1989 年版。

陈秀：《湖北仙桃方言的动态助词》，《湖北经济学院学报》(人文社会科学版)2015 年第 5 期。

陈有恒：《鄂南方言里的"把""到""在"》，《武汉师院咸宁分院学报》1982 年第 2 期。

邓辉：《王船山四书学著作与〈船山经义〉年考》，《湘潭大学学报》(哲学社会科学版)2008 年第 2 期。

方吉萍：《〈五灯会元〉比拟句式研究》，温州大学硕士论文，2012。

冯春田：《近代汉语语法研究》，山东教育出版社 2000 年版。

傅惠钧：《〈儿女英雄传〉选择问句研究》，《北京大学学报》"国内访问学者、进修教师论文专刊"2000 年。

高福生：《南昌话里的句尾"着"》，《江西师范大学学报》(哲学社会科学版)1990 年第 2 期。

高育花：《元代汉语中的平比句和比拟句》，《长江学术》2016 年第 3 期。.

何乐士：《〈左传〉的语气副词"其"》，何乐士：《〈左传〉虚词研究》(修订本)，商务印书馆 2004 年版。

胡敕瑞：《将然、选择与意愿——上古汉语将来时与选择问标记的来源》，《古汉语研究》2016 年第 2 期。

胡竹安：《元白话作品中的语气助词》，《中国语文》1958 年第 6 期。

华南师范学院中文系：《现代汉语虚词》，广东人民出版社 1981 年版。

黄碧云：《"A 也罢，B 也罢"句式考察》，《商丘师范学院学报》2004 年第 6 期。

黄伯荣、廖序东：《现代汉语》(修订本)，甘肃人民出版社 1988 年版。

黄伯荣主编：《汉语方言语法类编》，青岛出版社 1996 年版。

黄丁华：《闽南方言的虚字眼"在、着、里"》，《中国语文》1958 年第 2 期。

黄晓雪：《安徽宿松方言的事态助词"在"》，《长江学术》2006 年第 3 期。

黄晓雪：《说句末助词"在"》，《方言》2007 年第 3 期。

江蓝生：《从语言渗透看汉语比拟式的发展》，《中国社会科学》1999 年第 4 期。

姜南：《汉译佛经中增译的话题转移标记》，《中国语文》2007 年第 3 期。

雷冬平、胡丽珍：《语气助词"也罢"的功能及语法化过程》，《北方论丛》2008 年第 4 期。

李崇兴：《湖北宜都方言助词"在"的用法和来源》，《方言》1996 年第 1 期。

李崇兴、丁勇：《元代汉语的比拟式》，《汉语学报》2008 年第

1 期。

　　李崇兴：《宜都方言研究》，华中师范大学出版社 2014 年版。

　　李斐斐：《〈景德传灯录〉疑问句研究》，台湾成功大学硕士学位论文，2001 年。

　　李杰群：《〈孟子〉的副词》，郭锡良主编：《古汉语语法论集》，语文出版社 1998 年版。

　　李泉：《副词和副词的再分类》，胡明扬主编：《词类问题考察》，北京语言文化大学出版社 1996 年版。

　　李思明：《晚唐以来的比拟助词体系》，《语言研究》1998 第 2 期。

　　李小军：《语气词“在”的形成过程及机制》，《南开语言学刊》2011 年第 1 期。

　　李小军等：《语气词“着（著）”的形成及相关问题》，《江西师范大学学报》（哲学社会科学版）2011 年第 6 期。

　　梁忠东：《玉林话“在”字的意义及其用法》，《泰山学院学报》2009 年第 2 期。

　　刘焕辉主编：《言语交际学基本原理》，江西教育出版社 1997 年版。

　　刘宁生：《〈世说新语〉〈敦煌变文集〉中“着”之比较研究》，《南京师大学报》1985 年第 4 期。

　　刘笑敢：《庄子哲学及其演变》，中国社会科学出版社 1993 年版。

　　柳士镇：《魏晋南北朝历史语法》，南京大学出版社 1992 年版。

　　龙国富：《动词的时间范畴化演变：以动词“当”和“将”为例》，《古汉语研究》2010 年第 4 期。

　　卢烈红：《〈古尊宿语要〉代词助词研究》，武汉大学出版社 1998 年版。

　　卢烈红：《佛教文献中“何”系疑问代词的兴替演变》，《语言学论丛》第三十一辑，商务印书馆 2005 年版。

　　卢烈红：《汉译佛经中的“为”字选择问句》，《汉文佛典语言学——第三届汉文佛典语言学国际研讨会论文集》，台湾法鼓文化事业股份有限公司 2011 年版。

卢烈红：《禅宗语录中带语气副词的测度问句》，《长江学术》2011 年第 3 期。

卢烈红：《配对型"也好"源流考》，《中国语文》2012 年第1 期。

卢烈红：《"莫非"源流考》，《南开语言学刊》2012 年第 2 期。

卢烈红：《汉魏六朝汉译佛经中带语气副词的测度问句》，《海南师范大学学报》(社会科学版)2012 年第 3 期。

卢烈红：《禅宗语录中选择问句的发展》，《东亚文献研究》(韩国)2013 年第 11 辑。

吕叔湘主编：《现代汉语八百词》，商务印书馆 1980 年版。

吕叔湘：《释〈景德传灯录〉中在、著二助词》，《华西协合大学中国文化研究所集刊》1941 年第 1 卷，收入《汉语语法论文集》(增订本)，商务印书馆 1984 年版。

吕叔湘：《吕叔湘文集》第三卷，商务印书馆 1992 年版。

罗骥：《北宋语气词及其源流》，巴蜀书社 2003 年版。

罗自群：《现代汉语方言"VP+(O)+在里/在/哩"格式的比较研究》，《语言研究》1999 年第 2 期。

罗自群：《现代汉语方言持续标记的类型》，《语言研究》2004 年第 1 期。

钱宗武：《今文〈尚书〉语言研究》，岳麓书社 1996 年版。

钱宗武：《今文〈尚书〉语法研究》，商务印书馆 2004 年版。

钱宗武：《今文〈尚书〉句法研究》，河南大学出版社 2011 年版。

钱宗武：《今文〈尚书〉词汇研究》，河南大学出版社 2012 年版。

乔全生：《从洪洞方言看唐宋以来助词"着"的性质》，《方言》1998 年第 2 期。

任远：《选择连词"其"》，《浙江师范大学学报》2002 年第 6 期。

石昌渝主编:《中国古代小说总目(白话卷)》,山西教育出版社 2004 年版。

石吉梦:《"X 也罢,Y 也罢"格式研究》,《暨南大学华文学院学报》2007 年第 2 期。

石吉梦:《"也罢"与"也好"及其相关格式研究》,上海师范大学硕士学位论文,2008 年。

石毓智、白解红:《将来时标记向认识情态功能的衍生》,《解放军外国语学院学报》2007 年第 1 期。

孙彩萍:《五寨方言语气词"在"的研究》,《忻州师范学院学报》2009 年第 3 期。

孙锡信:《近代汉语语气词》,语文出版社 1999 年版。

孙朝奋:《再论助词"着"的用法及其来源》,《中国语文》1997 年第 2 期。

太田辰夫:《汉语史通考》,重庆出版社 1991 年版。

唐欣:《从"暴光"和"曝光"谈起》,《怀化学院学报》2009 年第 28 卷第 12 期。

汪国胜:《湖北方言的"在"和"在里"》,《方言》1999 年第 2 期。

王葆玹:《试论郭店楚简的抄写时间与庄子的撰写时代》,《哲学研究》1999 年第 4 期。

王建军:《近代语气词"着"及相关祈使句的历史考察》,《苏州大学学报》2014 年第 5 期。

王力:《汉语语法史》,商务印书馆 1989 年版。

王力主编:《古代汉语》(校订重排本),中华书局 1999 年版。

王苗:《再论语气词"著(着)"的来源及相关问题》,《语言科学》2015 年第 5 期。

王启龙:《助词及其再分类》,胡明扬主编:《词类问题考察续集》,北京语言大学出版社 2004 年版。

王琴:《元曲中的比拟句考察——兼论比拟句的历史发展》,《修辞学习》2008 年第 2 期。

王求是:《孝感方言的语气助词"在"》,《孝感学院学报》2007

年第 5 期。

王树瑛：《〈朱子语类〉问句系统研究》，福建师范大学博士学位论文，2006 年。

王引之：《经传释词》，黄侃、杨树达批本，岳麓书社 1985 年版。

魏培泉：《中古汉语时期汉文佛典的比拟式》，《台大文史哲学报》2009 年第 70 卷。

吴福祥：《敦煌变文语法研究》，岳麓书社 1996 年版。

吴福祥：《从"VP-neg"式反复问句的分化谈语气词"么"的产生》，《中国语文》1997 年第 1 期。

吴健：《溧阳河南话句尾"着"及其语法意义》，《常州工学院学报》（社科版）2009 年第 6 期。

吴早生：《光山方言体助词"在"》，《阜阳师范学院学报》（社会科学版）2008 年第 2 期。

伍华：《论〈祖堂集〉以"不、否、无、摩"收尾的问句》，《中山大学学报》1987 年第 4 期。

夏中华：《在麻城方言里"在"表示进行体时的特殊格式》，《黄冈职业技术学院学报》2010 年第 3 期。

鲜丽霞：《成都话中的语气助词"在"》，《四川师范大学学报》（社会科学版）2002 年第 4 期。

肖卜典：《"曝光"的字形、读音和用法》，《语言文字应用》1992 年第 2 期。

萧国政：《武汉方言"着"字与"着"字句》，《方言》2000 年第 1 期。

谢伯端：《湖南辰溪方言中三个表进行、持续的助词》，《湘潭大学学报》（社会科学版）1991 年第 4 期。

邢福义：《否定形式和语境对否定度量的规约》，《世界汉语教学》1995 年第 3 期。

邢向东：《陕西神木话的助词"着"》，《中国语文》1997 年第 4 期。

邢向东：《论现代汉语方言祈使语气词"着"的形成》，《方言》

2004 年第 4 期。

许宝华、宫田一郎主编:《汉语方言大词典》,中华书局 1999
年版。

[荷]许理和:《关于初期汉译佛经的新思考》(1991),顾满林
译,《汉语史研究集刊》第四辑,巴蜀书社 2001 年版。

杨伯峻:《周易》,《文史知识》编辑部编:《经书浅谈》,中华
书局 1984 年版。

杨翠:《比拟句的历时研究》,苏州大学硕士学位论文,
2012 年。

杨静:《安康汉滨方言的句末助词"在"》,《安康学院学报》
2012 年第 5 期。

杨凯:《湖北蕲春方言的进行体》,《方言》2008 年第 4 期。

杨永龙:《汉语方言先时助词"着"的来源》,《语言研究》2002
年第 2 期。

姚振武:《上古汉语语法史》,上海古籍出版社 2015 年版。

叶建军:《〈祖堂集〉疑问句研究》,中华书局 2010 年版。

叶友文:《"这"的功能嬗变及其他》,《语文研究》1988 年第
1 期。

叶祖贵:《固始方言研究》,中国社会科学出版社 2009 年版。

殷国光:《吕氏春秋词类研究》,华夏出版社 1997 年版。

殷伟:《〈五灯会元〉反复问句及选择问句研究》,南京师范大
学硕士学位论文,2006 年。

于谷:《禅宗语言和文献》,江西人民出版社 1995 年版。

于立昌、夏群:《比较句和比拟句试析》,《语言教学与研究》
2008 年第 1 期。

袁卫华:《〈五灯会元〉疑问句研究》,武汉大学博士学位论文,
2012 年。

张恒君:《"淡定"考释》,《辞书研究》2013 年第 2 期。

张家合:《元刊杂剧选择问句研究》,《西南交通大学学报》
2011 年第 2 期。

张美兰:《〈祖堂集〉语法研究》,商务印书馆 2003 年版。

张文国：《〈尚书〉语法研究》，巴蜀书社 2000 年版。

张玉金：《甲骨文虚词词典》，中华书局 1994 年版。

张振羽：《〈三言〉副词研究》，湖南师范大学出版社 2012 年版。

赵逵夫：《屈原的名、字与〈渔父〉〈卜居〉的作者、作时、作地问题》，《兰州大学学报》2009 年第 1 期。

郑琳：《四川西昌话中"在"的特殊用法》，《西昌学院学报》(社会科学版)2010 年第 1 期。

志村良治：《中国中世语法史研究》，中华书局 1995 年版。

中国社会科学院语言研究所词典编辑室：《现代汉语词典》(第 5 版)，商务印书馆 2005 年版。

中国社会科学院语言研究所词典编辑室：《现代汉语词典》(第 6 版)，商务印书馆 2012 年版。

中国社会科学院语言研究所词典编辑室：《现代汉语词典》(第 7 版)，商务印书馆 2016 年版。

周碧香：《〈祖堂集〉句法研究》，台湾佛光山文教基金会 2004 年版。

周祖谟编：《唐五代韵书集成》，中华书局 1983 年版。

朱冠明：《比喻词的历时更替》，《修辞学习》2000 年第 5、6 期合刊。